현대인의 자유와 소외

현대인의 자유와 소외

초판 1쇄 발행 2020년 7월 31일

지은이 황갑진
펴낸이 강수걸
편집장 권경옥
편집 박정은 김해림 윤은미 강나래
디자인 권문경 조은비
펴낸곳 산지니
등록 2005년 2월 7일 제333-3370000251002005000001호
주소 부산시 해운대구 수영강변대로 140 BCC 613호
전화 051-504-7070 | 팩스 051-507-7543
홈페이지 www.sanzinibook.com
전자우편 sanzini@sanzinibook.com
블로그 sanzinibook.tistory.com

ISBN 978-89-6545-663-6 03300

* 책값은 뒤표지에 있습니다.
* 이 도서의 국립중앙도서관 출판예정도서목록(CIP)은 서지정보유통지원시스템 홈페이지(http://seoji.nl.go.kr)와 국가자료공동목록시스템(http://www.nl.go.kr/kolisnet)에서 이용하실 수 있습니다.(CIP제어번호: CIP2020030951)

현대인의
자유와 소외

황갑진
지음

산지니

책을 펴내며

현대인은 소외되었다는 말을 많이 한다. 현대인은 정말 소외되었는가? 현대인은 무력하고 무의미하며, 도구적이고 양심을 저버리며 고립된 삶을 사는가? 이러한 물음에 쉽게 그렇다고 답하기 어려울 것이다. 그러면 현대인이 소외되었다는 말은 무엇인가? 중요한 이유는 근대사회 이후 인권사상의 발달 때문일 것이다. 즉 모든 인간은 태어날 때부터 보편적인 인권을 가지고 태어나는데 사회가 이러한 인권을 지켜주지 못하는 것이다. 모든 인간은 생존권을 가지고 평등하고 자유롭게 살기를 원한다. 그런데 근대사회 이후에도 생존권은 위협받고 불평등하며 자유로운 삶을 살기 어렵다. 이러한 이유는 인간의 특성과 사회의 특성에서 찾아야 할 것이다. 이 책은 이러한 입장에서 현대인의 소외를 설명하고자 한다.

인간의 관심사는 그들의 생활과 밀접한 연관이 있다. 필자가 소외에 관심을 가진 계기는 성장 과정과 관련이 있고, 소외에 대한 글들을 접한 것은 한국에서 사회적 억압이 심했던 1980년 전후 시기인 대학 시절부터이다. 대학원에서는 노동자를 대상으로 소외 관련 학위 논문을 썼다. 1980년대 후반 공산주의의 몰락과 한국의 민주화로 소외에 대한 국내 학자들의 관심은 크게 줄었다. 이러한 현상은 소외에 대한 글들이 주로 사회 비판적인 내용을 포함하였으나, 한국사회의 민주화로 관심이 바뀌었기 때문이다. 그러나 현대인은 현실적으로 생활 과정에서 많은 소외현상을 경험하고 있으며, 이러한 사회현상이 필자의 주요 관심사였다. 그래서 이 책은 현대인의 소외현상에 초점을 맞추고 이를 사회적 특성과 관련지어 설명하였다.

현대인의 소외현상은 근대 계몽주의 사상과 동떨어진 산업사회의 특성들에서 비롯된다. 필자는 산업사회의 특성을 다루는 사회사상, 현대사회론, 사회문제 등의 강좌들을 강의하였고, 이들 강좌에는 소외현상에 관련된 내용이 많이 포함되어 있다. 그리고 한국에서 2000년대 유행한 다문화사회 강좌도 강의하였는데 이 강좌 역시 소외현상을 다룬다. 이 책은 강의 내용, 저술, 논문들을 바탕으로 『현대인의 자유와 소외』라는 제목으로 썼다. 자유는 소외와 상반되는 개념이고, 이 두 개념은 현대인의 특성을 가장 잘 표현하는 개념이다. 그래서 책 제목은 『현대인의 자유와 소외』로 정하였다.

이 책은 소외된 사람이나 특정 집단들을 집중적으로 다루지 않고, 현대인의 생활 속에 나타나는 보편적인 소외현상을 다룬다. 머리말은 전체의 대략적인 내용 소개와 구성에 대해 언급하였다. 2장은 인간과 사회의 특성을 중심으로 자유와 소외현상에 대해 살펴보고, 3장은 소외를 보는 다양한 관점들을 산업사회 이후 사회특성을 중심으로 소개하였다. 근대사회 이후 사회변동은 매우 복합적이다. 사회변동은 과학 및 기술과 산업사회의 발달, 자본주의와 민주주의의 발달, 노동시장 구조의 변화, 도시화 및 조직과 환경의 변화, 인구구조와 가족 형태의 변화, 인간관계 및 가치관의 변화 등 많은 변화를 수반하였다. 근대사회 이후 인간의 고등사고력에 기초한 과학과 기술은 기하급수적으로 발달하였으며, 자본주의와 민주주의도 빠르게 발달하였다. 근대 이후 사회는 인간의 고등사고력을 바탕으로 만든 인공사회이다. 현대인은 지역 공동체 중심의 전통적 가치와 믿음을 상실하고, 과학적이며 목적 합리적 사고를 하고 행동한다. 그리고 혈연과 지연에 의한 공동체 연대를 상실하고, 개인주의와 이기주의의 사회에서 생활한다. 현대인은 공동체 대신 개인주의의 시대에 살고, 인간은 과학과 기술의 발달로 자연과 질병의 위험에서 크게 벗어나 비교적 자유로운 존재가 되었다. 근대사회부터 발달하기 시작한 개인주의는 인간에게 자유를 주었으나, 현대인은 공동체의 연대와 가치를 상실하였고 일상생활에서 자유와 소외의 갈림길에 서 있다.

필자는 4장부터 8장까지는 현대인의 소외현상을 노동, 권력, 환경문제, 가족, 다문화사회의 주제를 중심으로 접근하고자 한다. 그 이유는 다음과 같다. 먼저, 인간은 생존을 위해 노동한다. 현대인은 직장에서 일하고 그 대가로 소득을 얻고 소비하면서 생활한다. 현대사회에서 대부분의 노동은 조직에서 이루어지고 노동과정은 소외현상을 동반한다. 그리고 화폐 소득은 현대인에게 필수적이기 때문에 화폐는 교환의 수단이기보다 화폐획득 자체가 목적이 되었다. 둘째, 인간은 사회적 존재이다. 인간은 고등 사고력으로 사회를 만들고 그 속에서 생활한다. 사회는 규모가 확대됨에 따라 국가에서부터 가족까지 크고 작은 조직과 집단의 복잡한 형태를 가진다. 이러한 조직과 집단생활에는 강제적 권력이 행하여져 사람들을 소외시킨다. 셋째, 현대인은 인간이 만든 오염된 환경 속에서 어쩔 수 없이 생활한다. 이러한 환경문제는 과학과 기술의 발달에 기초한 산업발달에 따른 것이다. 인간이 만든 인공사회는 쾌적하고 편리한 공간이기도 하지만 위험하고 오염된 공간이다. 넷째, 가족은 가장 보편적인 집단이다. 사회변동에 따라 혈연에 기초한 친척과 가족관계는 해체되고 혼자 사는 가구가 증가하고 있다. 정서적인 연대가 깨어지고 인간이 고독한 존재로 변하고 있다. 다섯째, 현대사회는 교통과 통신의 발달로 국가 간 사람들의 이주와 이동이 많아 다문화사회라고 한다. 다양한 인종과 민족이 공존하는 사회 속에 이들에 대한 편견과 차별도 함께한다.

오늘날 인간은 공동체적 전통과 믿음에서 자유로운 존재가 되었으나 공동체적 연대가 끊어진 고독하고 소외된 존재로 인공사회에서 생활한다. 현대사회의 소외는 어떻게 극복될 수 있는가? 방법은 인간이 우선하는 건전한 민주사회를 만드는 것이다. 자본주의는 공산주의와의 경쟁에서 성공하였으나 비합리적인 천민적 자본이 공존한다. 건전한 민주사회는 제도를 통해 노동이 살아 있는 복지사회를 정착하는 것이다. 문화적으로는 건전한 민주사회를 위해 권위주의 문화를 청산하고 다문화주의를 실천하는 것이 중요하다. 개인적으로는 일상생활에서 경쟁으로 인한 열등의식과 권위주의를 탈피하고, 자신의 형편과 관점에서 세상을 보는 주체적 사고 의식이 중요하다. 자신의 자유를 위해 타인의 인권을 존중하면서 자아를 실현하는 것이 필요하다. 현대인은 사회를 피할 수 없지만, 복지사회와 주체적 삶 속에서 자유를 얻고 소외된 삶을 피할 수 있다. 그리고 진정한 자유인은 타인의 인권을 존중하면서 주체성을 가지고 자아실현을 추구하는 사람이다.

모든 인간은 소외 없이 자유를 만끽하고 살길 원한다. 태어날 때부터 주어진 외모나 사회계층에 구애받지 않고 인권을 가진 존재로 사회에서 생활하길 원한다. 『현대인의 자유와 소외』는 이 주제에 관한 수많은 논의와 글 중의 하나이다. 많은 사람이 자유로운 삶과 이상 사회에 대해 지속적으로 논의하고 활동하여 민주사회의 씨알이 되는 것처럼, 이 책도 소외 없는 자유사회를 위한 씨알이 되길 바란다. 좋은 책은 내용도 중요하지만, 독자에게 내용을 쉽게 전달할 수 있어야 한다. 책은 내용의 전달에 목적이 있으므로 표현이 재미있고 독자가 이해하고 읽기 쉬워야 하는데 걱정이 많다. 그런 점에서 교정 작업은 중요하다. 바쁜 중에도 교정에 도움을 준 분들께 감사의 마음을 전한다.

차례

6장. 환경문제와 소외

7장. 가족과 소외

8장. 다문화사회와 소외

9장. 미래사회와 자유

1장
머리말

이 책은 현대사회를 사는 인간의 자유와 소외현상에 대한 이해를 돕는 것을 목표로 한다. 인간은 자신이 관심을 가진 일을 할 때 가장 자유롭고 행복하다. 그리고 자신의 의사와 관계없는 일을 할 때 소외되고 불행을 느낀다. 특히 공동체의 가치와 전통에 의한 연대가 깨어지고, 분업과 물질적 관계에 기초한 현대사회에서 자유는 매우 주요한 가치이다. 현대사회는 도시사회이고 조직사회이며 공동체보다 개인이 강조되는 사회이다. 현대인은 공동체의 가치와 전통의 구속에서 자유로운 존재가 되었으나, 공동체적 연대와 전통을 상실한 자유인이 되었다. 개인주의에 기초한 자유는 인간을 고독하게 만들고, 무력하고 무의미한 소외된 존재로 만든다. 이 책은 현대인의 자유와 소외현상에 관심을 가지고, 그 현상의 사회적 원인을 찾아보고자 한다.

인간의 삶은 인간과 사회의 특성으로 설명된다. 인간과 사회현상은 인간 본래의 특성(본능과 이성)과 사회 중 어느 한쪽이 아니라, 이들 모두에 의해 설명되어야 한다. 인간 본래의 특성은 인간의 역사에서 변화가 없고, 사회는 역사와 더불어 계속 변화하였다. 현대인의 자유와 소외현상은 사회변동과 더불어 많이 설명할 수 있다. 자유와 소외현상은 인간 본래의 특성과 더불어 사회 환경 그리고 사회화로 형성된 자아로 설명되어야 한다. 그러므로 이 책은 현대인의 자유와 소외현상을 인간 본성을 전제로 한 사회화된 인간과 사회현상을 바탕으로 논하려 한다. 인간 본성은 변화되지 않으나, 사회는 계속 변화한다. 전통사회와 근대사회가 다르고, 근대사회도 현대사회와 큰 차이가 있다. 따라서 인간의 자유와 소외현상도 인간의 불변적 고유한 본성뿐만 아니라 변화하는 사회적 특성에 따라 크게 차이가 날 것이다. 그러므로 이 책은 인간의 심리적 특성보다 변화하는 사회특성, 특히 현대사회의 특성을 바탕으로 현대인의 자유와 소외를 설명하고자 한다.

모든 인간은 일하고 놀고 잠자는 일을 반복하면서 생활한다. 일하는 시간과 그 밖의 일상생활에서 힘들거나 자유로운 시간은 존재한다. 일과 관련하여 취업기회와 돈벌이, 노동시간, 노동조건과 노동강도 등은 삶을 어렵게 하기도 하고 갈등을 초래하기도 한다. 일상생활에서 빈곤, 건강, 가족 문제, 다른 집단이나 타인과의 갈등도 인간에게 어려움과 고통을 준다. 일상의 갈등 속에서도 주인의식을 잃지 않을 때 비로소 인간은 자유로워진다. 피동적 존재보다 능동적 존재일 때 인간은 더 자유롭고 덜 소외된다. 인간은 일하고 놀고 자는 순환을 되풀이하나 일하고 노는 방식은 시대에 따라 크게 변화하였다. 그리고 자유로운 존재가 될 수 있는 것도 시대에 따라 큰 차이가 있다. 산업사회에 들어 일하는 방식과 일상생활은 크게 바뀌었다. 전통과 가치를 공유한 공동체는 사라지고, 도시 생활을 하면서 개인주의가 발달하였다. 일과 노는 시간은 분리되고 임금으로 생활하며, 친족과 가족은 떨어져 살고, 가족 수는 줄었다. 공동체, 친족과 가족 등의 연대는 깨어지고 점차 인간은 자유로운 존재가 되었다. 그러나 인간은 연대가 깨어져 생긴 자유를 주체하지 못하여 소외된 존재가 되어가고 있다. 산업사회의 대표적인 특성이 자본주의, 기술발달, 조직 생활, 도시 생활의 증대 등이고, 이러한 사회적 조건은 인간의 자유와 소외에 큰 영향을 미친다.

현대 산업사회의 인간은 과거 농경사회의 인간에 비해 매우 인위적인 환경에서 물질적으로 풍성한 삶을 살고 있다. 과학과 기술의 발달로 많은 자연적인 재해를 극복하고 인공사회에서 풍족하게 생활하고 있다. 백화점과 시장에는 수많은 상품이 넘쳐나고, 도시에는 다양한 가치를 가진 사람들이 자신들의 삶을 즐기고 있다. 그러나 이러한 풍요로움과 자유 속에 다수의 현대인은 무력하고 주체적인 삶을 살지 못해 고통받고 있다. 사회과학의 비판이론이나 『고독한 군중』을 비롯한 많은 책은 현대인의 소외를 지적한다. 현대인은 자유로운 존재인가, 아니면 소외된 존재인가? 왜 다수의 현대인은 풍성하고 자유로운 삶을 살면서도 자유롭지 못하고 무력한 존재로 소외되어 있는가? 이러한 질문에 답하기 위해 이 책은 소외에 관련된 선행연구와 사회 현상들을 살펴보고 현대사회의 특성을 중심으로 인간의 자유와 소외현상을 설명할 것이다.

현대사회는 계속 변화하면서 과거와 구분되는 사회특성을 보인다. 농경사회와 비교하면 산업사회는 과학과 기술의 측면에서 기하급수적으로 발달하였다. 인간은 다른 동물에 비교해 고등사고력을 가진 존재로, 과학과 기술적 측면의 발전은 산업사회 형성에 결정적 영향을 미쳤다. 산업사회는 과학 및 기술의 발달과 무역의 증대로 종교적 가치에서 벗어난 합리적 사고를 강조하였다. 그리고 거대도시와 조직이 발달하고, 생산적 분업이 가속화되었다. 산업이 발달한 나라의 대다수 사람은 도시에 살면서 조직에 고용되어 분업화된 한정적 일을 하거나 전문화된 일을 하고, 그 대가로 임금을 받아 살아간다. 그리고 인간들 사이의 분업화된 네트워크 사회에서 사업을 하거나 사업체에 고용되어 생활하고, 문화와 여가생활을 즐기면서 산다. 미래 4차 산업혁명의 시기에는 인공지능을 장착한 로봇들이 일상화된 사회가 되면서 노동시장 구조와 사회특성도 크게 변화될 것이다. 그러나 인간들은 여전히 일하고 여가생활을 즐길 것이다. 이렇게 변화하는 사회특성들은 인간에게 각기 다른 자유와 소외현상을 제공할 것이다.

20세기에 접어들면서 소외현상에 대한 관심이 크게 증가하였다. 20세기는 산업사회가 급속하게 발달한 시기로 산업사회, 대중사회, 복지사회 등 다양한 명칭들로 명명되었다. 이 시기에는 양차 세계대전이 있었고, 핵전쟁과 인간의 대량학살, 공산주의 국가들의 등장도 있었다. 비판사회과학자들은 이 시기를 19

세기의 산업사회와 구분되는 소비가 강조되는 대중사회로 규정하면서 자본주의와 공산주의의 비인간적이고 억압적인 권력을 비판하였다. 그리고 이들은 20세기 유럽의 사회특성과 관련하여 인간의 자유와 소외현상을 설명하였다. 이들의 설명처럼 생산력이 크게 증대한 산업사회에는 자유와 소외의 양면적이고 모순된 모습이 공존한다. 하나는 자유의 증대 현상이고 다른 하나는 소외의 증대 현상이다.

이러한 현상은 20세기 후반에도 계속되었고, 21세기에도 계속될 것이다. 산업사회의 발달로 대규모 도시는 계속 발달하고, 사회는 유기적으로 연계된 복잡한 사회로 변화하고 있다. 선진 산업국가에서 여성들의 사회진출이 증가하고 있으나, 가족은 해체되어 나 홀로 사는 가구들이 증가하고, 고독한 인구도 늘고 있다. 일을 위한 교육 기간은 길어지고 문화생활도 다양하고 풍성해졌으나, 인간의 일에 있어 분업은 강화되고 있고, 비정규직과 상대적 불평등 현상도 증가하고 있다. 그리고 과학과 기술의 발달로 수명은 연장되고 다양한 질병과 재난들을 해결하는 능력도 향상되었으나, 인간은 환경문제, 산업재해, 대형사고와 같은 위험사회에 살고 있다. 교통과 통신의 발달로 상호교류와 이동성은 많이 증가했고, 익명성과 다양한 가치의 공존으로 자유는 확대하고 주체적 자아의 중요성도 강조되고 있다. 그러나 연대성은 상실되고 고독한 존재로 전락하였다. 일의 세계에서는 전문직이 늘고 노동시간은 감소하였으나, 직장의 위계적 사회관계와 이익을 위한 합리성의 증대로 인간의 삶은 경쟁을 넘어 갈등과 힘에 의한 통제와 억압으로 소외되고 있다. 소비사회의 발달로 이기주의와 쾌락주의가 만연하고 가진 자의 세계화와 빈곤자의 반세계화가 강화되었다. 즉 과학과 기술의 발달로 인간의 수명은 증대하고 풍요로운 사회로 변화되고 있다. 그러나 인간이 만든 사회는 상당 부분 권력과 집단 갈등에 의해 만들어져 전체 인간보다는 가진 자들을 위해 봉사하고 있다.

이 책은 현대인의 자유와 소외를 설명하고자 한다. 특히 과학과 기술의 발달에도 불구하고 계속 강화되고 있는 인간의 소외현상에 주목하고자 한다. 과학과 기술은 발달하는데 인간은 왜 자유와 더불어 소외되고 있는가? 이 문제에 답하기 위해 인간이 만드는 사회의 특성과 이것이 인간에게 미치는 영향에 주목할 것이다. 과학과 기술의 사용 방식은 사회특성에 의해 결정된다. 인간이 만든 도구들이 사용 목적에 따라 다양하게 사용되듯이 과학과 기술의 사용도 사회특성에 따라 달리 사용된다. 독재 사회에서는 지배자의 목적에 따라 사용되고, 민주사회에서는 다수 사회 성원의 목적에 따라 사용될 것이다. 그러므로 필자는 이 책에서 과학과 기술이 인간에게 부정적 영향을 미치는 특정 사회적 요인들이 무엇이며, 이러한 사회특성에 대응하는 인간의 상호작용 방식과 인간의 적응방식을 살펴볼 것이다. 즉 과학과 기술의 발달로 인한 사회특성의 변화와 사회특성으로 인한 인간의 자유와 소외현상을 살펴보는 것이 이 책의 주요 내용이 될 것이다. 그러므로 이 책은 극단적인 빈곤과 기아 현상 또는 전쟁과 대량학살로 인해 파괴된 삶과 같은 특정 소외현상을 논하는 글은 아니다. 이 책은 산업화가 발달한 국가들에서 현대인들이 경험하는 일상적인 생활을 중심으로 소외현상을 분석할 것이다.

이 책의 장별 내용을 보면 2장 '자유와 소외'에서는 자유와 소외의 개념과 인간과 사회의 특성, 그리고 이들의 연관성을, 3장 '소외를 보는 다양한 관점'에서는 사회과학자들이 소외를 설명한 다양한 방식을 소개할 것이다. 그리고 이들을 마르크스주의 관점과 다원론적 관점으로 구분하고, 다문화주의와 소외의 관련성도 고찰할 것이다. 4장과 5장은 사회 희소가치와 소외현상을 다룰 것이다. 그 가운데 4장 '노동과 소외'에서는 산업사회에서의 노동특성과 노동시간 그리고 노동에서의 소외현상을, 5장 '권력과 소외'에서는 거시권력과 미시권력의 현상과 이들에서의 소외현상에 대하여 살펴볼 것이다. 6장 '환경문제와 소외'에서는 도시화, 기술발달, 자본주의와 관련된 환경문제를, 7장 '가족과 소외'에서는 가족구조의 변화, 가족 관련 사회 불평등과 소외현상을, 8장 '다문화사회와 소외'에서는 다문화주의의 개념과 발생, 현대에서 다문화사회 유형과 이와 연관된 소외현상의 관련성을 다룰 것이다. 마지막으로 9장 '미래사회와 자유'에서는 여태까지 분석한 자유와 소외현상을 바탕으로 자유를 누릴 수 있는 사회특성과 자아의 형태를 고찰하고자 한다.

2장
자유와 소외

자유란 인간이 사회나 타인의 구속 없이 자신이 원하는 일을 하면서 의지대로 사는 것을 의미한다. 그리고 소외란 인간이 만든 사회가 인간을 구속하거나, 자유로운 존재인 인간이 집단에서 고립되고 마음이 불안정하여 주인의식을 상실한 상태를 말한다. 이런 의미에서 자유와 소외는 상반되는 개념이다. 즉 사회나 자신으로부터 속박되고 자유롭지 못한 인간은 소외되는 것이다. 자유주의란 근대사회가 시작되면서 계몽주의자들에 의해 강조된 개념으로 개인주의를 바탕으로 한다. 주체가 신이나 절대 왕권이 아닌 인간 개인으로 바뀐 것이다. 자유주의는 또한 인간이 자연 상태에서 자기보존의 특성과 이성을 가진 자율적인 존재라는 점을 강조한다. 이러한 사상을 강조한 것이 계몽주의이다.

자연 상태에서 모든 인간이 생명과 자유를 중시하는 평등한 존재임을 강조한 것은 근대사회에 들어서이다. 계몽주의자들에 의하면 인간은 자연 상태에서 생명, 자유, 평등과 같은 천부적으로 주어진 인권을 가지고 있다. 인간은 기본적으로 누구도 부정할 수 없는 자기보존을 위한 권리를 가진다. 계몽주의는 인간의 생명을 중시하고, 모든 인간이 자유롭고 평등한 존재임을 강조한다. 우리는 이러한 사상을 자연권 사상이라 명명한다. 그러나 자연권을 가진 인간은 자연 상태나 사회 환경에서 생명의 유지를 위해 끊임없이 갈등할 수 있다. 인간은 자기보존과 자유를 실현하기 위해 다른 사람의 생명과 자유를 존중해야 하나 그렇지 못하고 갈등하기 쉽다. 그러므로 인간은 자연권을 지키기 위해 계약으로 자신의 자연권을 국가나 사회에 양도하고, 자연권이 부정될 때 저항으로 지켜야 한다. 우리는 이를 저항권이라 한다. 사회계약으로 양도된 권리가 잘 지켜질 때 자유는 보장되고 그렇지 않을 때 인간은 소외된다. 이러한 의미에서 자유와 소외는 사회적 현상이며 동시에 사회 속의 개인적 현상이다. 즉 개인의 자유와 소외는 사회와 분리할 수 없는 밀접한 연관을 가진다. 그러므로 이 장에서는 먼저 인간의 특성, 인간과 사회의 관계, 그리고 사회에서의 자유와 소외에 대해 살펴볼 것이다.

1. 인간의 특성

인간은 물이고 생물이고 동물이며 인간이다. 인간의 신체는 물질로 구성되어 있고 물리적, 화학적, 생물적 작용에 영향을 받는다. 인간은 물질로 구성되어 있으나 살아 있는 생명체이고, 계속 활동하는 동물이다. 인간은 생명체이기 때문에 자기보존의 특성이, 동물이기 때문에 활동하면서 자기를 보존하려는 특성이 있다. 그리고 인간은 고등사고력이 있으므로 다른 동물과 구분된다. 인간은 도구를 발달시키면서 복잡한 사회생활을 하고, 타인과 상징적 상호작용으로 문화생활을 한다. 이러한 점에서 인간은 다른 동물과 확연히 구분된다. 사회가 확대되면서 기술과 지식 그리고 문화 등도 매우 복잡한 형태로 진화되고 있다. 이러한 사회생활 때문에 인간에게는 인간의 본질적 특성과 사회화된 특성이 중첩되어 존재하고 있다. 인간은 유사한 본질적 특성을 가지고, 사회 환경과 상호작용의 차이에 따라 각기 다른 사회화된 특성을 발현한다.

1) 원초적 욕구

인간의 본성은 무엇일까? 인간은 생물이고 동물이고 그러면서 인간이다. 인간은 생명체로서 원초적 욕구를 가진다. 또한 이성적 존재로서 사교적 욕구와 자기존중 욕구를 가지고 자아실현을 추구한다. 인간은 다른 생물이나 동물들처럼 생물로서 생존하고자 하고, 동물처럼 활동하면서 살고자 하는 특성이 있다. 생명체로서 나고 성장하고 죽는 과정을 거칠 뿐만 아니라 동물로서 생존하기 위해 활동하고, 배부르면 놀거나 쉬고, 그리고 수면하는 반복적인 활동을 한다. 토마스 홉스(Thomas Hobbes)가 주장하듯이 인간은 동물처럼 자기보존의 욕구를 지닌 이기적 존재이다. 인간은 동물로서 살기 위해 의식주, 애정과 성, 수면과 안전, 쾌락과 과시 등의 생리적 욕구를 충족해야 한다. 쾌락의 욕구는 동물에서 공통으로 발견되는 것으로 즐거움을 추구하고 고통을 최소화하려는 욕구이다. 과시의 욕구는 생존과 안전 그리고 종족 보존을 위해 자신을 보다 크게 표출하려는 욕구이다. 쾌락과 과시의 욕구는 다른 생리적 욕구들과 깊은 연관을 가지며 쉽게 발견되는 욕구이다. 필자는 이러한 욕구들을 원초적 욕구라 명명하였다. 원초적 욕구를 충족하기 위한 경쟁과 갈등은 다른 동물들에게도 볼 수 있는 기본적 욕구이며 활동이다.

구분	기본적 욕구	사회적 욕구[1]
사교적 욕구	자아실현 욕구	이상사회 실현추구
	이성적 생활 욕구 (양심, 이성)	보편적 사회 가치(생명, 자유, 평등) 추구
	사랑과 승인 욕구 (자긍심)	상대적 사회 가치 추구 상대적 사회규범(법, 도덕, 관습) 추구 상호교류와 관계유지 추구
원초적 욕구	쾌락과 과시 욕구 (자존심)	사회 희소가치(돈, 권력, 명예) 추구 사회제도(경제, 안전, 문화 등) 추구
	생존 욕구, 성적 욕구	

표2-1 인간의 다양한 욕구

1 사회가 인간처럼 욕구를 가진다는 주장은 많은 비판을 받았다. 그러나 사회학자들은 욕구라는 말 대신 기능이라는 말을 쓰고 현대사회에는 이를 중립적인 결과적 개념으로 사용하고 있다. 탈코트 파슨스(Talcott Parsons)는 사회체계의 유지를 위한 보편적인 네 가지 사회 기능적 요건을 들고 있다. 그리고 이들은 정치, 경제, 사회와 문화, 법 제도와 연관을 가진다고 설명한다. 그러나 여기서는 사회가치와 규범 그리고 사회제도와 희소가치들을 기본적 욕구와 연관하여 분류하였으나 차후 연구에서 보완이 필요하다.

그러나 인간은 다른 동물들과는 달리 고등사고력을 바탕으로 사회를 만들어 생활한다. 인간은 원초적 욕구를 충족하기 위해 경쟁하는 존재로, 생활에 필요한 도구를 발달시키면서 원시적인 자연 상태에서 벗어났다. 이러한 도구발달로 인한 잉여생산물이 풍부해지면서 생산에 참여하지 않는 승려와 무사 그리고 통치 계층 등이 분리되어 사회계층 현상이 발생하였다. 다시 말해서, 인간의 원초적 욕구는 고등사고력으로 만들어진 잉여가치를 놓고 경쟁하고 갈등하면서, 불평등한 사회체계를 야기했다. 시간이 갈수록 인간이 개발한 도구들은 발달하였고 사회도 분업화되고 계층적으로 분화되는 형태로 확대되었다.

사회가 확대되면서 인간의 기본적 욕구와는 구분되는 사회적 욕구가 발생하였다. 사회적 욕구는 사회가 확대되면서 발생하였으나, 인간의 기본적 욕구를 충족하는 과정과 밀접한 연관이 있다. 원초적 욕구와 연관된 사회적 욕구의 대표적인 형태는 사회 희소가치를 추구하려는 인간의 욕구이다. 사회 희소가치는 사회생활을 하면서 파생적으로 발생한 것으로, 누구나 갖길 원하는 돈, 권력, 명예와 같은 것이다. 역사적으로 보면 사회적 존재로서의 인간은 사회 속에서 원초적 욕구를 충족하기 위해 돈, 권력, 명예와 같은 사회 희소가치를 계속 추구하였다. 이들은 생존과 자기보존의 생리적 욕구를 충족시킬 수 있는 중요한 자원이다. 인간은 사회 희소가치를 가지고 생존과 자기보존에 필요한 많은 자원을 향유할 수 있다. 그리고 종족 보존을 위한 성적 욕구는 문화의 변동에 따라 차이를 보이나, 현대사회에서는 피임법 등의 영향으로 성적 쾌락을 추구하는 문화가 만연되어 있다. 이러한 문화 형태는 사회적 욕구로 분류되나 원초적 욕구에 기초한 것이고 사회생활에서 비롯된 것이기에 파생적 욕구이다.[2] 모든 생물은 생존과 종족 보존의 욕구가 있다. 인간도 다른 동물들처럼 사회 속에서 원초적 욕구를 가지고 생활하는 존재이다. 사회가 발전하여도 인간은 생명체이기에 생존과 자기보존의 욕구를 버릴 수 없다. 기술이 발달하고 민주사회가 발전할수록 더 많은 인간이 원초적 욕구를 쉽게 충족시킬 수 있다.

인간은 고등사고력을 가지고 의식주, 애정과 성, 수면과 안전, 쾌락과 과시 등의 생리적 욕구와 관련된 다양한 지식과 기술을 익히고 개발하면서 생활한다. 지식과 기술이 발달하고 사회가 확대되면서 의식주와 관련된 내용은 매우 다양하고 풍성해졌으며, 성과 애정 표출의 형태와 방법도 크게 변화하였다. 사회가 확대되면서 집단과 조직이 발달하고 교환 수단이 필요해져 돈, 권력, 명예와 같은 사회 희소가치가 발생하였다. 그리고 사회가 변동하면서 생존을 위한 일뿐만 아니라 여가 형태도 계속 변화하고 있다. 생존과 여가를 위한 형태는 점차 자연보다 사회

2 매슬로 욕구단계설은 생리적 욕구, 안전의 욕구, 애정의 욕구, 긍지의 욕구, 자아실현 욕구의 5단계 또는 여기에 인지의 욕구, 심미적 욕구를 더한 7단계로 되어 있다. 그러나 필자는 인간의 고등사고력의 특성을 강조하여 인간이 도구를 발달시켜 사회를 계속 확대하여왔다는 점에 주목하였다. 그래서 사회 속에서의 동물로서의 원초적 욕구에 기초해 돈, 권력, 명예와 같은 사회적 욕구가 파생하였다는 점을 강조하였다. 그리고 이와는 달리 인간이 다른 동물과 구분되는 특성을 고려하여 집단과 사회에의 소속과 사회관계에 대한 사고력과 관련된 사회관계의 특성들을 동물과 구분되는 특성으로 강조하였다.

에 의존하게 되었으며, 이와 관련된 산업들이 분화되고 서로 유기적으로 연결됨에 따라 인간은 동물과는 완전히 구분되는 사회적 존재가 되었다. 인간은 자연과의 관계에서 생존에 필요한 자원들을 직접 획득하는 것이 아니라, 고등사고력을 바탕으로 도구와 기술을 발달시켜 인위적으로 형성된 환경에서 필요한 자원들을 가공하여 사용하고 있다. 이러한 형태는 일뿐만 아니라 놀이를 위한 여가활동에서도 마찬가지이다. 현대사회는 인간이 생산, 유통, 여가를 위한 산업 활동을 하면서 획득한 소득을 소비하는 사회가 되었다. 물질적 풍요에 따라서 생활방식에 차이는 있으나, 현대 민주사회의 인간은 원초적 욕구와 돈, 권력, 명예와 같은 사회 희소가치의 파생적 욕구를 충족하기 위해 경쟁하고 갈등하면서 생활한다.

2) 사교적 욕구

인간은 원초적 욕구, 사교적 욕구, 자아실현 욕구를 가지고 생활한다. 원초적 욕구는 인간 욕구의 중요한 한 부분이고 사교적 욕구에 큰 영향을 끼친다. 사교적 욕구는 매슬로의 욕구단계설에서 애정의 욕구 그리고 긍지의 욕구와 연관이 있다. 애정의 욕구는 애정과 우애를 바탕으로 인간이 상호작용하려는 욕구이며, 애인, 친구, 가족, 친척처럼 친밀한 관계를 갖고 집단과 조직을 만들고자 하는 욕구이다. 긍지의 욕구는 자신이나 다른 사람에 대한 인정과 존경의 욕구이다. 그리고 인간은 다른 동물들과 달리 공동체나 타자를 위해 헌신하는 잠재된 사랑의 욕구와 자신의 가치를 실현할 수 있는 자아실현의 욕구를 가진다. 일부 동물도 군집 생활을 하면서 협동하고 사고가 생겼을 때 슬픈 감정을 표시한다. 그러나 이런 동물의 세계는 인간의 사회와는 차이가 있다. 인간은 고등사고력을 가지고 사회를 계속 확장시켜 왔다. 사회 규모가 커짐에 따라 사교적 욕구에 기초한 사회생활은 더욱 복잡한 양상을 보인다.

인간은 사회적 욕구를 충족하기 위해 많은 규범을 만들며 생활한다. 사회가 씨족과 부족사회, 전통국가, 현대국가처럼 규모가 커지고 복잡해짐에 따라 사회규범과 사상도 크게 발달하였다. 한편으로 사회규범의 발달은 사회가 확대되면서 개인들 사이의 물질적 관계를 잘 해결하기 위한 사회적 방편이다. 이러한 규범적 관계는 돈, 권력, 명예와 같은 사회 희소가치를 소유한 정도에 따른 힘의 역학적 관계를 반영한다. 사회규범은 원초적 욕구뿐만 아니라 사교적 욕구와도 관련이 있다. 사회생활에서 인간은 고등사고력을 지닌 존재로 본능적이고 이기적으로 행동하지만, 동시에 타인을 인지하고 역지사지(易地思之)의 입장에서 행동할 수 있는 능력을 지니고 있다. 인간에게는 상대를 사랑하고, 해를 끼쳤을 때 부끄러움을 알고 다른 사람을 배려하고, 옳고 그름을 따질 수 있는 잠재된 본성이 있다. 우리는 인간이 원초적 욕구에 따라서만 행동하고 다른 사람들을 배려하지 않을 때 '인간이 아니다'라고 말한다. 이는 인간이 다른 동물들과 달리 도덕적 사고를 할 수 있음을 의미하는 것이다. 인간은 분명 다른 동물들과 구분되는 고등사고력을 바탕으로 사교적 본성을 가지고 생활할 수 있다. 인간은 사회관계와 정의에 대해 생각하고 자신의 삶을 사회나 다른 사람들과 연계시켜 평가하고 실천하는 특성을 가진 존재이다. 인간은 조직과 규범을 만들어 사회생활을 하면서 다른 사람과 더불어 사는 사회적 욕구를 가진다. 필자는 이를 인간이 가진 사교적 욕구라 명명한다. 다른 사람들과의 관계에서 인정을 받고자 하는 승인의 욕구와 자긍심을 유지하려는 욕구들도 사회 가치 및 규범 추구와 밀접한 연관을 가진 사교적 욕구이다. 매슬로의 욕구단계설에는 사교적 욕구와 관련된 가치와 규범에 대한 언급이 적다. 필자가 분류한 사교적 욕구는 인간의 고등사고력에 기초하여 인간의 인지적 · 규범적 · 정의적 · 심미적 사회생활 영역에 잠재적으로 존재하는 특성들이다.

동양에서 강조되는 인의예지(仁義禮智)와 같이 다른 사람들과의 관계에서 비롯되는 본성[3]도 사교적 욕구의 주요 부분이다. 인간은 고등사고력을 바탕으로 도구를 발달시킬 뿐만 아니라 타인과의 관계에서 계속 생각하고 모순들을 해결하려는 특성을 가진다. 인간은 자신의 생리적 욕구를 인지할 뿐만 아니라 다른 사람의 관점에서 자신을 볼 수 있는 잠재력이 있다. 인간은 사회적 존재로서 생리적 욕구의 파생적 형태로 돈, 권력, 명예와 같은 사회 희소가치를 추구한다. 그러나 다른 한편으로 인간은 생리

3 맹자(孟子)는 인간의 본성에 예(禮)를 포함했으나 다른 학자들은 예(禮)를 본성으로 보는 것에 대해 반대한다.

적 욕구와 더불어 고등사고력을 바탕으로 사교적 욕구와 자아 실현의 욕구를 가진다. 인간은 집단에의 소속감과 관련된 사교적 욕구에 기초하여 일차적 인간관계를 맺고, 자기가 속한 공동체의 안녕과 번영을 소망한다. 인간은 사회 성원으로서 자기가 속한 사회의 안녕과 번영을 생각하고, 정의와 이상 사회에 대해 사고하는 특성을 가진다. 인간의 마음에는 고등사고력과 더불어 동양에서 강조하는 인의예지의 측은지심(惻隱之心), 수오지심(羞惡之心), 사양지심(辭讓之心), 시비지심(是非之心)이 잠재적으로 존재한다. 인간은 다른 사람들의 불행을 안타까워하고, 집단생활에서 규범을 따지고, 다른 사람들을 생각하며, 옳고 그름을 따지려는 본성을 가지고 있다. 원시공동체 부족사회에서도 환경에의 적응과 안정을 위하여 문화뿐만 아니라 사회 성원 간의 사랑과 도덕, 공동체의 가치들이 존재하였다. 그리고 고대국가들에서 동양의 경우 맹자는 인의예지를 인간의 본성이라 하였고, 서양의 경우 인간을 이성적이고 도덕적인 본성을 가진 존재로 규정하였다. 서양의 고대국가에서는 노동에서 제외된 자유인들의 이상 국가를 위한 자연법이 존재하였다. 중세에는 신의 의지로 만들어진 신법과 결부된 자연법이 존재하였고, 근대에서는 이성과 도덕을 가진 인간이 만든 자연법이 존재하였다. 그리고 모든 사회에는 사회 성원의 안녕과 번영을 위한 다양한 종교와 사상들이 존재하였다. 원초적 본능은 모든 개인의 생명과 안전에 관련된 욕구인데, 인의예지 또는 이성과 도덕성과 같은 본성은 잠재적이고 부분적으로 표출되는 상호작용의 긍정적 욕구이다. 사교적 욕구를 가진 인간의 특성은 원초적 욕구와는 상반되므로 사회화 과정과 교육을 통해 강화될 필요가 있다는 것이 학자들의 보편적 입장이다.

인간은 사회생활에서 원초적 욕구와 사교적 욕구의 충족을 위해 생활한다. 이 가운데 사교적 욕구는 사회생활에서 가치와 규범의 형태로 나타난다. 규범에는 상반된 특성이 공존한다. 하나는 인간의 사교적 욕구에 기초한 것이고, 다른 하나는 원초적 욕구에서 비롯된 파생적 사회규범이다. 즉 인간은 인의예지와 같은 본성을 가지고 사회생활을 하면서 사회질서와 집단의 안전을 위해 다양한 규범을 만들고 유지하면서 생활한다. 사회변동으로 사회 가치와 질서 유지를 위한 형태는 계속 변화하고 있다. 다른 한편으로 인간은 원초적 욕구를 충족하기 위해 돈, 권력, 명예와 같은 사회 희소가치를 추구하고 경쟁한다. 사회 희소가치를 추구하는 경쟁도 질서를 유지하기 위해 규범이 있어야 한다. 사회변동으로 원초적 욕구와 이와 연관된 다양한 사회적 욕구가 발생하였고, 이를 충족하기 위해 사회규범도 확대되고 변화되었다. 농경사회에서 산업사회로의 사회변동은 규범을 크게 변화시켰다. 즉 원초적 욕구를 반영한 규범들도 사교적 욕구가 반영된 규범처럼 만들어지고 사회변동과 더불어 변화하였다.

근대사회에 들어 자연에 대한 인간의 견해는 전통적 믿음과 가치의 형태에서 과학에 근거한 지식으로 바뀌었고 사회질서를 유지하기 위한 규범들도 빠르게 달라졌다. 사회적 욕구는 기본적 욕구와 깊은 연관이 있지만 계속 변화한다. 자아실현 욕구도 마찬가지다. 인간은 집단생활을 하면서 공동체적 믿음과 가치를 가지게 되었다. 공동체 생활은 사회 성원에게 동일한 믿음과 가치를 강요하였다. 산업사회가 발전하면서 공동체 중심의 사회는 도시 중심의 사회로 변화하였고 동시에 개인주의도 확대되었다. 근대사회에서 인간은 인권을 가진 주체가 되었고, 공동체의 믿음이나 가치보다 개인의 자아실현이 크게 강조되었다. 자아실현의 욕구는 종교나 가치관과 연관된 정신적인 영역으로 다른 욕구들과는 구분된다.

오늘날 사회적 욕구는 사회가 복잡해지고 확대되면서 인간의 기본적 욕구로는 설명하기 어려운 사회적으로 형성된 특성을 가지게 되었다. 이러한 현상은 사회학자들에 의해 특히 강조된다. 현대사회에서 인간은 본능이나 본성보다 사회 희소가치나 사회규범들을 기계적으로 따르면서 행동한다. 과거 인간들이 전통적 종교 신념으로 인간을 재물로 사용한 것처럼 대다수 현대인은 감정과 관계없이 목적 합리적 사고를 하면서 생활한다.

3) 인간의 다양한 욕구

인간의 기본적 욕구는 원초적 욕구, 사교적 욕구, 자아실현 욕구로 구분할 수 있다. 원초적 욕구는 사교적 욕구나 자아실현 욕구와 모순되고 충돌하는 측면이 있다. 인간의 욕구를 원초적 욕구와 사교적 욕구로 크게 구분하면 인간은 일반적으로 원초적 욕구에 기초한 이기적 존재이고, 사교적 욕구에 기초한 이타적 존재이기도 하다. 이러한 양면적 욕구를 가진 인간은 심적으로 긴장하고 갈등하기도 한다. 인간은 기본적으로 양면성을 가진 이기적 존재이면서 동시에 양심을 가진 존재이다. 성악설과 성선설을 주장하지만, 이들은 모두 인간의 한 측면을 강조한 것이다. 인간은 선한 사람들이 행복하게 살기를 기대하지만, 현실사회에서 사회 희소가치의 분배는 사람들의 기대와 일치하지 않는다. 인간 본능과 본성의 표출은 인간이 처한 환경과 성장 과정에서 형성된 인성에 따라 차이가 존재한다. 그리고 매슬로가 지적한 대로 인간의 사교적 욕구와 자아실현 욕구는 원초적 욕구가 충족될 때 많이 추구된다. 생명체의 원초적 욕구가 충족되지 않을 때 생존을 위한 경쟁이나 갈등이 존재하듯이 원초적 욕구의 충족은 집단의 번영 및 사교적 욕구와 자아실현 욕구의 충족을 위해 중요하다. 그러므로 빈곤 사회나 억압적인 사회 환경에 사는 인간은 이타적 본성이 내재되어 있으나 사교적 욕구나 자아실현 욕구를 현실에서 실현하기 어렵다.

인간은 사회적 존재로 집단과 사회에 대한 소속감을 느끼고 사회적 관계를 슬기롭게 해결하려는 욕구를 가진다. 인간은 잠재적으로 인의예지의 마음을 가진 존재로 최소한의 원초적 욕구가 충족되면 원초적 욕구와 더불어 인의예지의 본성에 가치를 두고 생활한다. 그러나 역사적으로 보면, 인간사회는 원초적 관계를 충족하기 위한 경쟁과 갈등의 사회로, 불평등한 사회였고 동시에 이에 저항하는 사회였다. 노예제도와 신분제도가 오랫동안 존재했고, 현대사회에도 노예제도와 신분제도가 사라졌으나 사회 불평등은 보편적으로 존재한다. 인간의 생명, 자유, 평등과 같은 인권 사상이 사회에서 크게 강조되고, 모든 사회 성원을 대상으로 인권이 사회제도에서 점차 구현된 것은 근대사회이다.

근대사회에 들어 상공업이 발달하면서 사회관계와 사회 정의에 대한 사상과 제도도 크게 발전하였다. 종교와 근대 과학의 충돌 그리고 절대 군주와 상공업계급과의 갈등으로 신분에 상관없이 개인의 자유와 재산은 중요성이 강조되었고, 사회를 보는 관점이 변화하기 시작하였다. 서양에서는 세계관과 인간관이 계급과 신분의 차이가 아니라 자연적 인권에 기초하여 발달하였다. 이의 대표적인 형태가 계몽주의의 출현이다. 계몽주의는 원시사회의 자연 상태에서 인간은 누구나 생존보존 욕구와 이성을 가진 평등한 존재인 것을 강조한다. 즉 신분이나 계급에 기초한 그들만의 사회가 아니라 모든 인간의 생명과 자유 그리고 평등권을 존중하는 사회를 지향하였다.

근대사회에서 상공업의 급속한 발달은 인간의 자유와 평등에 기초한 개인주의 문화의 확산을 가져왔으며, 사회적으로 인간의 개별적 욕구뿐만 아니라 가치의 추구를 장려하였다. 인간은 자신뿐만 아니라 타자의 관점에서 자신을 볼 수 있는 특성을 발휘할 수 있게 된 것이다. 개인주의가 발달한 현대사회에서 인간은 자신들의 가치를 중심으로 자아실현의 욕구를 추구할 수 있다. 인간이 자기 자신들을 객관적으로 보고, 주체적으로 대응할 수 있는 인간적 특성을 사회생활에서 발휘하게 되었다. 이것이 사회학에서 강조한 공동체에서 개인주의 사회로의 사회연대의 변화이고, 객체적 자아에서 주체적 자아가 강조되는 사회변화이다.

인간은 스스로를 평가할 수 있는데, 평가에 따라 자긍심과 열등감을 느낀다. 모든 인간은 타자로부터 인정을 받고 자긍심을 갖기를 원하며, 자신이 중요시하는 가치와 내적 능력을 실현하고자 하는 욕구를 가진다. 이렇게 형성된 자아는 성장 과정에서 사회적으로 형성되며 인간이 가진 고등사고력과 원초적 욕구와 사교적 욕구의 관계에서 비롯된 것이다. 근대사회에서 자연권 사상이 출현되고 제도화된 과정처럼 인간의 사교적 욕구의 발현을 위한 사회적 여건은 매우 중요하다. 인간은 사회의 물리적, 경제적 여건 그리고 규범과 가치와 같은 정신문화의 여건 속에서 이들의 영향을 받으면서 행동한다. 인간은 사회적 여건 속에서 자신이 사회화 과정에 형성한 욕구를 가지고 선택 가능한 자원을 동원하여 목표를 추구한다. 즉 인간의 사회생활 속 행동에서는 인간의 기본적 욕구뿐만 아니라 사회 여건과 사회화된 욕구가 매우 중요하다.

인간의 기본적 욕구는 사회변동에 따라 변화하지 않고 일정한 특성을 띤다. 이를 기초로 인간은 사회생활 속에서 형성된 사회화된 자아를 가지고 사회 여건을 고려하여 행동한다. 사회적 욕구는 사회적으로는 사회를 유지하고 복잡한 사회문제를 해결하기 위한 사회적 요구를 반영한다. 개인적으로는 기본적 욕구의 파생적 형태로 사회가 형성되면서 생긴 분업화된 일과 여가, 사회 희소가치, 그리고 도덕과 규범, 종교와 가치 등과 관련되어 형성된 인간의 사회화된 습성이다. 사회적 욕구는 생존이나 종족 보존을 비롯한 기본적 욕구와 연결되어 있으나, 인간이 사회생활을 하면서 학습한 사회화된 습성이다. 사회적 욕구는 사회화 과정에서 형성된 습성이고, 자신이 속한 국가, 지역사회, 가족, 친구, 학교, 성과 나이 등과 밀접한 연관이 있다. 특히 가정이 속한 사회계층은 사회적 습성에 매우 큰 영향을 미친다. 여기서 사회적 욕구는 사회화된 습성으로 프랑스의 사회학자 피에르 부르디외(Pierre Bourdieu)는 이를 아비투스(Habitus)라 불렀다. 우리가 사용하는 말과 문화, 음식과 주거형태, 일과 여가 형태, 가치와 의식 등은 태어난 국가, 지역, 사회계층과 밀접한 연관이 있다. 이러한 사회화된 다양한 습성들은 인간에게 익숙하고 친숙해져 소속감과 친밀감을 형성하고, 개인의 취향과 습성을 결정한다.

2. 인간과 사회

1) 사회의 의미

사회란 무엇인가? 사회를 정의하기 쉽지 않다. 사회는 워낙 복잡하여 간단하게 개념으로 정의할 수 없다. 사회는 신을 공동으로 모시는 모임처럼 특성을 공유한 단체로 정의되기도 하며, 부족, 지역 공동체, 국가 공동체, 세계 공동체처럼 생활단위로서의 공동체를 의미하기도 하고, 특정 목적을 위해 인위적으로 결성한 결사체를 뜻하기도 한다. 공동체, 생활공동체, 결사체 모두 사회이다. 사회학에 따르면 사회는 인간들의 지속적인 상호작용으로 만들어지고, 서로의 지속적 만남으로 상호작용의 형태가 어느 정도 유형화되어 공유된 특성을 가지는 단위를 말한다. 즉 사회는 개인들의 상호작용의 연결망인 것이다. 그리고 역사적으로 보면 기술의 발달에 따라 인간의 교류가 활발해지면서 사회는 계속 확대되었다.

유형화된 상호작용의 결과로 형성된 사회는 공식적 또는 비공식적인 집단이나 조직의 형태를 띠고, 집단과 조직은 지위와 역할 그리고 규칙들로 이루어진다. 집단과 조직에서의 지위와 역할 그리고 규범은 반복적인 인간의 행위체계를 만들어낸다. 즉 인간은 집단과 조직을 만들고 역으로 조직과 집단의 특성은 인간의 행위에 영향을 미친다. 중요한 것은 사회의 형성으로 말미암아 인간의 욕구나 본성들로는 설명할 수 없는 새롭게 발현된 파생적인 사회적 욕구를 인간이 가지게 된다는 점이다. 이리하여 사회는 생명체처럼 실재한다는 사회실재론이 등장한다. 즉 사회는 인간의 외부에 존재하면서 인간에게 영향력을 행사하는 실체이다. 인간이 등산하면 길을 따라 걷는 것과 마찬가지로, 인간은 사회의 규범과 지위에 적합한 역할들을 따르면서 생활한다. 인간의 욕구나 본성이 인간의 삶에 에너지를 제공한다면, 사회는 문화나 규범의 형태로 인간의 욕구나 본성을 해결하게 하는 길을 제시하거나 제한하는 역할을 한다. 인간은 자연에 적응하면서 사는 것과 마찬가지로 사회에 적응하면서 산다. 그러나 사회는 인간이 자연에 적응하면서 역사 속에서 형성된 것이어서 자연환경과 역사에 따라 구분되는 특성을 가진다.

현대의 산업사회를 보면 국가 내에 집단과 조직들은 복잡한 연결망의 형태를 띤다. 국가와 같이 큰 사회는 다른 국가들과는 구분되는 특성이 있고, 한 국가 속에 서로 다른 규모의 집단과 조직들이 다양한 형태로 존재한다. 오늘날 집단과 조직들은 다수일 뿐만 아니라 분업화되어 있고 위계적인 특성들을 가지고 있다. 그러므로 사회를 단순히 개념으로 정의하기는 매우 어렵다. 사회는 다양한 규모와 특성을 가진 사람들의 상호작용 관계망들을 의미하는 추상적인 개념이다. 그래서 학자들은 사회를 규모, 조직과 집단의 특성, 상호작용의 특성, 연대방식, 소속감 등 다양한 기준에 따라 구분한다.

사회는 대규모 집단과 소규모 집단으로 분류할 수 있다. 사회는 가족과 같이 작은 혈연적인 집단에서부터 국가나 세계 공동체와 같이 크고 복잡한 사회에 이르기까지 무수한 집단들을 포함한다. 생활공동체로서 사회는 부족사회, 지역사회, 국가, 세계 공동체로 확대되고 있다. 생활공동체는 기술이 발달함에 따라 집단이 계급과 직업으로 분화되고, 분화된 부분들이 연결된 자급자족하는 통합체이다. 기술발달과 교류의 확대에 따라 공동체의 범위는 확장되고 있다. 따라서 사회가 커지고 복잡성이 증대하는 역사적 과정으로 사회진화론을 주장하는 학자들도 있다. 이들에 의하면 사회는 작고 단순한 사회에서 크고 복잡한 사회로 진화되고 있다. 여하튼 추상적인 사회는 규모에 따라 구분될 수도 있다.

사회 속에 집단들을 설명하는 다른 방법은 사회 성원들의 소속감을 중심으로 분류하는 방식이다. 사회 성원들은 자신이 속한 집단에 강한 소속감을 지니기도 하고, 수단적으로 소속되기도 한다. 자신이 속한 집단에 소속감을 느낄 때 이 집단을 내집단이라 부른다. 때로는 집단에 소속되어 있으나 소속감을 느끼지 않기도 한다. 예로 집단에 소속되었으나 집단으로부터 고립되거나 대우를 받지 못하는 경우가 있다. 자신이 속한 집단이 다른 집단들과 비교될 때 인간은 우월감이나 열등감을 가진다. 비교에서 우위에 있을 때 우월감과 자신감을 가지고, 비교에서 하위에 있을 때 열등감과 무력감을 가진다. 그래서 사람들은 자신들의 사고 기준에 맞는 준거집단을 찾기도 한다. 준거집단은 소속과 관계없이 자신의 행동 기준으로 삼는 집단을 말한다.

사회를 시대와 연관하여 구별하는 분류방식은 사회특성에 따른 구분이다. 독일의 사회학자 페르디난트 퇴니스(Ferdinand Tönnies)는 사회의 특성에 따라 사회를 공동사회와 이익사회로 구분하였다. 많은 학자는 전통사회와 근대사회의 특성을 설명하면서 공동사회와 이익사회의 구분을 사용한다. 공동사회와 이익사회의 구분은 19세기 말 독일의 급속한 산업화와 자본주의 발달에 따른 사회특성과 인간관계 변화를 반영한 것이다. 이러한 예로 한국이 산업화 이전 소규모의 전통사회에서 60년대 이후 급속한 산업화로 자본주의 사회로 나아가면서 대규모의 도시가 형성되고, 이러한 사회특성으로 인간관계가 이차적 인간관계로 변화하는 과정이 나타났다. 유사한 구분은 급속한 산업화과정에서 농촌사회와 도시사회의 특성을 비교하는 데도 사용되고 있다. 이러한 이분법적 구분은 농촌사회와 도시사회, 기계적 연대와 유기적 연대, 군사형 사회와 산업형 사회, 신분사회와 계약사회, 일차집단과 이차집단의 구분 등 학자에 따라 다양하게 사용되고 있다.

에밀 뒤르켐(Emile Durkheim)의 기계적 연대사회와 유기적 연대사회의 특성을 보면 기계적 연대의 사회는 전통적인 농촌사회로 생산방식에 있어 협업이 중심적이고, 종교나 가치에 있어 동질성에 기초한 집단 사회이다. 기계적 연대는 종교나 가치의 동질성에 기초한 연대로 종교나 가치의 자유가 자유롭게 보장되지 않는다. 그러나 같은 종교와 가치들을 공유하기 때문에 소속 성원들은 동질감과 소속감으로 강한 연대감을 가진다. 그래서 기계적 연대의 사회는 동질적인 종교와 가치에서 벗어나기 어렵고, 성원이 통제되고 구속받는 연대가 강한 공동체 사회를 이룬다. 이와 반대로 유기적 연대의 사회는 산업화로 분업이 발달한 사회를 말한다. 산업화가 발달한 사회는 직업의 분업화로 인간이 다른 직업 사람들의 도움 없이 생활하는 것은 불가능하다. 이 사회는 개인들이 다양한 직업들에 종사하면서 소득을 벌고 생활을 위해 시장에서 필요한 상품이나 서비스를 공급받는 유기적으로 연결된 사회이다. 그러나 종교나 가치 측면에서는 다양성이 인정되고 자유를 느낄 수 있는 개인주의 사회이다.

미국 동북부에서 태어나 산업화과정에 성장한 찰스 호튼 쿨리(Charles Horton Cooley)도 지역사회의 변화를 중심으로 일차집단과 이차집단을 구분하였다. 쿨리의 일차집단은 가족, 친구집단, 지역사회처럼 규모가 작고 대면적인 친밀한 관계에 기초하여 인간관계가 정서적이고 인격적인 형태를 보이는 집단을 말한다. 그리고 이차집단은 회사나 조직체처럼 지위나 역할이 명백하여 인간관계가 목적적이고 비인격적이며 제한적인 특성을 보인다. 이차집단에서 생활하는 사람들은 다양한 가치가 공존하고 정서적 유대와 신체적 접촉이 적고, 집단이 가진 특정 목적과 자신의 관심만 강조하는 사회이다. 이차집단은 이러한 특성들을 가진 집단들로 구성된 조직체나 도시사회를 의미한다. 이차집단은 공식집단 또는 공식조직이라 불리기도 한다. 공식조직은 특정한 목표를 수행하기 위해 인위적인 의도에 의해 만들어진 이차집단을 의미한다.

공식조직은 인간이 특정 목적을 위하여 인위적으로 만든 집단으로 통제방식과 성원의 적응방식에 따라 강제적 조직, 공리적 조직, 자발적 조직으로 구분된다. 강제적 조직은 가입과 탈퇴가 자유롭지 못한 교도소나 군대와 같은 조직을 말한다. 공리적 조직은 가입과 탈퇴가 자유로우나 실리적인 필요에 따라 성원이 된다는 점에서 강제적 조직과 차이가 있다. 현대사회에서 성인들은 생활에 필요한 소득을 벌기 위해 직장을 가지게 된다. 이 경우 조직은 공리적 조직이다. 자발적인 조직은 가입과 탈퇴가 자유로운 조직으로 도덕적 권위와 자발적 참여에 기초하여 운영되는 조직이다. 이의 예로는 종교조직, 정당조직, 그리고 친교 결사체, 전문직 결사체, 사회운동 결사체 등과 같은 자발적 결사체들을 들 수 있다.

모든 조직체는 규모가 커지면 효율적으로 목적을 달성하기 위해 관료제 조직으로 변화한다. 조직이 커졌을 때 조직을 만든 몇몇 사람들이 개인적인 생각으로 조직을 운영하면 효율성이 떨어진다. 그래서 효율성을 높이기 위해 분업하고, 위계서열을 만들고, 지위에 따른 역할 수행을 위한 규범을 만들 필요가 생긴다. 조직체는 큰 조직을 운영하면서 목적을 빠르게 달성하기 위해 조직운영의 원칙과 지위 및 역할 그리고 규범들이 문서로 명시된 규범집을 가진다. 그리고 권력이 중앙에 집중되고 업무는 분업화되고 위계서열이 존재하는 조직형태로 목표를 효율적으로 달성하려 한다. 효율성을 높이기 위해 시험을 통해 전문적 지식을 가진 사람들을 채용하고 근무 연수와 능력에 따라 승진시킨다. 그리고 지위와 능력에 따라 화폐로 임금이 제공된다. 그래서 관료제는 봉건사회의 신분제와 달리 노동의 대가로 화폐를 지급하는 임금노동을 기초로 하며, 공사를 구분하고 합리성과 효율성을 추구하는 조직이다. 관료제는 이러한 이념형의 특성들을 가지지만 현실 사회에서는 변형된 다양한 형태들이 존재한다.

합리성과 효율성을 강조한 관료제는 산업사회의 대표적인 조직형태이지만 실질적으로 많은 단점도 있다. 단점으로는 권력의 집중화, 형식화, 비인간화 현상 등을 들 수 있다. 권력의 집중화는 민주사회의 이상과 대치된다. 관료제는 몇 사람의 의사결정자에 의해 모든 것이 결정되는 문제점을 가진다. 특히 권력과 재력을 가진 몇몇 사람들에 의한 결정으로 불평등 현상을 심화시킴은 물론 합리적 의사결정을 방해하기도 한다. 정치의 경우 이는 목적과 수단이 전도된 과두제의 형태로 나타난다. 경제의 경우 법인 조직을 사유화하는 결과를 초래할 수 있다. 관료제의 형식화는 서류 결재에 있어 단계를 거치는 것과 형식적 규칙들에 기초해서 일을 수행하는 것을 말한다. 이는 구두에 의해 의사전달이 될 때 기억력에 의존하는 문제점을 해결하고 몇 단계의 심의를 거치는 장점이 있다. 그러나 위계서열에 따른 문서의 전달과 형식주의는 의사결정에 많은 시간을 요구한다. 그래서 현대 정보사회와 같이 빠른 결정이 필요한 사회에서는 사회변화에 적응하기 어려운 문제점을 가진다. 정보사회는 빠른 사회변화에 적응하기 위해 위계서열을 줄인 팀 조직 방식이나, 자동화로 규모를 줄인 방식(다운사이징, Downsizing)을 관료제 조직에 사용한다. 그리고 경쟁력을 높이기 위해 프로젝트팀을 일시적으로 운영한다. 관료제와 더불어 시장에서 경쟁력을 가진 부분들을 결합하여 운영하는 네트워크조직들도 많아지고 있다. 관료제 조직에서의 비인간화 현상도 문제다. 관료제 조직에서 인간은 목표를 달성하기 위한 수단으로 인식된다. 지위를 맡고 역할을 행하는 과정에서 효율성이 강조됨으로 인해 업무 외의 사적인 일들은 금지된다. 작업은 기계의 속도나 지시에 맞추어 수행된다. 그래서 작업과정에 인간의 자율성은 현저히 떨어지고, 이러한 현상은 지위가 낮을수록 심해진다.

현대사회에서 관료제 조직은 모든 국가와 대규모 조직체들에서 보편적으로 존재한다. 민주주의 국가들에서는 입법, 사법,

행정의 기능들이 분화되어 있으나 각 부는 관료제 조직체이다. 관료제는 국가뿐만 아니라 대규모 또는 적정 규모의 사업체나 종교나 교육과 같은 조직들에서도 보편적으로 존재하는 공식조직이다. 그리고 이들 대규모의 관료조직 속에는 비인간화의 문제들을 해결하기 위해 다양한 목적의 비공식조직들이 공존한다. 관료제는 산업사회의 산물로 인식되나, 미래사회에도 대규모 조직을 효율적으로 운영하기 위해 불가피하게 존재할 것이다. 그리고 빠르게 변화하는 외부환경에 효율적으로 대응하기 위해 변형된 형태로 존재할 것이다.

이상에서 살펴본 것처럼, 사회는 복잡한 특성들을 가지고 시대에 따라 변화한다. 사회는 인간이 생활하면서 인간의 원초적 욕구와 본성을 반영하여 만든 것이다. 그러나 인간은 자연의 영향을 받고 살듯이 사회로부터 구속받는 동시에 사회를 변화시킨다. 역사적으로 사회는 신분사회와 공동체 사회에서 점차 산업사회와 개인주의 사회로 변화하였다. 믿음과 연대의 공동체는 해체되고 현대 인간은 자유로운 사회에서 생활한다. 이는 역으로 정이 사라지고, 연대가 깨어진 고독한 사회이다. 그리고 현대인은 공동체에서 벗어나 주체적으로 살기를 강요받으나 물질적 인간관계를 기초로 한 불평등한 사회생활을 한다. 인간은 사회의 영향을 직접 받거나, 성장 과정에서 사회화를 통해 자연스럽게 사회에 적응할 수 있는 습성을 가지고 생활한다. 자연환경이 인간의 삶에 영향을 미치듯이 사회 환경도 인간에게 영향을 미친다. 사회계층이나 직업 및 개인 여가생활의 실태를 보면 자신이 속한 사회의 위치에 따라 얼마나 다른 모습으로 살아가는지를 쉽게 알 수 있다.

2) 사회와 인간의 관계

인간의 기본적 욕구와 사회적 욕구를 충족시키는 데 가장 큰 영향력을 행사하는 추상적 단위는 자연과 사회이다. 자연과 사회는 인간의 욕구가 다양하게 충족되는 내용과 방식을 결정한다. 자연환경에 따라 의식주와 문화가 다르듯이 사회 환경에 따라 의식주와 문화의 차이가 발생한다. 인간은 일하고 놀며(쉬고) 먹고 자는 과정을 반복하는데, 그 방식에는 사회 환경에 따라 차이가 존재한다. 자연과 사회의 특성은 일하고 놀며 먹고 자는 방식과 관련된 인간의 삶에 영향을 끼친다. 자연과 사회가 인간의 욕구와 특성을 표출하게 하는 역할도 하지만 인간의 욕구와 특성의 표출을 통제하는 역할도 한다. 즉 인간이 길을 따라 걷듯이 인간이 행동해야 할 조건을 사회가 제시하는 것이다. 사회는 크게 보면 국가와 민족, 사회계층의 차이에 따라서 인간의 삶에 영향을 미친다. 국가와 민족은 언어, 의식주를 비롯한 일상생활 문화, 집단과 조직 생활, 사회규범과 종교 등에서 차이가 존재한다. 그리고 사회계층에 따라 사회 희소가치의 소유와 생활방식의 차이로 인간의 삶의 질이 달라진다. 사회계층은 돈, 권력, 명예와 같은 사회 희소가치의 불평등 체계이다. 사회계층은 의식주, 건강과 수명, 직업과 여가생활의 방식, 사고와 문화생활 등 인간의 삶 전반에 영향을 미친다. 사회계층에서 사회이동은 스스로 결정하기도 하지만 상당 부분은 대를 이은 가정의 사회경제적 지위에 의해 결정된다. 돈, 권력, 명예와 같은 사회 희소가치는 가정을 통하여 상속된다. 상속제도는 다른 동물에서는 볼 수 없는 고등사고력을 가지고 사회생활을 하는 인간만의 독특한 특성이다. 인간은 상속으로 사회 희소가치를 자녀에게 물려줄 뿐만 아니라 부모가 속한 사회계층은 자녀의 사회화와 교육에 큰 영향을 미친다. 이러한 현상은 과거 신분사회뿐만 아니라 현대 산업사회에도 볼 수 있다.

기술이 발달함에 따라 인간의 수명이 길어지고, 나아가 사회화와 교육 기간도 길어지고 있다. 인간은 사회화와 교육을 통해 다양한 능력을 갖추게 되고, 사회화와 교육으로 인성이 형성된다. 사회학자들은 태어날 때 인간의 자아는 백지상태라고 주장하기도 하나, 인간의 기본적 욕구에서 설명한 바와 같이 인간은 원초적 욕구, 사교적 욕구, 자아실현의 욕구들을 가지고 태어난다. 그리고 사회생활을 하면서 자기가 속한 가정 그리고 집단과 조직에서 사회화 과정을 거치고 교육을 받는다. 즉 인간 욕구의 상당 부분은 사회화와 교육 과정에서 결정된다. 가정 특성, 지역사회, 학교, 집단과 조직, 대중매체, 사회계층 등 다양한 통로를 통해 사회화 과정을 거치면서 형성된 인간의 특성을 인성 또는 습성(아비투스)이라고 한다. 습성은 사회화 과정에서 오랜 습관에 의해 형성된 성질인데, 심리학자들은 이를 인성이라는 개념으로 많이 사용한다. 인성은 인간 본능과 본성에 기초하지만, 사회화 과정에 의해 다듬어지고 새로 만들어진 개인적 특성을 말한다.

습성이라는 단어는 아직 학문적 개념으로 익숙하지 않기에 여기서는 이를 보편적 개념인 인성과 함께 사용할 것이다.

자본주의 사회에서 부모가 속한 사회계층은 자녀의 사회화와 교육 과정 그리고 인성에 매우 큰 영향을 미친다. 현대 민주사회는 인간의 존엄성과 평등성을 강조하고 있으나, 사회 불평등이 존재하기에 사회화 과정에 차이가 있고 인성의 차이도 존재한다. 인간은 주체적 존재인 동시에 사회적 존재이기에 인성은 개인의 노력과 사회화 과정에 의해 형성된다. 사회계층구조에서 자신의 사회경제적 지위를 결정하는 데 개인적 노력이 중요하지만, 개인이 속한 가정의 사회경제적 지위도 매우 중요하다. 가정을 통하여 사회 희소가치가 상속될 뿐만 아니라 개인이 지닌 인성의 많은 부분이 결정되기 때문이다. 그래서 인간의 삶은 절반은 자신의 노력이 결정하고, 나머지 절반은 사회 환경에 의해 결정된다고 할 수 있다. 인간은 다른 동물들과 구분되는 특성을 가진 존재이기에 자연환경뿐만 아니라 사회 환경의 영향을 받으면서 생활하고, 동시에 인간의 노력으로 사회 환경을 바꾸어 가고 있다.

이처럼 인간은 사회를 만들고 사회는 인간의 생활에 직·간접적 영향을 미치고 있다. 사회는 인간이 일하고 놀고 먹고 휴식하면서 생활하는 데 필요한 수많은 제도를 만들고 상품을 생산하여 인간의 기본적 욕구와 사회적 욕구를 충족시킨다. 전체사회를 위해 정치, 경제, 사회, 문화를 비롯한 많은 제도가 존재하며, 생존을 위해 다양한 직업들을 포함한 노동시장과 보건시설들이 존재하고, 종족 보존을 위해 가족제도가 존재한다. 그리고 문화생활을 비롯한 여가생활을 위해 인간은 서적, 게임, 음악, 영상물 등 수많은 문화콘텐츠를 만들고, 여행과 스포츠 등 다양한 활동을 한다. 즉 사회는 인간의 욕구를 충족시킬 새로운 인위적인 욕망을 만들고 있다. 사회에는 이러한 제도나 서비스를 이용하는데 차등을 조성하는 사회계층 현상이 존재하고 동시에 개인별 관심의 차이가 공존한다. 사회는 인간을 자유롭게 만들기도 하고, 소외시키기도 한다. 역사적으로 보면 시대와 사회에 따라 이러한 현상들은 달리 나타난다. 그리고 현대사회에서도 일부 사회는 인간이 자신의 욕구와 본성을 자유롭게 표출할 수 있게 하고, 어떤 사회는 이를 어렵게 하면서 인간을 억압하고 강제한다. 같은 사회 내에서도 사회계층과 사람의 인성에 따라 인간의 자유와 소외현상은 달리 나타난다. 그러므로 다음 절에서는 자유와 소외가 무엇이고, 어떤 사회와 상황에서 이런 현상들이 발생하는지를 살펴볼 것이다.

3. 사회와 자유

1) 자유의 의미

모든 생명체는 자유를 원한다. 자유란 방해 없이 자체의 원인(본성)에 의해 행동하는 것이다. 생명체는 외부의 구속 없이 내적인 욕구를 충족하길 원한다. 일반적으로 자유란 인간에게 많이 적용되는 개념이지 동물에게 자주 사용되는 개념은 아니다. 자유는 인간의 이상향이기도 하다. 자유란 구속이 없고 인간이 하고 싶은 것을 할 수 있는 상태를 말한다. 구속이 없는 상태를 소극적 자유라 하고, 하고 싶은 것을 할 수 있는 상태를 적극적 자유라 한다. 소극적 자유를 얻기 위해 인간은 타자나 외부의 강제로부터 자유롭게 벗어날 수 있어야 한다. 즉 자신의 판단과 의지와 관계없이 구속되는 것은 자유가 아니다. 적극적 자유를 얻기 위해서는 인간이 지향하는 것을 타자나 외부의 방해 없이 할 수 있어야 한다. 이처럼 자유는 소극적 자유와 적극적 자유의 두 가지 다른 특성을 가지고 있다.

인간은 인간의 욕구와 본성을 구속 없이 충족시킬 수 있는가? 생명체는 생존과 자기보존의 욕구를 충족하기 위해 경쟁하고 갈등한다. 즉 자신의 욕구를 충족하는 과정에 자연환경에 적응하고, 타자와 경쟁하고 갈등한다. 그러면서도 인간은 자유를 최대화하려는 욕구를 가진다. 인간은 생물이고 동물이면서 동물과 구분되는 속성을 지니고 있다. 인간은 원초적 욕구, 사교적 욕구, 자아실현 욕구와 파생된 사회적 욕구를 동시에 가지고 있다. 이러한 인간 내적인 욕구에서 원하는 것을 구속 없이 충족시키는 것이 자유이다. 그러나 생명체는 생존을 위해 경쟁과 갈등을 지속하고 약육강식의 형태를 보인다. 한 생명체의 욕구 충족은 다른 생명체와 경쟁하고 갈등하기 마련이고, 강자가 자유를 얻고 약자는 구속된다. 이런 이유로 동물 세계를 중심으로 자유를 논하지 않는다. 인간은 다른 동물과 구분되는 이성적 존재이다. 인간은 원초적 본능뿐만 아니라 본성과 고등사고력을 가진 존재이다. 그러므로 인간은 규범을 가지고 사회생활을 한다. 자유는 사교적 욕구와 자아실현 욕구를 가진 인간세계의 영역에서 논의된다. 원초적 욕구에 기초한 약육강식의 세계는 혼돈과 갈등의 세계이고, 고통과 광기의 세계이다. 혼돈과 갈등의 세계를 자유 세계라 할 수 없다. 자유 세계는 공존할 수 있는 조화의 세계이고 이상 세계이다. 자유 세계는 타자의 자유를 구속하지 않고, 자신의 자유를 추구하기 위해 의무와 당위의 영역을 가진다.

인간은 개인적 삶의 주인이다. 인간의 자유는 인간이 지니고 형성한 마음 상태에 따라 크게 좌우된다. 인간은 사회생활을 하면서 다른 사람과의 공존을 위해 규범을 만들고, 사회화 과정을 거치고 자아를 형성한다. 인간은 원초적 욕구로 타자와 충돌하게 되고, 이성적 사고를 통해 사회생활과 조응하는 마음이 형성된다. 인간은 오감과 마음을 통해 세상을 보고, 스스로 자신의 욕구와 사회화된 마음을 보고, 세상과 자신에 대해 고등사고력으로 생각한다. 즉 인간은 양심을 가지고 주체적으로 생활할 수 있다. 그러므로 자유란 인간이 마음을 관찰하면서 주체적으로 사는 것과 깊은 연관이 있다. 외부의 강제 없이, 양심의 가책 없이, 자신의 주체적 의지에 따라 사는 것이 자유이다. 그러므로 개인이 가지고 있는 마음의 세계는 자유의 정도를 결정하는 데 매우 중요하다. 인간은 자신을 이상적으로 규정하고 자신의 의지에 따라 원하는 것을 실현할 수 있다고 생각하면서 자유를 느낀다. 그러므로 자유를 위해서는 외적 강제의 도덕이나 법이 아니고, 내적인 도덕심과 이성적인 마음이 필요한 것이다.

인간은 외적인 도덕과 법만으로 자유로울 수 있는 존재는 아니다. 자유는 내적인 필요성에 기초한다. 타고난 본성뿐만 아니라 외적 규범들을 사회화하여 습성이 된 인성이 필요하다. 사회적 특성은 사회화 과정을 통해 인간의 인성에 매우 큰 영향을 미친다. 농업 중심의 전통사회에서의 인간은 집단적 생활을 하고 집단적 사고를 한다. 같은 종교와 가치, 유사한 생활방식을 가진 단순하고 규모가 작은 전통사회에서 인간은 조직적 구속이 적다는 사실 때문에 자유로울 수 있었다. 그러나 주체적 자아를 따라 행동하는 적극적 자유를 얻을 수 없었다. 현대사회는 정반대의 사회로 조직적 구속은 많으면서 자기 의지는 쉽게 실현할 수 있는 사회이다. 현대사회는 다양한 직업에 의한 유기적 연대를 이루고 있고, 다양한 종교와 가치 그리고 삶의 방식이 허용된다. 그래서 인간들은 다른 사람에게 피해를 주지 않는 한 자신의 의지를 자유롭게 펼칠 수 있다.

인간의 지향이 원초적 욕구에 기초할 때 인간은 갈등으로 자유를 얻을 수 없다. 동물은 생존 경쟁과 종족 보존을 위해 경쟁하고 갈등하기에 원초적 욕구에 기초한 관계는 갈등만을 초래한다. 강자만이 약자의 속박을 전제로 자유를 얻을 수 있다. 그러므로 힘의 관계에 따라 생존하거나, 갈등의 조정과 해결을 위한 관습과 도덕 그리고 강압적 법이 필요하다. 이러한 외적인 요인이 인간을 구속할 때 인간의 자유 감정은 크게 제한된다. 자유롭기 위해서 인간은 타자와 공존할 수 있는 원초적 욕구의 충족 방법을 찾아야 한다. 인간은 고등사고력과 다른 사람과 사귀고 동조하고 사랑하는 사교적 속성을 가지고 있다. 이러한 속성은 원초적 욕구와 충돌하는데 인간이 자유를 위해서는 원초적 욕구보다 사교적 욕구가 우선해야 한다. 그래서 도덕과 이성이 중요하다.

인간이 원초적 욕구에 의존하여 살 때 갈등과 혼란한 삶이 존재하듯이, 인간이 감정과 가치 기준이 없이 사회화된 규범에 종속되어 살면 삶은 무미건조하고 고통스러울 것이다. 자유를 위해 개인은 도덕과 이성을 지닌 주체적 존재이어야 하며, 원초적 욕구보다 사교적 본성이 우선될 때 진정한 자유를 얻게 된다. 자유란 자신의 내적인 필요에 따라 움직이는 것이다. 공동체 생활을 위해 당위적으로 지켜야 할 규범이 존재하고 이들이 개인들에게 사회화되고 습성이 되어 주체적으로 행해질 때 자유를 얻게 된다. 인간은 즐겁고 행복하고 뜻있는 삶을 원하고, 자신의 소망을 이루면서 살길 바란다. 즉 자유란 다른 사람들에게 피해가 되지 않는 범위에서 원초적 욕구와 사교적 욕구를 충족하면서 살고, 자신을 인정받고 자신의 가치가 내포된 자아를 실현하면서 사는 것이다. 그리고 사회가 만든 가치가 있는 수많은 상품과 시설을 자신의 필요에 따라 즐기면서 사는 것이다.

2) 근대사회와 자유

역사적으로 자유에 대한 논의는 일찍부터 존재하였다. 자유는 개인, 정치, 사회 차원에서 논의되었다. 개인적 차원에서 자유는 인간의 본성이나 이성을 바탕으로 개인의 행복을 얻고 진리를 탐구하기 위해 이루어졌다. 정치적 차원에서 자유는 군주의 덕치를 중심으로 이상사회를 실현하려는 의도에서 논의되었다. 이의 대표적인 학자로 동양에서는 공자(孔子), 서양에서는 소크라테스(Socrates)를 들 수 있다. 사회적 차원에서 자유는 계몽주의 사상에서 생존 욕구와 이성을 가진 인간에게 주어진 자연권을 지킬 수 있도록 계약사회를 설계하는 과정에서 논의되었다. 그러나 자유에 대한 논의가 사회적으로 본격화된 것은 계몽주의 사상에 기초한 근대 민주사회의 발달 과정에서 찾아야 할 것이다. 근대 이전 사회에서 자유는 군주나 귀족과 같은 특권층에 한정되었고, 신학적 입장에서 논의되었다. 서구에서는 근대에 접어들면서 과거 신분사회와는 구분되는 총체적인 큰 사회변동이 시작되었고, 시민의 자연권과 자유가 논의되기 시작하였다. 근대사회의 출현은 상공업도시의 발달, 과학기술의 발달, 종교개혁, 계몽주의, 근대 시민혁명의 발생 등 다양한 요인들에 의해 설명될 수 있다. 근대 민주사회는 상공업도시의 발달에 의한 개인 간 경쟁과 상품의 자유로운 거래, 이익에 기초한 상호작용 방식의 보편화, 과학에 기초한 합리적 사고와 관련된 인간관 및 세계관으로의 변화, 종교개혁 과정에서의 신앙의 자유와 세속적 합리성의 강조, 계몽주의와 시민혁명에서 강조한 개인주의와 자유와 평등사상의 강조 등이 유기적으로 연결되어 발전하였다.

근대사회에 있어 자유는 권력자나 권력 집단이 가진 특권이 아닌 자연권에 기초한 자유이다. 자연권은 자연 상태에서의 인간은 자기보존의 욕구와 이성을 가진 평등한 존재로 생존권과 자유를 추구할 권리를 태어날 때부터 가진다는 인식에 기초한다. 이는 천부적인 권리로 다른 사람이 함부로 침해해서는 안 되는 권리이다. 인간은 생존권을 가진 존재이며 동시에 자연권을 가진 존재이다. 그래서 생존 경쟁의 사회생활에서 자신의 자연권을 지키기 위해 사회계약을 맺고, 자연권이 침해당할 때 저항권을 가져야 한다. 즉 자연권 사상은 이성을 가진 사회 성원의 노력으로 사회계약을 맺고 자연권을 지켜야 한다는 당위적 사상이다.

이러한 사상은 시민혁명의 과정에서 발생한 것이다. 시민혁명은 과거와는 다른 새로운 국가체제를 만들었고, 자연권은 국민 주권과 인권의 개념으로 변화하였다. 사회 성원이 태어날 때부터 자연권을 가지고, 사회계약을 맺고, 자연권을 지키는 사상은 시민혁명과 더불어 탄생한다. 근대국가에서 모든 국민은 인권과 자유를 가지고 있으며, 국가의 의사결정 권리는 국민에서 나온다. 예로 존 로크(John Locke)와 장 자크 루소(Jean Jacques Rousseau)의 계몽주의 사상은 시민혁명에 크게 영향을 미쳤다. 로크는 영국의 명예혁명과 미국의 독립혁명에 영향을 미친 사람으로 민주주의 제도의 틀을 마련하였다. 그는 자연 상태에서 인간은 이성을 가진 존재로 평화의 상태가 유지된다는 전제하에 성선설을 주장하였다. 그는 생명과 자유, 그리고 노동에 기초한 사유 재산의 소유권을 자연권으로 보았다. 그는 인간의 천부적 권리를 지키기 위해 사회계약으로 국가에 권리를 양도하는 간접

민주주의 제도를 주장하였다. 그 간접민주주의 제도는 선거로 뽑힌 사람들에 의해 권리를 지키기 위한 법을 만들고, 입법과 집행(행정)을 분리하여 통치하고, 국가가 국민의 권리를 부정할 때 저항권을 보장한다. 로크는 사유 재산에 대한 권리를 자연 상태와 같은 전제적 조건을 달아 인정하였고 화폐경제의 발달로 그의 사상은 자본주의의 토대가 되었다.

루소의 삶은 불행의 연속이었는데 그의 시대 비판적인 사상은 프랑스 대혁명에 영향을 미쳤다. 그는 자연 상태에서의 인간을 자애와 동정을 가진 평등하고 자유로운 존재로 규정하였다. 인간이 정착 생활로 자연 상태에서 벗어나 공유물인 땅에 울타리를 치고 사유 재산을 주장하면서 인간의 악은 시작되었다고 보고 그는 '자연으로 돌아가라'라고 주장한다. 그는 로크처럼 본능, 육체적 충동, 욕망보다 정의, 의무, 가치를 강조하였으나, 이성보다 감성을 더 중시했다. 그도 인간의 권리를 지키기 위해 사회계약을 주장하였는데 양도된 권리의 보편적인 형태를 일반의지라 하고 저항권을 강조하였다. 그는 국민 주권을 기초로 민주정, 귀족정, 군주정의 세 가지 정치형태를 분류하였다. 민주정은 직접민주주의에 해당하는 형태로 자유와 평등의 이상사회이고, 귀족정은 선거에 기초한 간접민주주의로 오늘날 민주정치와 유사하고, 군주정은 국민 주권을 중시하나 군주에 의해 통치되는 형태이다.

이상에서처럼 자유는 사회와 밀접한 연관을 가진다. 자유의 개념은 출발부터 인간의 원초적 욕구가 아닌 인간의 본성과 연관되어 있었다. 자유란 원초적 욕구를 마음대로 자유롭게 행사하는 것이 아니다. 원초적 욕구를 마음대로 행사하는 것은 자유가 아닌 방종이다. 현대인은 자유와 방종을 구분해야 한다. 원초적 욕구를 충족하기 위해 자유를 달라고 해서는 안 된다. 자유는 인간의 본성과 연계되어 있다. 즉 자유는 인간이 타자로부터 구속받지 않으면서 인간이 가진 자애와 동정, 이성을 가지고 양심에 따라 행동하는 것이다. 그리고 이러한 권리를 지키기 위해 우리는 국가를 바로 만드는 일에 참여하고, 국가에 의존하여 생활하며 때로는 강압에 저항한다. 자유는 권리를 양도받은 국가가 실현하는 다양한 권리 규범으로부터 실현되고, 사회 성원은 자유를 행사하기 위해 반드시 의무를 실천해야 한다. 이러한 유형의 자유가 현대사회에서 인간이 누릴 수 있는 자연법적 자유이다.

자연법적 자유와 다른 유형으로 공리주의적 자유가 존재한다. 이는 경험주의에 기초한 자유로 인간의 본성이란 쾌락을 추구하는 것으로 본다. 즉 이 입장은 인간을 포함한 생명체를 쾌락을 추구하고 고통을 피하는 존재로 전제하고 쾌락을 선으로 고통을 악으로 규정한다. 그리고 사회는 최대다수의 최대행복을 추구해야 하고, 인간은 고통을 줄이고 최대의 행복을 위해 공리적으로 행동해야 한다. 공리주의의 주창자인 제러미 벤담(Jeremy Bentham)에 따르면 쾌락을 가져다주는 특권은 사회에서 행복보다 불행을 초래하고, 최대다수의 최대행복을 위한 도덕은 행복추구의 수단이 된다. 최대다수의 최대행복을 위해 개인의 행복과 사회 행복은 조화를 이루어야 하므로 공리주의에서도 사회생활에서 도덕은 필수 불가결한 것이다. 그러나 도덕은 그 자체로 선이 아니고 다수의 행복을 위한 수단이다. 이러한 그의 주장은 다수의 행복을 위해 소수는 희생되어도 좋다는 문제점을 가진다.

이러한 문제점을 개선한 것이 존 스튜어트 밀(John Stuart Mill)의 질적 쾌락이다. 그는 쾌락에 있어 질적인 차이가 존재한다고 보고 감각적 쾌락보다는 정신적 쾌락이 질적으로 높다고 평가하여 동물과 구분되는 인간의 특성을 강조하였다. 즉 쾌락에는 단순한 원초적 본능뿐만 아니라 인간이 다른 동물들과 구분되는 특성인 이타적 사랑, 이성, 자유 등과 같은 정신적 의미와 가치도 포함된다. 그리고 그는 자유론에서 자유를 양심과 사상과 같은 내면적 자유와 기호와 목적 추구, 표현과 같은 외적 자유로 구분하고, 자신에게만 관련된 완전 자유와 다른 사람들의 이해관계와 관련된 도덕과 법의 영역으로 구분하였다. 그는 인간에게 있어 양심과 사상의 자유와 개성의 다양성을 인정하고 표현의 자유를 특히 강조하였다. 그는 경험론적인 입장에서 상대적 진리와 다양한 가치의 존재를 인정하고 이들에 대한 선택의 자유를 강조하며, 모든 개인에 대해 강제로 간섭하는 국가 권력을 엄격히 제한하였다. 즉 국가 권력을 다른 사람의 이해관계와 관련된 부분으로 최소화하고 개인의 자유를 철저히 보호하려 하였다. 공리주의에서도 다른 사람과 관계없는 개인적 자유는 무한정 인정되나 사회에서의 자유는 다른 사람들에 피해가 되지 않는 범위에서 이루어져야 한다. 그래서 민주국가에서 자유는 법으로 명백히 규정하여 보장하고 있다.

정리하면, 자유는 외부의 구속 없이 자신의 판단과 의지에 따르는 것이다. 자유는 생물체의 원초적 본능에 따를 때 갈등을 초래하고, 동물과 구분되는 사랑, 이성, 고등사고력과 같은 인간의 특성에 기반을 둘 때 보장된다. 이러한 특성에 기초하여 동서양의 학자들은 인간의 존엄성을 강조하였으며, 자유의 개념은 계몽주의 사상에서 자연권과 사회계약으로 결실을 보았다. 인간은 다른 사람에게 피해를 주지 않는 개인적인 상황에서 절대적 자유를 가진다. 그러나 다른 사람들의 이해관계에 영향을 미치는 상황에서는 사회계약에 기초하거나 공리적인 입장에서 행동해야 한다. 계몽주의 학자들에 의하면 인간은 공유물로서의 자연 상태에서 평등하고 자유롭게 생명을 유지하며 살 자연권을 가지고 태어났다. 인간은 사회가 만든 권력으로부터 빼앗긴 자연권을 지키기 위해 사회계약을 통해 자신의 권리를 민주국가에 양도하고 자신의 자유를 보장받는다. 공리주의 학자들에 의하면 인간은 최대다수의 최대행복을 보장받을 수 있는 도덕과 법의 구속하에서 자유롭게 행동할 수 있다. 이해관계가 충돌할 수 있는 상황에서 인간의 자유는 도덕과 법으로 보장되는 것이다.

현대 민주국가에서 부여하는 자유의 종류를 보면 신체의 자유, 정신적 자유, 사회 · 경제적 자유로 크게 구분할 수 있다. 신체의 자유는 죄형 법정주의에 근거하여 보장되는 자유로 고문금지, 구속과 체포를 위한 영장제도, 묵비권 등을 들 수 있다. 정신적 자유는 양심의 자유, 언론 · 출판 · 결사의 자유, 학문 · 예술의 자유, 종교의 자유를 들 수 있다. 그리고 사회 · 경제적 자유는 거주이전의 자유, 주거의 자유, 사생활과 비밀의 자유, 통신의 자유, 재산권 행사, 직업선택의 자유 등을 들 수 있다. 이들은 법으로 보장되는 최소한의 자유를 언급한 것으로, 기술발달에 따라 복잡해지는 실생활에서 자유와 권리는 점차 확대되고 있으며 미래에는 더욱 확대될 것이다.

4. 사회와 소외

소외 개념은 일상생활에서 사회적 고립이라는 의미로 많이 사용된다. 인간은 원초적 욕구와 본성을 가지고 개인이 속한 집단과 조직에 참여하고 소속의식을 가지고 함께 생활하는 존재이다. 소외는 자신의 원초적 욕구와 본성을 실현하지 못하도록 강압적인 상태에 놓이거나, 자신이 속한 집단으로부터 고립되고 소원해진 부적응 현상을 말한다. 그러나 학문적 개념으로 소외는 이보다 훨씬 넓은 의미들을 포함한다. 소외는 원초적 욕구, 이성(본성), 자아와 같은 인간의 다양한 특성들과 연결되어 있다. 소외는 이성과 자아로부터 분리되어 동물처럼 원초적 욕구에 따라 행동하는 것을 의미하기도 한다. 즉 자신의 원초적 욕구의 충족과정에서 타자를 배려하지 못하거나 타인의 관점에서 자신을 관찰하고 행동하지 못하거나, 외적 강제로 이성적 자아를 유지하지 못하는 상태를 말한다. 사회과학에서 소외는 인간이 자신의 본성을 잃고 비인간적으로 빠지는 것, 인간이 만든 것이 오히려 자신을 지배하는 힘으로 나타나 자신의 본성을 잃게 하는 것으로 정의되고 있다. 여기서 인간이 만든 것이란 거시적인 사회제도뿐만 아니라 집단과 조직, 인간이 만든 물질적인 것들을 망라한다.

소외 개념이 사용된 것은 오래전이다. 소외 개념의 어원은 의학적 의미로는 정신적 무질서나 정신착란, 법적인 의미로는 재산 양도, 그 외 친구 상실 등이다. 소외 개념의 역사는 구약의 우상 숭배와 다양하고 구체적인 사물들이 하나의 궁극적인 원천으로부터 파생되었다는 방산의 원리 등에서 찾기도 한다.[4] 즉 우상을 숭배하거나 궁극적 원천으로부터 멀어진 상태는 소외된 것이다. 이처럼 소외의 개념은 처음부터 비인간적 사회현상이나 정신적 상태의 개념으로 사용되었다. 이 개념이 보편적으로 사용되고 구체화 되기 시작한 것은 근대사회에 들어서이다. 근대사회에 들어서 인간의 권리가 강조되고 평등사상이 발달하면서 자유처럼 소외 개념도 발달하였다. 현재와 같은 소외 개념을 발달시킨 학자는 게오르그 빌헬름 프리드리히 헤겔(Georg Wilhelm Friedrich Hegel)과 칼 마르크스(Karl Marx), 그리고 20세기 전후에 활동한 막스 베버(Max Webber), 퇴니스, 게오르그 짐멜(Georg Simmel) 등이다. 소외는 자유보다 늦게 개념적 발달이 이루어졌

4 이에 대한 자세한 설명은 정문길, 『소외론 연구』, 문학과지성, 1984, 17~20 참조.

는데 그 원인은 산업사회 및 자본주의 사회의 발달과 깊은 연관이 있다. 억압으로서 소외의 의미는 사회계약론에서 존재한다. 자연권을 지키기 위해 국가에 양도된 권력이 자연권을 침해한다는 개념이다. 권리를 가진 주체로서 인간이 국가의 양도된 권력에 의해 권리를 상실할 수 있다는 지적은 소외의 개념으로 발달하였다.

소외의 개념에 대해 체계적으로 설명한 학자는 헤겔(1770~1831)이다. 헤겔의 소외 개념은 그가 설명한 의식과 자의식의 개념에서 비교적 자세히 나타난다.[5] 인간은 고등사고력을 가진 존재로 자신의 밖에 존재하는 것들은 물론 자신 스스로에 대해 사고할 수 있다. 그에 의하면 의식은 감각적 확신, 지각, 오성의 단계를 거친다. 이는 인간이 고등사고력을 바탕으로 자기 밖의 대상들을 인식하고, 공통성과 차이점을 지각하고, 이들을 초감각적으로 통일시키는 단계들을 말한다. 자의식은 다른 것들을 지향하는 욕망단계, 자의식 간의 지배와 예속의 관계단계, 자기를 다른 자의식으로 바라보는 일반적 자의식의 단계가 존재한다. 그는 인간의 존재를 의식적 측면과 육체적 측면으로 구분하고 이 두 측면은 끊임없이 통일을 모색하지만 분열될 위험성이

5 헤겔의 의식과 자의식에 대한 아래의 설명은 황갑진 『한국 생산직 노동자의 소외에 관한 연구』, 부산대학교 박사학위논문, 1991, 11~14를 발췌하여 설명하였으며 그 구체적인 내용은 논문에서 인용한 강재윤, 『칼 마르크스의 인간관』, 대왕사, 1983; 정문길, 『소외론 연구』, 문학과지성, 1984; 히라노 키미치, 최광렬 역, 『소외론』, 한마당, 1981; 황태연 외, 『헤겔 정신현상학 해설』, 도서출판 이삭, 1983 참조.

항상 존재하고 수시로 분리된다고 설명한다. 쉽게 말하면 이는 앞에서 말한 원초적 욕구와 이성적 본성이 마음에서 조화되지 못한 상태와 유사하다. 그는 원초적 본능을 한 극으로 하는 현존재와 양심이라는 대자 존재(對自存在)를 다른 극으로 하는 자의식이 지속적인 동적 관계를 지닌다는 점을 강조한다. 그는 자의식을 소유한 인간의 욕구를 동물적 욕구와 구분하고, 인간의 욕구는 동물적 욕구보다 높은 것이라 하였다. 그리고 개인이 자기의 가능성을 현실에 옮기는 과정을 노동이라 하였다. 즉 그에 있어 노동은 인간의 자기표출 과정이며 이를 통한 자기 확립과 자기 이해, 그리고 자아 상실과 자아 존중을 형성하는 변증법적 활동인 것이다. 헤겔의 소외 개념은 자의식으로 복귀할 수 없는 정신적 이탈이며, 노동에서 인간이 의식과 자의식의 본질을 실현하지 못하는 경우를 말한다.

추상적인 헤겔의 소외 설명은 마르크스의 실질적인 노동을 바탕으로 한 소외 개념에 큰 영향을 미친다. 마르크스의 노동 개념은 헤겔의 추상적 노동 개념보다 훨씬 구체적인 경제적 영역에 한정된다. 그는 인간을 호모파베르(공작인)로 본다. 즉 인간을 자연과의 관계에서 끊임없이 도구를 발달시키면서 적응하는 존재로 본다. 그의 관심은 자본주의 생산양식에 집중되어 있는데 그는 자본주의를 중심으로 소외 개념을 설명한다. 자본주의의 생산방식은 전통적인 수공업에서 공장제 수공업, 그리고 공장제 기계공업으로 변화하였다. 그는 초기 작품에서 자본주의 생산방식과 관련하여 생산물로부터의 소외, 노동과정에서의 소외, 유적(類的) 존재로서의 소외, 경쟁으로 인한 동료로부터의 소외의 네 가지 형태로 구분하였다. 그리고 노동을 통한 소외의 원인을 자본주의에서의 이윤추구와 효율성 증가를 위한 분업으로 설명하고 있다. 후기에는 소외란 모든 것을 돈으로 따지는 물신화의 개념으로 대신하였는데, 소외의 원천은 사유재산에 따른 이기적인 소유욕에 기초한 환상적인 욕망이라고 설명하였다. 즉 자본주의에서의 노동의 상품화, 상품의 물신성, 환상적 욕망으로 인간은 소외된 것이다.

마르크스는 자본주의의 관점에서 소외를 설명하였으나, 다른 학자들은 산업사회의 특성을 중심으로 소외현상을 설명하였다. 20세기를 전후하여 독일의 학자들은 산업화에 따른 도시발달과 인간관계의 변화, 그리고 합리성의 증대를 중심으로 산업사회에서의 소외현상을 설명하였다. 베버는 사회변동을 합리화의 증대 과정으로 규정하고, 소외를 합리화의 도착 현상으로 인식하며, 인간이 아닌 물신화된 목표를 위한 합리화를 소외의 원인으로 보았다. 그리고 합리성 증대를 위한 관료제 조직은 필연적으로 소외현상을 초래한다고 주장하였다. 퇴니스는 산업사회로의 사회변동을 공동사회에서 이익사회로의 변동으로 보고, 자본주의의 이익사회에서 이해관계에 기초한 인간관계의 특성을 중심으로 소외현상을 설명하였다. 한편 짐멜은 산업사회에서의 거대도시화 현상을 주목하고 인간의 주관적 정신이 사라지고 객관적 정신이 지배적인 사회특성으로, 즉 물적 관계에 기초한 인간관계를 중심으로 소외현상을 설명하였다. 객관적 정신이 지배적인 사회에서 인간은 자신을 자신으로 인식하기보다 외적 객관적 문화의 부분으로 인식한다. 그의 『돈의 철학』에서처럼 인간의 생명은 인간 자체의 가치가 아닌 돈으로 환산되는 것이다.

이상에서처럼 소외란 인간이 만든 사회가 인간에게 자유가 아닌 속박으로 작용하는 현상이다. 자유와 소외는 다른 동물과 구분되는 인간의 특성에서 비롯된 것이다. 즉 인간은 다른 동물과 달리 고등사고력을 바탕으로 의식과 자의식을 가지고 사회생활을 하면서 자유를 찾고 소외를 경험하게 된다. 인간의 자유와 소외에 대한 본격적 논의가 시작된 것은 근대사회에 들어서이다. 근대사회에 들어 계몽주의 사상에 기초하여 민주사회는 발달하였고, 이에 기초하여 평등과 자유에 관한 인간의 관심은 크게 높아졌다. 민주사회의 발달에도 불구하고 자본주의에 기초한 불평등 현상과 인간 소외현상은 역사적으로 가장 큰 사회문제로 부각하였다. 자본주의가 발달한 현대사회에서 인간은 이성적 존재로서 자의식을 잃기 쉽고, 사회가 만든 환상적인 욕망으로 수단적인 삶을 강요당하고 있다. 개인적으로 인간은 다른 사람들의 자유를 고려하지 않고 도덕적 삶을 포기하거나, 경쟁적 환경에 적응하지 못하여 고립된 삶을 살기도 한다. 이러한 사회 환경이 소외의 원인이고 그 결과는 소외된 삶이다. 민주사회에서 인간은 천부적으로 부여받은 자연권을 가지며, 사회적 갈등을 막기 위해 사회계약으로 국가에 권리를 양도하여 자유를 보장받고, 그렇지 않았을 때 저항권을 가지게 되었다. 민주사회에서 인간은 법으로 다양한 권리와 자유를 보장받고, 이러한 기초 위에서 개인적 자유를 누리며 생활하길 원한다. 그러나 인간은 실생활에서 자유가 확대된 만큼 소외된 삶을 살 가능성도 더 커졌다. 사회가 인간의 자유를 보장하지 못할 때 인간을 소외시킨다는 점에서 소외는 자유와 상반되는 개념이다. 자유는 소외되지 않는 환경에서 보장될 수 있다. 인간이 만든 사회가 인간을 구속하지 않을 때 사회 성원들의 자유는 가능하다. 그러므로 필자는 자유보다 소외에 초점을 두어 현대사회의 특성을 중심으로 소외현상들을 설명할 것이다.

3장
소외를 보는 다양한 관점

1. 소외의 개념

소외는 인간이 만든 사회적 특성이 도리어 인간의 자애와 동정, 의식과 자의식, 이성과 같은 본질적 특성을 잃게 하는 현상을 말한다. 여기서 인간의 본질적 특성에 대한 개념은 매우 추상적이고 경험적으로 검증이 어려워 사회과학적으로 많은 논란을 낳았다. 그러므로 사회과학도들은 이들 개념에 대해 조금 더 고찰할 필요가 있었다. 철학이나 인문학에서는 경험적 검증을 위한 개념이 중요하지 않다. 그러나 사회과학에서는 경험적 검증을 위한 개념이 필요하다. 예로 철학에서 소외와 관련된 다른 동물과 구분되는 인간 특성들은 논리적이거나 당위적인 규범의 개념으로 수용하면 된다. 그러나 사회과학은 규범적 학문은 아니고 인과적 관계를 밝히는 학문이다. 특히 사회과학은 사회와 인간의 관계를 경험적 증거에 기초하여 인과적으로 설명하려는 학문이다. 인간은 다른 동물과 달리 고등사고력을 가진 동물이라는 점은 과학적으로 검증할 수 있다. 고등사고력에 기초한 의식과 자의식과 같은 개념은 오늘날 인문학과 사회과학에서 일상적으로 사용되는 개념이다. 그리고 이들과 연관된 마음(Mind), 자아(Self)와 같은 개념도 사회과학에서 학문적 개념으로 많이 사용된다.

사회학의 경우 마음과 자아의 개념은 태어날 때 주어진 것이라기보다 성장 과정에서 사회가 가진 문화들을 내면화하는 사회화 개념에서 많이 사용된다. 즉 국가, 집단과 조직, 가정에 따라 사회화 과정에서 마음과 자아는 선택적으로 형성되는 것이다. 원초적 욕구는 사회화 과정과 무관하게 인간에게 주어진 것인데 반해 마음과 자아는 모든 사람에게 존재하나 사회화 과정에서 차별적으로 형성되는 것이 큰 차이점이다. 사회학은 인간이 본질적 특성을 가진 존재라는 당위적 개념보다 사회화로 형성된 마음과 자아의 개념을 기초로 소외현상을 설명한다. 인간은 사회문화를 내재화하는 사회화 과정에서 형성된 객체적 자아를 주체적 자아로 통합하면서 살아가는데, 소외는 주체적 자아로 통합된 양심을 상실한 인간의 내면적 모습을 말한다. 인간이 원초적 본능에 의존하고, 사회화로 형성된 마음과 자아와 관련된 자애와 동정, 자의식, 도덕심, 이성과 같은 인간적 특성들에 의해 행동하지 않으면 소외된 것이다. 이러한 사회이론의 발달은 20세기 초기 사회조사의 발달과 연결되었다.

20세기에 들어 경험적인 사회조사가 증대하고 사회통계가 발달하면서 설문지에 기초한 사회조사는 크게 강조되었다. 그리고 사회조사의 증대로 인해 사회현상에 대한 조사도 개인의 태도 조사와 함께 많이 이루어졌다. 소외 개념도 마찬가지다. 멜빈 시맨(Melvin seeman)은 1959년에 여태까지의 소외현상을 정리하고, 선행연구들을 바탕으로 사회조사를 위한 다섯 개의 태도척도를 발표하였다. 소외를 나타내는 다섯 가지 지표는 무력감, 무규범감, 무의미감, 자기 소원, 사회적 고립이다. 이들은 개인이 경험하는 사회적 사실이나 심리적 상황들을 포함한다. 시맨의 소외 개념은 일반적으로 사회조사에서 많이 사용되고 있으나 사회학의 중요 개념인 아노미(무규범)와 사회적 고립과 같은 사회 부적응 현상을 폭넓게 수용하였다는 비판을 받기도 한다. 그러므로 소외 개념의 출발지인 헤겔을 중심으로 소외 개념의 타당성을 다시 고찰해 보고자 한다.

소외 개념의 심리적 의미 확대로 다시 관심을 받은 학자는 헤겔이다. 헤겔은 인간의 소외현상을 설명하면서 인간의 의식과 자의식 특성을 강조하였다. 이러한 개념은 사회학에서 양심을 포함한 마음과 자아의 개념으로 계승 발전되었다.[1] 그러므로 여기서는 의식과 자의식 그리고 자아와 양심의 개념들에 대해 살

1 사회학에서 마음(Mind)과 자아(Self)는 구분되는 개념이다. 마음은 자신 외의 다른 대상에 대한 인식능력을 말하며, 자아는 자신에 대한 인식능력을 말한다. 그러나 저자는 마음을 자아를 포함한 상위 개념으로 사용하고자 한다. 우리가 일상적으로 사용하는 마음은 자신 밖의 외부에 대한 인식능력은 물론 자아를 포함한 개인의 지각, 상상력, 사고, 판단력 등의 총체적 정신적 인식능력을 의미하기 때문이다. 그리고 양심은 마음과 자아 중에 옳고 그름을 판단하는 도덕적 영역을 말한다.

펴보겠다. 인간은 양심을 가졌다는 점에서 다른 동물들과 구분된다. 양심은 인간의 내면적 활동으로 사회현상과 더불어 소외를 설명하는 중요한 요소이다. 소외는 인간의 행위가 원초적 욕구로 인해 사회규범을 벗어나거나 사회적 구속력으로 인해 양심의 판단을 따를 수 없을 때 일어난다. 인간의 양심은 다른 동물들과 달리 고등사고력을 바탕으로 의식과 자의식에서 비롯되는 자아를 통해 형성된다. 인간은 사회규범을 의식하거나 내재화하여 이를 바탕으로 원초적 욕구를 충족한다. 인간은 사회생활에서 내재화한 사회규범을 바탕으로 내면의 도덕적 감정인 양심을 가지게 된다. 이는 인간이 선을 추구하고 악을 피할 수 있는 바탕으로, 국가나 민족, 신분이나 사회계층, 남녀 등과 무관하게 인간에게 나타나는 공통된 특성이다. 그러나 도덕적 판단 기준은 문화와 밀접한 연관이 있다. 민족, 사회계층, 남녀 등의 기준에 따라 내적 판단의 기준이 달라질 수 있다.

양심의 판단은 내적인 의무감으로 이를 수행할 때 인간은 행복함을 느끼고 이를 수행하지 못할 때 근심에 빠지게 된다. 물론 원초적 욕구나 사회적 욕구도 양심의 판단에 따라 수행될 때 편안함을 느낀다. 인간은 자애와 동정과 같은 인간 본성을 가진 존재라 하나 이들도 원초적 욕구와 충돌할 때 심리적 갈등을 겪기는 마찬가지다. 그러나 인간은 강한 자아를 가질 때 원초적 욕구를 억제하고 자아를 실천하면서 즐거움을 느낀다. 인간은 사회화로 형성된 객체적 자아와 주체적 자아를 가지는데 이들은 양심과 연결되어 있다. 자아는 사회화를 통해 형성된 총체적 측면을 말한다. 즉 지적, 규범적, 정의적, 심미적 측면들을 포함한다. 자아는 본성과 같이 주어진 것도 있지만 사회화를 통해 사회에 존재하는 다양한 심미적 문화와 가치, 종교 등을 선택적으로 내재한 것이며, 자신이 속한 사회계층도 자아의 형성에 큰 영향을 끼친다. 그러나 양심은 인간의 도덕적 감정인 자아의 규범적인 측면이다. 즉 양심은 자아의 한 중요한 부분인 것이다. 그리하여 인간은 원초적 욕구나 본성과 같은 특성을 모두 소유하고, 사회적으로 형성된 다양한 자아를 지니며, 양심의 판단에 따라 주체적으로 생활하는 점에서 다른 동물들과 큰 차이가 있다. 즉 인간은 자의식과 반성적 사고로 양심에 따라 행동하고, 문화생활을 한다는 점에서 다른 동물들과 구분된다.

인간은 내적 충동을 충족할 때 즐거움을 느낄 수 있으나 이는 사회규범과 충돌하는 경우가 많다. 인간은 사회규범이 내재화된 양심의 결정에 따라 실천할 때 즐거움을 얻고 그렇지 못할 때 심적 고통을 느낀다. 인간은 다른 동물처럼 본능에 기초한 내적 충동을 충족시키길 원한다. 그리고 인간은 사회규범을 의식하여 의도적으로 자신의 본능이나 자신의 결점 그리고 과거의 잘못된 일들에 대한 비밀을 유지하면서 생활하기도 한다. 즉 사회규범에 벗어나는 본능을 숨기려 하고 자신을 좋게 보이기 위해 비밀을 유지하려 한다. 인간은 일반적으로 문화의 기준에 따라 서로 비교하면서 자존감과 열등감을 가진다. 다른 사람과 비교하여 부족하면 걱정하고, 좋게 평가받으면 행복해진다. 그리고 자존심을 유지하고 열등감을 줄이기 위해 비밀을 유지하려

하고 동시에 폭로에 대해 걱정하기도 한다. 돈, 권력, 명예와 같은 사회 희소가치와 문화적 기준에 따른 다양한 방면의 비교는 인간에게 자존감과 열등감을 제공한다.

다른 동물들과 구분되는 인간의 특성은 욕구를 충족하고 안전을 얻는 과정에서 사고하면서 행동하고 양심을 가지고 판단한다는 점이다. 인간은 사회 희소가치를 성취하거나 원초적 욕구를 충족시키기 위해 행동하는 과정에서 양심적 판단에 충실할 때 진정한 심적 만족감을 얻는다. 사회학자 조지 허버트 미드(George Herbert Mead)는 소외를 설명하면서 목적뿐만 아니라 수단과 과정에 있어 심미적 경험을 강조한다. 예를 들면 미드에서 소외된 노동은 자아에서 주체적 자아의 상상력과 창조력을 상실하고, 목적과 수단에 대한 통제 결여가 유형화된 형태이다.[2] 즉 소외는 모든 것이 물의 속성으로만 설명되는 물신화된 의식의 상태이거나 일상이 분절되고 의례적인 형태로 변환된 것이다. 예를 들면 목표지향적 행위를 많이 하는 현대인은 과정보다 결과만을 중시하여 과정을 즐기지 못하고 조급한 마음으로 걱정하면서 생활한다. 이런 경우 우리는 일상에 대한 의미를 상실하고 일상이 지겨운 형태로 변화한다. 이처럼 인간의 특성인 상상력과 창의력의 상실, 목적과 수단의 도구화와 물신화, 반성적 사고와 자의식을 포함한 주체적 자아 상실 등은 소외된 상태를 의미

2 이에 대한 구체적 내용은 Michael L. Schwalbe의 *The Psychosocial Consequence of National and Alienated Labor* State University of New York Press, 1986 참조.

한다.

소외는 사회현상의 객체화에 대한 인간의 주체의식으로의 복귀를 강조한 개념이다. 소외는 사회와 인간과의 긍정적 관계와 객체의 지배를 위한 주인의식을 강조한 것이다. 그러므로 시맨의 무력감, 무의미감, 무규범감, 자기 소원, 사회적 고립 등의 소외 개념은 사회적 존재로서 인간이 지닌 주체적 자아와 연결하여 해석되어야 한다. 시맨의 소외 개념에서 무력감이란 인간이 지향하는 사회적 가치를 추구하는 과정에서 자신을 통제하고 강화할 수 있는 능력의 부재이고, 무의미감이란 도구적 합리성의 증대와 가치 합리성의 감소로 인한 인간 가치의 상실이다. 또 무규범감이란 사회적으로 용인되는 규범을 상실한 것이고, 자기 소원이란 자신이 외부 목표의 도구가 되는 것이며, 사회적 고립이란 자신이 속한 집단과 문화로부터 소원해진 상태를 의미한다. 그러나 무규범과 사회적 고립 그 자체는 주체적인 자기의식의 상실과는 구분되는 개념이다. 무규범과 사회적 고립은 사회의 규범적 특성이나 집단과 문화의 특성에서 분리를 의미하는 개념으로, 주체로서의 이성적 판단과는 구분될 수 있는 개념이다. 예를 들면 억압적인 국가나 집단이 만든 규범이나 이들 집단에서의 고립은 소외와는 상관이 없다. 그러므로 무규범과 사회적 고립은 개인이 사회적 규범이나 자신이 속한 집단과 분화로부터 분리되어 주체적 자아를 상실한 경우만을 소외 개념에 포함할 수 있다. 즉 무질서한 사회현상이나 사회적 고립으로 삶의 의미를 상실하거나, 자신을 무력한 존재로 인식하거나, 주체적인 자의식을 상실하는 현상을 말한다. 무규범과 사회적 고립의 개념은 소외 자체라기보다 소외현상과 밀접하게 연관된 개념이다.[3]

2. 소외의 원인

자유와 소외의 개념이 발달한 것은 근대사회와 밀접한 연관이 있다. 근대사회가 시작되면서 자연권 사상이 발달하고 더불어 인간의 권리가 강조되었다. 근대사회에는 자연권을 가진 인간이 그들의 권리를 지키기 위해 사회계약으로 사회를 만들어야 한다는 사고가 발달하였다. 소외는 인간이 인간의 권리를 보장받기 위해 사회계약으로 만든 사회가 도리어 인간을 지배하게 되는 현상을 말하며, 인간의 이성적 특성을 상실케 하는 현상을 말한다. 자유가 양심을 가진 인간이 사회를 만들어 양심에 따라 자유롭게 활동하는 것이라면, 이와 반대로 소외는 인간이 만든 사회로부터 인간의 양심을 잃지 않고 생활하려는 의미와 연계된 개념이다.

인간 소외현상의 역사는 매우 오래되었을 것이다. 홉스는 인간이 자연 상태에서 자기보존을 위해 계속 갈등하였을 것이

3 소외 개념의 재구성에 관한 구체적 내용은 황갑진의 『한국 생산직 노동자의 소외에 관한 연구』, 21~26 참조.

라 주장하였고, 루소는 인간이 정착 생활을 하면서 사유재산이 발생하고 이로부터 사회의 악이 시작되었다고 주장하였다. 역사적으로 보면 갈등의 결과로 만들어진 고대 노예사회가 존재하였고, 중세 신분제의 봉건사회가 존재하였다. 헤겔의 주장처럼 역사는 노예사회에서 신분사회로, 신분사회에서 시민사회로 발전하였다. 근대 이전에도 인간은 다른 동물과 구분되는 본성이나 이성을 가진 존재라는 철학적 사고와 인류애를 강조하는 종교가 존재하였다. 그러나 이들 사회에서 노예와 농노는 자유롭고 평등한 구성원으로 인정받지 못한 소외된 존재였다. 모든 사회 성원이 자유롭고 평등한 권리를 가진 존재라는 사고는 근대사회의 계몽주의 사상에서 출발한다. 계몽주의 사상가들은 새로이 부상하는 시민계급을 배경으로 모든 인간이 자유롭고 평등한 자연권을 가진 존재라는 것을 주장하였다. 이러한 사고의 확대와 사회제도의 발달은 시민계급을 중심으로 자본주의의 발달과 함께 이루어졌다. 그리고 자유와 소외는 근대사회 사상에 있어 주요 개념으로 부상하였다. 그래서 근대사회 사상가들은 근대사회에서 소외의 사회적 원인을 찾으려는 시도를 줄곧 하여왔다.

소외현상을 일으키는 근대사회의 사회적 요인은 무엇인가? 계몽주의 사상을 이어받은 사회과학자들은 근대사회에 있어 소외의 원인을 그들의 사상에 따라 다양하게 설명하고 있다. 소외의 원인을 찾는 과학적 노력이 시작된 것은 19세기에 들어서이다. 헤겔 철학에 영향을 받은 마르크스는 소외의 원인을 정신적 현상이 아닌 자본주의적 생산방식에서 찾았고, 퇴니스, 짐멜, 베버 등의 독일 사회과학자들은 전통사회와 구분되는 근대사회의 구조와 인간관계의 특성에서 소외의 원인을 찾았다. 그리고 지그문트 프로이트(Sigmund Freud)의 정신분석학, 미드의 상징적 상호작용론, 프랑크푸르트학파의 비판이론은 소외의 개념을 사회현상에서 심리 현상으로 확장하였고, 이들의 비판이론은 사회비판적 입장에서 소외현상을 분석하는 계기를 마련하였다.

소외현상의 원인을 분석하기 위해 다음 두 질문은 중요하다. 소외를 사회현상으로 볼 것인가 아니면 개인적 현상으로 볼 것인가? 소외의 원인을 자본주의에서 나타나는 현상으로 볼 것인가 아니면 사회구조와 인간관계의 변화에 기초한 것으로 볼 것인가? 소외를 개인 현상 또는 사회현상으로 볼 것인가의 질문은 '노예사회와 신분사회에서 소외현상을 어떻게 설명할 것인가'라는 질문과 연결되어 있다. 즉 노예사회와 신분사회에서 사람들은 인간의 소외현상을 중요하게 생각하지 않았다. 최소한의 자기보존이 보장되면 사회는 유지되었고 개인의 권리를 주장하지도 보장하지도 않았다. 다수 인간이 노예나 비천한 존재로 생활한 신분사회는 오랫동안 유지되었다. 이 시기에 신분제도는 이성적 사고보다 더 중요한 관습으로 불가항력적 상황이다. 근대사회에 들어 상공업의 도시사회가 팽창하고 상업적 교류가 증대하면서 상공업계층의 시민계급이 늘어났고, 과학의 발달로 자연 및 사회현상을 객관적으로 볼 수 있게 되었다. 이러한 사회현상은 인간을 보는 관점을 바꾸어 놓았다. 인간 모두는 권리를 가진 주체적 존재이고, 이들이 계약으로 사회를 만든다는 계몽주의적 사고이다. 이런 의미에서 계몽주의는 소외 개념의 출발점이다. 인간은 고등사고력이나 자애, 동정, 도덕심, 이성과 같은 본성을 가지고 태어났으나 모든 인간에게 사회적으로 이들이 인정된 것은 근대사회부터이다. 즉 사회가 인간의 고귀함을 보장하는 것이다. 그러므로 소외를 개인이나 사회만으로 설명하기는 어렵다.

소외의 원인을 자본주의나 사회변동 가운데 어디에서 찾을 것인가? 인간이 만든 사회가 인간을 소외시키는 방식은 다양하다. 소외 원인은 기아, 민족 간 갈등이나 전쟁, 계급적 착취, 정치적 억압, 사회와 문화적 특성 등 매우 다양하다. 그러나 역사적으로 보면 성, 권력, 재력에 의한 갈등은 사회형태와 무관하게 계속 존재하였다. 권력은 전통적으로 중요한 사회 희소가치이면서 재력을 결정하는 자원이었으나 근대사회 이후 민주사회에서 권력과 재력은 점차 분리되는 경향이 있다. 근대 자본주의가 발전하면서 사유재산은 자연권으로 보장받고 권력과 점차 분리되고 있지만, 아직도 사회 불평등을 유발하는 가장 중요한 요인으로 부상되었다. 자본주의 자체는 소외의 중요한 원인으로 주목받고 있다. 소외의 중요한 요인은 무엇인가? 소외를 보는 다양한 관점들을 중심으로 소외의 원인에 대해 살펴볼 필요가 있다.

1) 마르크스주의

근대 시민사회에서 일부 학자들은 자유와 평등에 기초한 이상사회의 도래를 꿈꾸었다. 그러나 자본주의는 사유재산을 가진 시민계급이 권력으로부터 자신들의 재산을 보장받고 경제적 자유를 확대하면서 발달하였다. 자본가 계급의 성장은 새로운 사회 불평등을 가져 왔고, 자본과 권력은 쉽게 유착되었고, 생산 방식과 조직의 운영에서 큰 변화가 일어났다. 근대사회에서 소외 개념은 이러한 사회현상을 반영한다. 사회과학에서 최초로 소외를 언급한 마르크스의 소외 개념이 그러하다. 헤겔의 소외에 대한 관념적 설명을 사회현상으로 바꾸어 설명한 사람은 마르크스이다. 헤겔은 소외를 주체로 복귀할 수 없는 개인의 심리적 상태라고 보고, 역사를 소외의 축소과정으로 보았다. 마르크스는 헤겔의 노동 개념을 계승하여 소외를 생산 활동에서 노동 개념으로 발달시켰고, 자본주의에서의 노동자의 소외현상과 공산혁명을 강조하였다.

마르크스는 인간을 자연과의 관계에서 도구를 계속 발달시키면서 노동하는 존재로 보았다. 그는 헤겔의 노동 개념을 계승하여 노동을 인간의 내면적 능력을 발휘하는 과정으로 규정하였다. 그리고 자본주의 제조업에서의 임금노동을 중심으로 소외를 생산물로부터의 소외, 생산과정에서의 소외, 자신으로부터의 소외, 동료들로부터의 소외 네 가지로 구분하였다. 그리고 후반에는 소외 개념을 노동과 생산물의 상품화만을 강조하는 물화 현상으로 규정하였다. 그는 소외의 원인을 노동과정에서의 분업과 노동의 상품화를 초래한 자본주의에서 찾았다. 자본주의는 노동의 분업화로 정신노동과 육체노동을 분리할 뿐만 아니라 노동을 특수하고 일면적인 기계적 노동으로 변질시켰다. 사유재산을 바탕으로 한 자본주의는 자본이 없는 사람들을 대상으로 노동의 대가로 임금을 지급하고 생산비용을 제외한 이윤을 높이려 한다. 이러한 체제에서 노동자의 노동력은 상품화되고, 금전 추구라는 환상적인 욕망으로 노동은 소외된다. 그러나 이러한 노동에 기초한 소외의 설명은 그의 초기의 작품인 『경제학 철학 초고』가 1932년 발견될 때까지 주목받지 못하였다. 단지 게오르그 루카치(Georg Lukacs)의 『역사와 계급의식』에서 소외가 물신화의 형태로 언급되었을 뿐이다. 즉 그의 인간적인 초기 작품들은 19세기 말과 20세기 초 사회주의 국가 건설을 위한 계급혁명의 유물론적 변증법에 묻혀 있었다.

마르크스주의에서 소외를 보는 관점은 크게 보면 거부 입장과 수용 입장의 두 관점으로 구분된다.[4] 거부 입장은 유물론적 변증법에 근거하여 마르크스의 인간주의적 초기 입장을 무시하였다. 유물론적 변증법은 물질의 운동과 변동을 전체적인 상호 관련성 속에 존재하는 모순과 대립의 계기로 분석하는 것이다. 마르크스주의에서는 역사 단계를 생산력과 생산 관계의 결합인 생산양식의 변화과정으로 설명한다. 인간은 자연과의 관계에서 생활에 필요한 물건을 생산하기 위해 도구(기술)를 계속 발달시키는데 이 과정에서 계급 관계도 변화한다. 원시사회, 고대 노예

4 이들에 대한 구체적인 내용과 학자들의 입장은 황갑진의 『한국 생산직 노동자의 소외에 관한 연구』, 29~33 및 인용된 문헌 참조.

사회, 중세 봉건사회, 자본주의 사회의 생산양식은 도구의 발달과 연계된 생산력과 그 시대의 계급 관계로 규정된다. 그리고 생산양식의 변화를 생산력의 발달과 계급 관계의 모순과 대립에 의한 것으로 본다. 즉 자본주의에서 이윤, 이자, 지대와 같은 물적 세계는 사유나 관념으로 변화되지 않으며 계급 관계로 변화된다고 주장한다. 이들에 의하면 관념은 독자적으로 존재하지 않고 현실 세계를 창조하지도 않으며 단지 현실 세계의 반영일 뿐이다. 즉 인간의 도덕심이나 이성과 같은 특성에 기초한 소외는 관념적 사고일 뿐이다. 이들 입장에 따르면 소외론은 인간 중심적 사고에 기초하고 있다.

소외론을 수용하는 관점은 마르크스의 초기 문헌에 주목한다. 이 관점은 소외론을 인간주의적 입장에서 강조하면서 자본주의의 계급론과 연계시킨다. 마르크스는 자본주의에 있어 생산물, 생산과정, 동료, 자신으로부터의 소외와 같은 네 가지 소외 형태와 물화 현상을 설명하였다. 마르크스주의자들은 마르크스의 소외론에 언급한 분업, 노동 통제, 탈숙련화와 같은 생산과정과 기업조직을 자본주의 체제와 연관해서만 해석한다. 즉 소외는 자본주의에서의 계급 관계에 기초한 것으로 해석한다. 그들은 사회주의 생산과정에서 소외를 인정하지 않으나, 현실적으로 일부 소외현상은 사회주의 사회의 생산과정과 기업조직에서도 나타난다. 그러므로 일부는 소외현상이 사유재산의 폐지나 계급투쟁만으로 사라질 수 없다고 본다. 그들은 인간 소외의 극복을 자본주의 체제의 소멸로만 간주해서는 안 된다는 것이다. 사유재산의 폐지는 소외 극복의 필수조건은 될 수 있지만, 충분조건은 아니라는 관점이다. 자본주의의 폐지로 모든 모순이 사라지는 것도 아니고, 마르크스가 언급한 소외현상이 사라지는 것도 아니라고 주장한다. 이들에 의하면 현대 공산주의는 과도기적 형태로 인간은 사회 전반에 있어 소외 극복을 위해 항상 적극적인 역할 수행을 해야 한다.

자본주의는 노동 소외를 유발하는 중요한 요소이다. 마르크스의 지적처럼 자본주의에서 이윤 창출과 계급 관계는 생산물로부터의 소외, 생산과정에서의 소외, 동료로부터의 소외, 자기 소원의 소외를 발생시켰다. 그러면 공산주의 계획경제는 소외를 줄일 수 있는가? 20세기의 역사적 경험은 이를 입증하지 못했다. 소외의 대표적인 형태인 생산에서 지위, 역할, 생산과정의 분업이 소련의 공산주의 경제에서도 불가피하게 존재하였고, 컨베이어 벨트를 이용한 극단적 분업에 기초한 생산과정도 도입하였다. 그리고 거대사업체에서 위계적인 노동 통제가 존재하였고 화폐 형태의 임금도 지급되었다. 과학과 기술이 극도로 발달한 현대사회에서는 자본주의나 공산주의 사회체제와는 무관하게 전문화와 분업, 물질적 교류, 거대조직, 화폐 사용 등은 보편적인 사회현상이다. 그리고 양 사회체제는 장단점을 가지나, 20세기 후반 계획경제의 공산주의는 사라졌다. 그 이유는 공산주의 사회는 비효율적이었고, 자본주의에서는 보편적인 다양한 자유를 제한하였기 때문이었다.

20세기 후반 이후 공산사회는 사라졌고, 자본주의 사회에서는 신자유주의로 경쟁과 갈등의 바람이 불고 있다. 자본주의는 과학과 기술을 바탕으로 산업사회와는 구분되는 정보사회와 소비사회를 출현시켰다. 현대사회는 노동시장 구조나 소비생활에서 산업사회와는 확연히 구분되는 특성을 보여주고 있다. 자동화와 로봇의 사용으로 생산노동자와 사무노동자는 빠르게 감소하고 서비스 종사자가 크게 증대하고 있다. 그리고 교통과 통신의 발달로 시간과 장소의 제약들이 빠르게 축소되고 있다. 그러나 사유재산을 기초로 한 자유경제는 정보사회와 소비사회에서도 계속 비인간적인 물신화된 황금만능사회를 만들고, 계급 관계와 사회 불평등 현상의 심화로 인간을 소외시키고 있다. 자본주의가 소외 원인의 전부는 아니나, 소외의 매우 중요한 요인으로 볼 수 있다.

2) 다원론적 입장

근대사회에 들어 20세기를 전후한 시기는 자본주의에 큰 변화를 가져온 시기이다. 자본주의는 경쟁 자본주의에서 독점자본주의로 변화하였고, 이에 따라 기업들이 대규모화되고 노동과정과 조직의 효율적인 운영으로 이윤을 증대시키려는 노력이 확산되었다. 이러한 변화와 더불어 노동조직과 정당조직에서도 큰 변화가 있었다. 그리고 다른 한편으로는 기업들의 도시집중으로 상공업도시가 발달하고 거대도시들이 탄생하였다. 도시화에 따라 교류가 없는 다수의 무리가 모이는 대중화 현상들이 초래되고 대중매체와 대중문화가 발달하기 시작하였다. 이러한 현상들에 주목하고 소외현상을 설명한 사람은 독일의 사회학자들이다. 독일의 학문적 전통을 이어받고 20세기 전후의 급속한 산업화의 시대를 경험한 대표적인 학자로 베버, 짐멜, 퇴니스 등을 들 수 있다.[5]

베버는 인간의 행위 유형과 관료제 조직형태의 설명에서 합리성을 강조하였다. 합리성은 인간의 행위에서 목표가 분명하고, 목표를 추구할 때 논리성, 체계성, 계산성, 통제성, 보편성 등을 갖추는 것을 말한다. 그는 합리성을 바탕으로 소외현상을 설명하였다. 그에 있어 소외는 합리화의 도착 현상인 도구적 합리성을 말한다. 그는 인류의 역사를 전통적 행위, 감정적 행위, 가치 합리적 행위들이 축소되고 목적 합리성이 증대되는 방향으로 나아가고 있다고 간주하였다. 그는 합리성을 실질적 합리성, 이론적 합리성, 실천적 합리성, 형식적 합리성 등으로 구분하였다. 여기서 실질적 합리성은 가치 합리성을, 이론적 합리성은 과학에서의 합리성을, 실천적 합리성과 형식적 합리성은 세속적 사회와 조직에서의 합리성을 의미한다. 그는 자본주의의 발달은 개신교 윤리와 연관성이 있다는 점을 강조한다. 서구에서 자본주의가 일찍 시작된 것은 합리적 방법으로 돈을 버는 것이 구원의 징표가 된다는 설교와 연관이 있다. 이것은 농공행상과 같이 천하게 여겼던 노동에 대한 전통적 관념을 깨고 돈을 벌어야 한다

5 이들은 소외 개념에 대해 직접 언급하지 않았으나 후에 소외에 관심이 있는 학자들이 그들의 이론들을 차용하여 소외현상을 설명하였다.

는 세속적 관념에 의미를 부여한 것이다. 조직형태에 관한 설명을 보면, 현대사회에서 조직의 거대화는 관료제가 확대되는 경향을 초래한다고 그는 주장한다. 즉 거대화된 조직은 조직의 목표를 효율적으로 달성하기 위해 목표를 분명히 하고, 분업과 수직적 지위 서열화를 보이며, 문서의 형태로 의사전달을 한다. 목표 수행에 적합한 지위와 역할을 규정하고, 이를 수행할 수 있는 능력을 중시하며, 능력에 따라 임금을 지급하고, 생산수단과 일에 있어 공사를 구분한다. 그리고 일을 하는 동안 목표 수행을 위해 비효율적인 인간적인 요소를 배제한다. 조직에 있어 권위는 전통적 권위나 카리스마적 권위가 아닌 합법적 권위에 기초한다. 현대사회에 있어 증대한 합리성은 인간 자체를 위한 합리성이 아니라 이해관계와 조직 목표를 위한 합리성으로 변화된 것이다. 그리고 조직의 효율성을 위해 분업과 사적인 일의 금지는 불가피한 것이다. 비유하면 달걀 대량생산을 위해 닭장에 닭을 사육하는 현상과 비슷한 것이다. 닭이 닭장에 구속되듯이 현대인은 합리성에 의해 소외되고 있다.

짐멜은 사회를 인간들 사이의 상호작용 관계망으로 보고, 상호작용의 관계들을 변증법적으로 설명하였다. 그에 따르면 사랑과 증오, 협동과 갈등, 개인과 사회 등의 양면적 관계는 보편적으로 존재한다. 사회현상은 개인적 특성으로만 설명할 수 없고, 상호작용하는 사람의 수에 따라 그 특성이 변화한다. 즉 소규모 집단에서의 상호작용의 특성과 대규모 집단에서의 그 특성은 큰 차이가 있다. 대규모 집단이 되면 집단은 공식적 조직으로 바뀌고, 지위와 역할의 분화, 대표선발과 불평등 현상, 형식화와 부분적 참여 등은 불가피해진다. 역사는 인간이 혈연, 종교, 정치, 사회의 지배에서 벗어나 공동체로부터 해방되어 가는 과정이다. 동시에 근대에 들어서 인간은 직장을 중심으로 한 조직들에 부분적, 자율적으로 참가하여 개인적 자율성을 얻었으나, 인간이 창조한 분업화된 사회의 유기적 관계망에 의해 지배당하는 형태로 변화하고 있다.

짐멜은 분업의 심화에 따른 객관적 문화의 절대적인 증가와 구성원들의 유기적 연결로 인해, 사회는 개인과는 동떨어진 독립적 세계가 형성된다는 점을 강조하였다. 그는 자신이 살던 시기의 특성으로 거대도시에서 발생하는 상호작용의 비인간적인 형식화를 강조하였다. 그리고 분업적 생산에 기초한 노동의 단순화 및 표준화와 같은 질적인 변화, 화폐 사용의 증대에 따라 금전획득을 목적시하는 사용가치와 교환가치의 전도 현상을 주목하였다. 그는 이러한 현상들에 기초하여 현대사회를 객관적 정신의 증대와 주관적 정신의 위기로 간주하였다. 즉 베버처럼 감정이 무시되고 목적 합리성이 강조되는 현상이다. 노동의 분화와 도시화에 의한 인간관계의 형식화는 문화 전반에 대한 감각을 잃고 통제력을 상실케 하며, 인간의 존재가치와 감성을 잃게 한다. 그는 『돈의 철학』에서 화폐 사용의 증대가 인간관계에 있어 질적인 관계를 양적인 관계로 변화시켰음을 강조한다. 즉 돈은 인간에게 사회분화를 촉진하고 자유를 주는 매개물이었으나 집단연대를 붕괴시키고 인간의 질적인 차이를 돈에 의한 평가로 대체하는 결과를 초래하였다.

퇴니스의 소외와 관련된 가장 중요한 저서는 『공동사회와 이익사회』이다. 그는 자기가 살았던 사회를 설명하기 위해 공동사회와 이익사회를 구분하여 설명하였다.[6] 공동사회는 본질의지에 기초한 사회이고 이익사회는 선택의지에 기초한 사회이다. 본질의지는 생명처럼 삶 자체에 내재한 심층적이고 자발적인 의지를 말하며, 선택의지는 인간이 계약이나 협정으로 만든 인위적이고 이해타산적인 것으로 인간에 외재하며 사회적으로 형성된 의지이다. 공동사회가 가족, 촌락, 이웃, 길드, 협동조합과 같은 진실성과 신뢰성, 동류의식이나 도덕심에 기초한 사회라면 이익사회는 회사, 국가, 결사체처럼 이해관계나 공리적인 것에 기초한 사회이다. 공동사회가 원초적이고 자연적인 진실성과 신뢰성에 기초한다면 이익사회는 자신의 이익추구에 기초한 계산적 교환관계의 상업적 사회이다. 공동사회가 도덕, 동조, 통제에 기초한다면 이익사회는 경찰, 법과 재판, 교도소 등에 의해 유지되는 사회이다. 이익사회는 인간이 이해관계를 위해 계약에 기초해 만든 사회로, 가치는 화폐로 표시되고 화폐에 기초한 계산적 교환관계이므로 모두가 경제적 활동에 있어서 자유롭고 평등한 계약사회이다. 그러나 이익사회는 인간의 내재적 가치나 양심적

6 사회학자들에 있어 전통사회와 근대사회의 이분법적인 구분들이 존재한다. 이들 구분은 공동사회와 이익사회, 기계적 연대사회와 유기적 연대사회, 일차집단과 이차집단의 구분처럼 사상가들의 관점에 따라 일면적 특성들을 기준으로 사회를 분류한 이념형이다.

도덕성을 무시한 자본주의와 같은 소외된 사회이다.

소외의 원인을 자본주의를 포함한 다양한 요인에서 찾는 시도는 비판사회과학과 대중사회론으로 이어졌다.[7] 이들은 모두 20세기 전반기의 사회변화에 주목하고 변화된 사회 현상들을 중심으로 인간의 소외현상을 설명한다. 대중사회론은 산업화에 따른 거대도시화로 형성된 대중의 특성에 주목한다. 20세기를 전후한 시기에 급속히 형성된 대중을 보는 관점은 크게 권위주의적 입장과 민주주의적 입장으로 구분된다.[8] 권위주의의 입장은 대중을 정치와 문화에 무지하여 자격이 없는 존재로 보며, 민주주의적 입장은 대중의 부정적 특성을 발생시키는 요인을 사회구조 요인으로 초점을 맞추어 보는 관점이다. 권위주의적 입장은 20세기 전후 노동자의 권리 주장과 정당 설립에 대한 반응으로 대중을 군중이나 폭도의 비이성적 존재로 간주하였다. 민주주의적 입장은 20세기 나치즘과 파시즘과 같은 전체주의 사회의 발생에 주목하고, 그 원인을 산업화와 조직발달, 그리고 도시화에 의한 대중의 조종 용이성에서 찾으려 하였다.

소외와 관련된 이론은 후자의 민주주의적 입장으로 보는 관점이다. 즉 대중의 인권을 강조하면서 부정적 특성을 사회구조

7 이 부문의 내용은 필자의 박사학위 논문에서 관련 단원을 상당 부분 참고하여 정리한 것이다.

8 권위주의적 입장으로 『군중심리학』을 저술한 귀스타브 르봉(Gustav Le Bon)과 『대중의 반역』을 저술한 호세 오르테가 이 가세트(Jose ortega y Gasset)을 들 수 있으며, 민주주의적 입장으로 한나 아렌트(Hannah Arendt)를 들 수 있다.

에서 찾고 이를 개선하려는 입장이다. 비판사회과학의 대표적인 형태는 프랑크푸르트학파이다. 이들은 마르크스, 프로이드의 사상뿐만 아니라 다양한 독일의 지적 전통을 이어받았다. 이들은 마르크스주의의 기계론적 유물론, 실증주의, 관념론들을 거부하고 변증법적 방법을 선택하였다. 이들은 자본주의뿐만 아니라 스탈린주의와 전체주의에 대해서도 비판적이었다. 20세기 대중사회론과 비판사회과학에서 설명하는 소외현상을 살펴볼 필요가 있다.

사회구조 요인이 인간을 어떻게 소외시키는가? 데이비드 리스만(David Riesman)은 『고독한 군중』에서 사회 형태를 전통사회, 초기 자본주의 사회, 현대 대중사회로 구분하고 정치, 경제, 사회의 구조적 특성을 중심으로 현대인의 고독을 설명하고 있다. 즉 정치적으로는 합의가 아닌 조작적 지배, 경제적으로는 소비와 여가 지향적 경제, 사회적으로 매스컴과 동년배 집단의 중요성 증대가 현대인의 타자 지향적 성격을 형성하게 하고 동조적으로 행동하게 만든다고 설명한다. 즉 현대인의 성격은 자본주의 초기의 내적 지향의 사회적 성격과 대비된다. 현대인은 타자 지향적 인간으로 주체성을 상실하기 쉬운 존재가 된 것이다.

에리히 프롬(Erich Fromm)은 『자유로부터의 도피』(1941)와 『건전한 사회』(1955)에서 소외의 원인과 해결방법을 설명하고 있다. 『자유로부터의 도피』에서 그는 자유를 소극적 자유와 적극적 자유로 구분하고 자유를 개성화와 고독의 양면적 과정으로 본다. 그는 근대 종교개혁 시기의 프로테스탄트 윤리에 기초한 자유와 자본주의의 경제적 자유를 고찰하고 이들에서 자유의 양면성을 기초로 변증법적 설명을 한다. 즉 인간은 더 독립적이고 자율적이고 비판적인 존재가 되었으나, 더 고립되고 격리되고 공포를 느끼는 존재가 된 것이다. 근대사회는 경제적, 정치적, 사회적, 정신적 자유를 주었으나 인간의 개체화 과정을 촉진했다. 특히 자본주의에서 경제적 자유는 인간관계를 시장 법칙이 지배하게 하고, 인간을 경제적 목표를 위한 수단으로 전락시켜 도구적이고 이기적인 존재로 만들었다. 그리하여 인간은 경제기구의 하인으로, 다수는 무력하고 도구적인 비인격적인 존재가 되었다. 그는 이러한 환경에서의 도피형태를 권위주의, 파괴주의, 자동동조의 세 유형으로 분류하고, 나치즘의 발생 원인을 사회경제적 변화와 권위주의로의 도피로 설명하였다. 그리고 민주주의를 위해 자아실현을 중심으로 한 적극적 자유를 강조하였다.

『건전한 사회』에서 20세기 사회변동의 주요 특성으로 산업생산의 혁명적 증대, 자본 집중과 기업 및 정부의 거대화, 소유와 경영의 분리, 노동자 계급의 정치적 경제적 지위 향상, 일과 사무에 있어 업무처리 방식의 변화를 들고 있다. 이러한 구조적 특성에서 인간은 자신을 자기 세계의 중심체나 자기 행위의 창조자로 느끼지 못하고, 자신과 외부를 생산적으로 연결하지 못한 소외된 존재가 된다. 소외를 해결하는 방법으로 경제적으로 노동자가 참여하는 공동결정 방식의 기업운영, 정치적으로 소규모 대면 집단에 기초한 집회와 그들의 대표에 의한 국가운영, 문화적으로 노동과 성인교육 그리고 대중예술의 새로운 체제를 통한 변화된 민주주의를 강조한다.

비판사회과학자들은 기능적 합리성과 실질적 합리성을 구분한다. 현대사회는 급속한 과학과 기술의 발달로 인위적으로 만들어진 기술사회로 변화하고 있다. 과학과 기술을 보는 관점은 가치 내재론, 도구주의적 입장이 존재한다. 가치 내재론은 과학과 기술은 자체적으로 객관성, 계산성, 논리와 체계성 등을 포함한 기능적 합리성을 내포한다는 견해이다. 자크 엘륄(Jacques Ellul)에 의하면 현대사회는 측정과 계산과 같은 기술에서 가치 선택의 자율성, 기술 종사자들의 기하급수적인 증대로 인한 기술 자체적 전제와 결론, 정치 경제 사회문화 등 사회 전 부분의 기술 적용과 이들의 유기적 연결에 의한 기술사회로 특징지어진다. 이와는 달리 도구주의적 입장은 과학과 기술의 가치중립성을 강조하고 계급 관계에 따라 사용 형태가 달라진다고 주장한다. 예를 들면 칼은 사용자에 따라 조리 도구도 되고 무기도 된다. 이들은 자체적으로 중립적인 특성을 가지나 그것의 이용은 사회적 특성에 따라 달라진다. 전체주의 사회에서 과학과 기술은 지배계급의 목적에 따라 사용되고, 자본주의 사회에서 이들은 자본가 계급의 이익을 위해 사용된다.

헤르베르트 마르쿠제(Herbert Marcuse)에 의하면 기술에 의해 지배되는 새로운 통제 형태의 사회는 일차원적 사회이다. 선진 산업사회는 사회를 조직, 관리, 안정화하는 관료적 기구가 발달하였다. 그리고 경제의 자동화, 부분적 계획경제, 대중매체를 통한 문화의 상품화, 사회 전 영역의 관료제화 현상 등이 증가하였다. 자본주의는 대중매체와 소비 및 여가 문화의 발달로 기존 사회와 문화의 규범에 복종하는 저항 없는 사회가 되었다. 기능적 합리성에 기초한 일차원적 사회는 완전히 통제된 사회이다. 이러한 총체적인 지배의 사회에서 인간들은 일차원적 인간으로 변화한다. 일차원적 인간은 기존의 사고와 행동을 좇고 자신의 자유와 개성을 잃게 된다. 기술 자체가 문제라기보다 자본의 지배에 따라 기술이 배치되고 활용되는 방식이 문제이다. 자본주의에서 자본가는 기술을 소유하고 기술로 노동자들을 통제하고 착취한다. 사람들은 소비와 여가 문화를 즐기고 추구하면서 노동과 일상생활에서의 사회적 모순과 관련된 실질적 합리성을 잃게 된다. 사람들은 환경문제나 불평등에 눈감고 사회에서 소외된 일상적 노동과 삶을 당연시하고 수용하면서 소비사회의 즐거움을 추구한다. 노동자들도 개성을 상실하고 무기력하고 무비판적인 존재로 변화된다. 그래서 마르쿠제는 선진산업사회 문제들의 해결을 위해 허구적 욕구를 버리고 해방을 위한 진정한 욕구를 추구할 것을 주장하였다. 그리고 이러한 운동의 주체는 허구적 욕구에 종속된 노동자나 테크노크라트(Technocrat, 기술관료)가 아닌 자유로운 지식인과 학생이라고 하였다.

위르겐 하버마스(Jurgen Habermas)에게 생활세계의 식민화는 소외의 한 형태이다. 생활세계에서 공적 영역은 사람들이 관심을 가지고 사회문제를 토론할 수 있는 생활영역이다. 생활세계에서 사람들은 자유롭게 자신의 의사를 개진하고 토론할 수 있다. 현대사회에서 생활세계의 식민화는 정치와 경제에서 강제로 발생하는데, 독점자본에 의한 조직의 거대화와 관료국가에 의한 관료제의 심화로 공적인 생활영역이 쇠퇴하고 정당성의 위기가 심화한다. 그는 과학적 관심 영역을 실증주의와 경험주의의 기술적 관심 영역, 해석학적 역사적 지식의 실제적 관심 영역, 비판과학에서의 변증법적인 해방적 관심 영역으로 구분한다. 그에 따르면 현대사회는 역사적으로 기술적 과학이 가치중립성과 객관성을 바탕으로 다른 지식의 영역을 지배하여 정당성의 위기를 맞고 있다. 즉 현대사회는 기술적 통제, 경제에 있어서 국가의 개입증대, 생활세계에서 공적 영역의 쇠퇴로 정당성의 위기가 발생하게 된다. 해방 과학의 역할은 정당성의 위기 상황에서 의사소통을 왜곡하고 이상적 담화를 방해하는 사회구조와 과정을 폭로하는 것이다.

3. 다문화주의의 발달과 소외

소외에 대한 마르크스주의와 다원론적 관점의 논의에서 주요 관심들은 자본주의와 전체주의 사회에서의 사회적 특성, 사회변동에 따른 산업사회의 도시화, 그리고 조직 및 인간관계의 변화들이다. 이러한 관점의 소외 논의들에서 빠진 영역은 사회적 소수자의 소외와 사회적 소수자의 자유를 논하는 다문화 이론이다. 사회적 소수자의 차별에 관련된 인식 변화는 68혁명이 계기가 되었다. 베트남 전쟁과 같은 전쟁 반대 운동, 미국에서의 인종차별 반대 운동, 기존체제의 권위주의 반대 운동 등 1968년 전후 시기의 사회운동을 통칭하여 68혁명이라 일컫는다. 68혁명은 인권, 인종과 성의 평등, 공동체주의, 생태주의 등 기존의 권위주의적 문화와 산업사회의 문제에 대한 도전이었다. 그리고 이를 산업사회의 노동운동과 구분하여 신사회운동이라 일컫는다. 68혁명은 20세기 중반까지의 사회현상에 대한 반성이자 새로운 출발로 그 결과 다문화 이론이 발달하였다. 다문화 이론은 두 차례의 세계대전과 홀로코스트와 같은 인종 대량학살(제노사이드)의 경험, 그리고 이데올로기 전쟁, 권위주의 정책, 인종차별의 사회적 배경에서 일어났다. 이는 근대성과 과학기술의 발달이 해결하지 못한 권위주의 문화에 대한 반성에서 비롯되었다. 이런 의미에서 이러한 사고들을 탈근대주의라 부르기도 하였다. 권위주의 문화는 이성과 과학의 시대에 인종과 성의 차별을 당연시하였고, 국가 및 인종 간 갈등으로 전쟁과 대량학살을 정당화하였다. 다른 한편으로 다문화 이론의 발달은 20세기 후반의 기술변동과 연관이 있다. 컴퓨터와 인터넷의 발달로 사이버문화의 확대와 시공간의 구분이 없어졌다. 그리고 교통과 통신의 발달로 인해 이동과 교류가 증대하였고, 소비사회로의 변화로 인해 지성보다는 감성 문화와 문화상대주의의 사고가 발달하였다. 이러한 20세기 후반의 사회변동으로 다문화주의와 다문화 이론은 확대되고 발전되었다.

다문화주의는 인권문제 특히 인종 문제를 중요시하는 국가들에서 시작되었고, 이런 국가들을 중심으로 중요한 사회 가치로 작동하고 있다. 다문화주의 국가들은 북아메리카와 오세아니아의 이민 국가와 유럽 국가들의 유형으로 크게 구분할 수 있다. 이민 국가는 원주민이 사는 지역에 이주민들이 이주하여 지배계층으로 자리 잡고, 다른 이주민들을 수용하여 다양한 문화를 가진 국가이다. 미국의 예를 들면 인디언이 거주하는 지역에 영국의 청교도들이 이주하였고, 18세기에는 서유럽 국가에서 이주민들이 이주하여 이들이 지배계층이 되고 노예무역도 하였다. 그리고 19세기 후반에는 동유럽에서 이주하였고, 20세기에 들어서는 아시아에서 이주하였다. 이리하여 미국은 다민족 국가가 되었고 국가 정체성을 세우고 다민족을 통합하기 위해 용광로 이론(Melting Pot Theory)을 주장하였다. 그러나 노예해방 후에도 플레시 대 퍼거슨 사건처럼 주거공간뿐만 아니라 생활공간을 분리하는 정책이 존재하였고, 이 정책은 1954년 브라운 판결과 1964년 민권법 제정으로 제도에서 사라졌다. 그러나 사회생활에서 인종과 민족 간 사회계층의 차이와 차별은 존재하여 LA 폭동, 퍼거슨과 볼티모어 폭동으로 이어졌다. 20세기 후반 들어 제도적 차별은 사라졌으나 인종과 민족 간 편견과 차별은 존재하여 다문화주의의 필요성은 강조되고 있다.

유럽 국가들은 이민 국가와는 달리 제국주의 시대의 식민지 개척과 노동력의 부족으로 식민지의 이민과 제3세계의 이민을 수용하였다. 이주민들은 노동력이 필요한 도시의 주택가격이 싼 지역에 거주하고, 비교적 저임금 노동에 종사하였다. 그래서 이들은 사회계층과 문화에 있어 차이가 존재하고, 편견과 차별의 대상이 되고 있다. 유럽은 국가에 따라 다문화 정책에서 차이가 존재하나 미국과 마찬가지로 인종과 민족 차별과 갈등으로 테러와 폭동의 위험을 안고 있다.

사회적 소수자의 소외는 근대사회 이전의 노예나 농노들처럼 다문화 이론 이전에 소외문제로 다루어지지 않았다. 사회적 소수자의 일상생활에서의 인권은 중요시되지 않고 있다가 다문화주의가 발달하면서 이들의 인권문제가 중요시되었다. 인종 문제를 보면 미국의 경우 남북전쟁 이후 노예는 해방되었으나 남부 흑인들의 분리 현상은 1950년대까지 제도적으로 계속되었다. 남부 흑인들은 교통이나 식당은 물론 교육에서도 백인과 생활공간이 분리되었다. 성차별 문화를 보면 남녀의 성별 생활양식이 구분되어 여성에 대한 남성의 권위주의 문화가 유지되었다.

다문화주의는 성, 계급, 민족, 인종 등에 의한 차이를 인식하고 차별을 제거하여 모두의 인권을 존중하려는 운동이다. 다문화주의는 두 가지 구분되는 특성을 가진다. 하나는 타문화를 존중하여 서로의 문화적 차이를 인정하는 것이다. 즉 다민족으로 구성된 국가에서 춤, 노래, 음식 등 다양한 문화 축제를 통해 다문화를 인식하게 하고 결속시키는 것이다. 다른 하나는 문화에 따른 차별을 줄이는 것이다. 차별은 문화뿐만 아니라 사회구조 요인과 연관되어 있다. 미국 인종 문제의 경우 이주한 국가와 민족에 따라 사회계층에 있어서 큰 차이가 존재하며, 이러한 사회계층의 차이는 인종, 문화, 종교 등의 구분과 중첩적으로 연결되어 있다. 이러한 차이들은 국가 간 이동이 활발한 현대사회에도 차별로 연결되고, 인간을 소외시키는 요인으로 작용하고 있다. 다문화 이론은 이러한 차별을 줄이는 운동과 연결된 실천적 이론이다.

다문화 이론은 사회 소수자의 입장을 견지함으로써 사회에 무비판적이고 보편적인 사회이론을 거부한다. 이 이론은 상층, 백인, 남성 중심의 지식과 문화에 반대하고, 과학자와 지식인의 이성에 대한 의문을 제기한다. 현대사회는 교통과 통신의 발달로 국가 간 자본이나 노동의 이동이 많고, 문화적 교류도 자유롭다. 그리고 문화적 다양성이 존재하고, 효율성의 강조에 의한 합리성의 비합리성으로 모순적인 것이 공존한다. 이러한 환경에서 다문화 이론은 보편적 이론에 대해 비판하고 권력자의 관점이 아닌 사회적 소수자의 관점에서 사회를 보는 이론을 옹호한다. 그리고 다문화 이론은 사회적 소수자가 처한 역사와 사회·문화적 맥락에서 참여하는 방법으로 연구하고, 개방적이고 다양성을 지닌 사회를 지향한다. 다문화 이론은 강자의 관점이 아닌 약자가 처한 사회·문화적 맥락에서 세상을 보고, 약자들의 문화를 인정하고 이들의 관점에서 해결책을 추구한다. 이처럼 다문화 이론은 사회적 소수자의 인권을 강조하고 이들의 소외현상을 적극적으로 해결하려 한다.

4장
노동과 소외

1. 자본주의 발달과 노동 변화

인간은 생존하기 위해 노동을 해야 한다. 노동은 인간이 자연과의 관계에서 생존에 필요한 것을 얻기 위한 행위이다. 수렵채집 사회에서 인간은 다른 동물처럼 생존을 위해 적절한 기후조건에 적응하거나 계절에 따라 이동하면서 노동을 하였다. 그러나 인간이 도구를 발달시키고 식물을 재배하면서 정착 생활은 시작되었고 노동형태도 변화되었다. 정착 생활과 도구의 발달은 잉여생산물의 증대를 가져왔고, 이는 부의 축적과 집단 간 갈등으로 이어졌다. 나아가 이들은 사회생활에서 분업화, 도시화, 신분제 사회를 형성하고 발달시켰으며, 권력과 재산의 불평등을 초래하였다. 권력과 재산의 불평등한 소유는 육체적 노동으로부터 자유로운 일과 계급을 다양하게 분화시켰다. 지배계급은 토지와 사회 희소가치를 점유하고 통치계급의 일을 맡았으며, 피지배계급은 육체적인 노동과 주변적인 일을 하였다. 중세사회에서 지배계급은 토지를 매개로 최고 권력을 가진 왕과 봉신의 관계를 형성하고, 주요 자원인 토지 대부분은 왕과 영주를 비롯한 기사와 승려 등의 상위 신분 계급이 차지하였다. 토지는 봉신들에게 이용권이 배분되었으나 점차 상속되었다. 장원은 봉신 관계에 기초한 경제적인 자급자족의 위계적인 단위였고, 영주는 토지소유권, 과세청구권, 재판권을 가지고 자율적인 권력을 행사하였다. 물론 생산과 관련된 육체적 노동과 주변적인 노동은 다수의 농노가 맡았다. 이에 반해 농촌과 비교해 인구가 매우 적었던 중세도시는 정치와 군사, 종교, 상업 등의 중심지가 되었고, 시민권을 가진 상공업자들은 다양한 형태의 조합을 결성하고 자치를 행사할 수 있는 특성을 가지게 되었다. 시민권을 가진 시민은 농노와 비교해 신분이나 경제적 활동이 자유로운 존재였다.

도시의 발달은 자본주의 발달의 주요 요인이다. 기술발달에 따른 사회발달은 잉여생산물을 교환하기 위한 교역의 발달을 가져왔고, 이들은 행정도시와 더불어 상업 도시를 가능하게 하였다. 근대 이전까지의 도시 상공업종사자는 소수였으나 노예나 농노와는 달리 시민적 권리를 부여받고 부분적인 자유를 누릴 수 있었다. 이들의 일부는 도시에서의 시민권과 과세를 바탕으로 다양한 위험들에 대처하기 위해 사유재산에 대한 보장과 경제적 자유를 위한 시민공동체를 형성하고 다른 공동체들과 연계하였다. 그리고 이들은 지주계급과는 달리 기술발달과 교역의 증대에 따라 그들의 사업체를 계속 확대했다. 이윤 일부를 사업 확장에 사용하여 이윤을 추구하는 방식이다. 이는 사유재산과 경제적 자유를 바탕으로 이윤을 추구하는 자본주의 경제를 의미한다. 르네상스 시기 이후 교역의 확대와 도시의 발달은 상공업자 중심의 시민계급을 증가시켰고, 이는 자본주의의 발달에 중요한 계기가 되었다.

자본주의는 자연물인 토지와 인간의 노동으로 생산된 재화에 대한 인간의 사적 소유권에 기초한다. 자본주의는 사회가 인정한 사적 소유권을 바탕으로 자유롭게 이윤추구를 할 수 있는 경제체계이다. 자본주의의 경제체계는 사적 소유권, 화폐경제, 이윤추구에 의한 자본축적, 자유로운 경쟁, 임금노동, 가격체계 등에 의해 작동한다. 즉 개인적으로 소유한 화폐를 생산과 시장에 투입하여 시장에서의 거래를 통해 이윤을 얻는 것이다. 시장에서의 거래를 위한 상품생산은 초기에는 제한적이고 주변적인 형태를 보였으나 점차 도시를 중심으로 중심적인 형태로 변화하였다. 이러한 자본주의의 탄생은 역사적으로 다양한 사회현상에 의해 비롯되었다. 자본주의 탄생의 원인은 상공업도시의 발달, 지리상의 발견과 귀금속의 유입, 무역 증대, 화폐경제의 발달, 종교개혁, 신분제의 철폐와 사적 소유권의 인정과 같은 사회제도의 발달 등 다양하다. 사유재산에 대한 사회적 보장은 신분제의 쇠퇴와 무역 증대로 인한 시민계급의 성장에 기초하며, 이는 이윤추구를 목표로 하는 자본주의 발달의 토대가 되었다. 그리고 근대 이전의 상공업과 금전적 사회활동에 대한 부정적이었던 태도도 종교개혁 과정에서 바뀌었다. 칼뱅교를 중심으로 개신교는 신의 선택에 대한 징표는 합리적인 방법으로 부를 축적하는 것이라고 주장하였다. 즉 개신교에서는 세속적인 욕구를 인정하였으며, 이는 자본주의 발달의 한 계기로 작용하였다.

16세기 상업자본주의는 산업혁명으로 18세기 산업자본주의로 변화하였다. 지리상의 발견 이후 향신료와 더불어 동양의 직물에 대한 유럽인의 관심 증대로 양을 키우고 이를 가지고 직물을 제조하는 일들이 크게 증대하였다. 16세기와 18세기 사이에 영국과 프랑스에서 직물산업의 성장으로 영국에서는 1770년대에 산업혁명이 일어났고, 이로 인해 영국과 프랑스에서 산업자본주의가 시작되었다. 산업혁명은 공장제 수공업을 공장제 기계공업으로 바꾸는 계기가 되었고, 생산량의 증대와 더불어 기계산업 및 에너지산업에 있어 큰 변화를 가져왔다. 그리고 공장제 기계공업은 자본가가 자본을 투자하여 기계 등 생산수단과 원료를 사들이고, 노동자를 고용하여 재화와 서비스를 생산하고, 이를 판매하여 생긴 이윤은 경쟁을 위해 투자하는 확대재생산의 형태를 취하였다. 공장제 기계공업의 증대와 이러한 순환과정으로 인해 임금노동자의 수요는 크게 증대하였고, 노동과정에서 분업의 심화로 인한 수공업자의 탈숙련화 현상은 노동에 있어 큰 변화를 야기했다.

산업자본주의는 이후 독일과 미국 등으로 확산하였고, 산업자본주의의 증대로 경쟁적 자본주의는 경쟁의 결과 독점적인 형태로 변화하였다. 산업자본주의 이후 자본주의는 노동문제와 독점자본주의 등의 사회문제를 발생시켰다. 산업발달과 더불어 산업자본에 예속된 노동자는 크게 증대하였고, 이들은 임금 인상과 노동시간 감소 그리고 노동조건 개선을 위해 수많은 저항과 단체행동을 시행하였다. 예로 19세기 후반 유럽과 미국에서 하루 8시간에 관한 최초의 단체교섭, 임금 인상을 위한 단체교섭 시도, 사회주의 정당들의 설립 등을 비롯한 다양한 노동운동과 사회주의운동들이 시행되었다.[1] 그리고 20세기 들어 1차 세계대전 후 노동삼권이 제도화되고 공산주의 국가가 탄생하였다. 1929년에는 세계 대공황이 발생하였고, 30년대 후반 2차 세계대전이 발생하였다. 자본주의 국가에서는 이러한 상황을 타개하기 위해 19세기 말에는 사회보험이 시작되었으며, 세계공황 이후에는 사회보장정책과 사회복지정책을 마련하여 실시하였다.

20세기 이후 산업자본주의 사회는 크게 변화하였다. 기술이 크게 발달하여 20세기 초 컨베이어 벨트에 의한 대량생산기술이 보급되었고, 라디오나 TV와 같은 대중매체도 발달하였다. 그리하여 교통과 통신의 발달 및 대량생산과 광고의 결합으로 대량소비도 가능한 소비사회로 자본주의는 변화하였다. 특히 20세기 후반 들어서는 반도체와 인터넷 기술의 발달로 생산의 자동화 현상은 급속히 진행되었다. 이에 따라 노동시장 구조도 제조업에서 새로운 산업들로 급속하게 재편성되고 있다. 전통적인 자영업이나 소규모 형태의 서비스업들이 자본에 포섭되거나 발전하였으며, 정보 관련 산업은 물론 보건, 여가, 교육, 연구 등을 위한 새로운 산업들이 크게 발달하였다. 정보사회의 출현은 자

1 윌리엄 포스터 저, 정동철 역, 『세계 노동운동사 Ⅰ, Ⅱ』, 백산서당, 1986 참조.

동화로 인해 제조업에 종사하는 노동자를 감소시켰고, 전문가의 증가와 더불어 서비스업과 비정규직 노동자를 증가시켰다. 그리고 20세기 후반에 공산주의 체제는 붕괴하였고, 소수 공산주의 국가들은 경제적으로 자본주의에 편입되었다.

이러한 변화와 더불어 자본주의 사회에서 인권을 강조한 민주주의가 계속 발달하였다. 자본주의와 민주주의는 많은 갈등적 요인을 가지고 있다. 특히 사적 소유권을 전제로 자유를 강조하는 자본주의는 생산 관계와 관련된 많은 문제를 일으키고 경제적 불평등을 심화시킨다. 이로 인해 자본주의는 인권을 강조하는 민주주의와 모순된다. 현재 자본주의는 시장경제에 기초하고 있으나, 그 형태는 다양하다. 자본주의에서의 인권문제는 시장 경쟁력과 노동자 삶의 양축에서 관련 정당들이 어떻게 구성되어 있는지와 연관이 있다. 국가의 시장 경쟁력 유지와 사회 성원의 복지를 위한 정당 발전이 중요하다. 시장 경쟁력과 사회복지는 수레의 양 바퀴와 같다. 자본주의 국가의 형태는 산업화나 정당발달의 역사적 배경, 경제 상황, 국가 정책에 따라 신자유주의형, 복지사회형, 국가주도형 등 다양한 형태를 보여주고 있다.

2. 분업과 교환가치

자본주의 초기는 이윤추구나 사적 이익이 다수 사람의 궁극적인 목표가 아닌 수단이었다. 이들은 상공업에 종사하는 일부 사람들에 한정되었다. 상공업의 발달에 따른 사회적 분업의 심화는 분업에 참여하는 많은 사람에게 큰 변화를 가져왔다. 사회적 분업이 심화함에 따라 분업에 참여하는 사람들은 다른 사람들의 일을 필요로 하게 되었다. 자급 자족적인 농경사회가 산업사회로 변화함에 따라 도시화와 분업화는 비교적 빠르게 진척되었고, 인간이 만든 집단과 조직의 방식도 빠르게 변화하였다. 즉 농촌사회에서 도시사회로, 일차집단에서 이차집단으로, 공동사회에서 이익사회로, 집단보다는 조직이 보편적인 사회로 변화하고, 인간관계와 사람들의 인성도 바뀌었다. 교육을 예로 들면 고등교육이 보편화되면서 많은 사람은 교육을 위해 일하였다. 교육하는 사람들은 교육만을 담당하고 교육하는 대가로 수입을 얻으며, 이를 통해 다른 직업의 사람들로부터 생활에 필요한 것들을 사고 다양한 서비스를 받는다.

산업사회가 발달함에 따라 사회분업은 심화하고 사회분업에 따라 서로의 필요로 연결된 연대의 사회를 뒤르켐은 유기적 연대의 사회라 명명하였다. 이러한 사회에서 집단으로 공유된 믿음이나 가치는 줄어들고 대신 사회분업과 개인주의가 발달하고 물질적 관계에 기초한 연대가 발생한다. 물질적 관계에 기초한 연대 사회는 가치나 믿음에 기초하지 않으므로 무규범 형태의 이기주의가 만연하기 쉽다. 집단별 동질적 가치는 이동이 적은 농경사회에서 더 보편적이고, 물질적 분업 관계에 기초한 도시사회에서는 깨어지기 쉽다. 사회분업이 심화한 사회에서는 생존을 위해 서로의 필요로 연결된 일면적인 이차적 인간관계가 필수적이고 보편적이다. 즉 사람들은 분업화된 사회에서 생활상 필요를 위해 일면적인 인간관계를 맺는다. 인간관계가 총체적이고 정의적인 관계에서 일면적이고 수단적인 관계로 바뀌었다.

이러한 변화는 경제에서의 사용가치와 교환가치의 개념에서도 나타난다. 농경사회에서 인간은 생활에 필요한 물건들을 생산하고 소비하였다. 이 경우 노동은 자신이 속한 집단에 필요한 물건을 만드는 것이었고, 생산된 물건은 자신들에게 유용한 쓰임새가 있는 것으로 사용가치를 지니고 있었다. 그러나 사회분업이 발달한 자본주의에서의 노동은 자본에 의해 고용된 임금노동이었고, 노동자에 의해 만들어진 상품은 노동자의 필요성과는 관계없이 시장에 판매하기 위한 것이었다. 상품은 노동자나 자본가의 사용가치와는 관계없이 판매되는 것으로 시장에서 가격(가치)이 결정되었다. 그러므로 상품이 낮은 가격으로 결정되면 이익이 발생하지 않게 되어 대량생산된 상품들은 쓰레기가 된다. 예로 교환가치의 세계에서 풍년으로 과잉 생산된 농산물은 쓰레기처럼 파기된다. 사용가치에서 교환가치로의 변화는 가치의 개념이 정신적인 것에서 물질적인 것으로, 질적인 것에서 양적인 개념으로의 변화를 의미한다. 교환가치는 쓰고 남은 것을 판매하는 것이 아니라 팔기 위해 상품을 생산하는 것이다. 교환가치에서 이윤을 남기지 못하는 상품의 경우 사용될 수는 있어도 가치가 없다. 마르크스는 사용가치와 연관된 노동을 구체적 유용 노동, 교환가치와 연관된 노동을 추상적 인간노동이라 명명하였다. 교환을 위한 추상적 노동에서 노동의 가치는 개인적 특성이나 직업의 종류를 무시하고 화폐의 형태로 평가되어 물신화된 것이다.

사회적 분업의 발달은 사용가치에서 교환가치로의 가치전환을 동반한다. 사회적 분업이 발달한 산업사회에는 자본주의 사회와 공산주의 사회가 존재했다. 두 체제 모두 화폐는 분업 사회에 필수적인 교환의 매체였다. 화폐는 노동하는 사람들에게 임금의 형태로 주어지고, 노동자들의 소비생활을 가능케 하는 수단이 되었다. 이러한 임금노동은 현대의 사회주의 국가들에서도 보편적이다. 오늘날 시장경제와 계획경제의 차이는 교환가치의 결정 방식의 차이이다. 계획경제에서도 노동에 기초한 완전한 등가교환은 불가능하다. 과거 계획경제를 선택한 공산주의 국가들에서 사회적 분업은 보편적이었고, 직업과 지위에 따른 보수의 차이는 존재하였다.[2] 계획경제는 상품의 생산에 있어서 효율성이 낮았고, 결국 자본주의와의 경쟁에서 실패하였다. 그리고 현재 정치적으로 사회주의 체제를 유지하는 국가들에서도 경제적으로는 시장경제체제를 답습하고 있다. 그러나 시장경제체제의 문제는 사적 이윤을 위해 투기적으로 자본을 투자하는

2 레이몽 아롱 저, 정기수 역, 『산업사회의 미래』, 을유문화사, 1981 참조.

데 있다. 즉 돈이 돈을 벌고, 돈으로 목적을 달성하려는 황금만능주의이다. 자본주의는 황금만능의 사고와 문화를 정당화하고 있다.

시장경제에 있어 분업과 교환가치는 기술발달과 밀접한 연관이 있다. 분업은 현대사회에서 전문화와 노동과정의 변화를 가져왔다. 분업이 심화하면서 사회적 분업과 직업에서의 분업이 발달하였다. 과학의 경우 학문은 계속 구체적 전공으로 나뉘고 있다. 그리고 기술발달에 따라 직업과 노동과정도 분화되고, 동시에 변화하고 있다. 산업혁명으로 인해 과거 수공업자들이 하던 숙련 노동은 기계가 대신하면서 단순노동으로 바뀌었고, 새로운 기술직 노동이 발생하였다. 20세기 후반에 자동화는 컨베이어 벨트의 단순하고 표준화된 노동을 로봇 기계로 대체하고 있다. 그리고 노동자들은 서비스 노동으로 이동하고, 많은 직업이 새로이 등장하고 있다. 자본은 비용을 줄일 수 있으면 노동을 기계로 대체하고, 새로운 일자리를 만들고 노동자는 다른 일로 이동한다. 기술발달로 분업은 심화되고 일들은 교체되지만, 가치는 시장에서 결정된다. 수요가 많고 공급이 없으면 가치는 높아지고, 수요가 없으면 가치는 떨어진다. 그러나 시장경제는 독점이나 과점 형태의 교환으로 가치가 왜곡되는 경우가 많고, 직업에 따른 보수 차이도 이해범위를 넘어서는 경우들이 많으며, 노동과는 무관한 투기성 자본도 많다. 시장체제와 교환가치가 보편화됨에 따라 돈을 수단이 아닌 목적시하는 물신화 현상은 일상이 되었다. 물신화된 경제체제에서 노동과 무관한 것들이

가치를 형성하고, 모든 가치는 시장이 결정한다. 매슬로가 지적한 것처럼 자본가들은 생리적 욕구를 충족하면 더 높은 단계인 사교나 자아실현의 욕구로 이전할 수 있다. 그러나 자본가들은 시장에서의 이윤추구나 사회 희소가치 추구의 욕구가 매우 강하다. 그러므로 이들의 욕구는 원초적 욕구와 연관된 파생적 욕구이며, 공동체 지향적인 사교적 욕구와 자아실현 욕구 단계로의 완전한 이동을 의미하는 것은 아니다. 사회 희소가치 추구 욕구는 유기적 연대 사회의 대표적인 욕구 형태이며, 높은 단계의 욕구로 이동하지 않으면 황금만능주의의 방종적 자유로 표출된다.

3. 노동시간과 노동과정

1) 노동시간의 역사

노동이 인간에게 필요한 생활필수품의 생산뿐만 아니라 건강과 공동체 생활에 필요한 용역이나 서비스, 시설들을 제공한다는 인식은 고대부터 존재하였다. 근대 이전까지 노동의 가치 형성에 관한 인식은 신분제로 인하여 발전하지 못하였다. 그러나 근대 계몽주의자들에 의해 노동의 개념은 크게 발전하였다. 노동은 근대 이전에는 하층계급이 하는 고통스러운 일이었으나 근대에 들어 가치를 창출하는 본질적 요인으로 변화하였다. 로크는 그의 저서 『통치론』에서 노동이 가치 창조의 본질이라고 강조하였다. 애덤 스미스는 『국부론』에서 국민이 한 해 동안 투입하는 노동이 생활필수품과 편의품 일체를 공급해주는 근원이라고 하였으며, 문명의 진보가 노동 및 생산성의 발전에 달려 있다고 하였다. 헤겔은 노동을 인간의 다양한 목적을 위해 자연으로부터 제공되는 재료를 여러 가지 과정을 거쳐서 특정한 것으로 변형시키는 것이라 하였으며, 인간의 내면적 잠재력을 표출하는 과정으로도 설명하였다. 마르크스는 노동을 인간이 자신의 고유한 행위를 통해 자연과 인간 사이에 이루어지는 매개적 과정으로 보았으며, 노동에 의한 생산력과 생산 관계에 기초한 생산양식의 변화로 역사의 변천을 설명하였다. 그리고 요한 구스타프 드로이젠(Johann Gustav Droysen)은 노동과 문화의 관련성을 바탕으로 노동의 역사를 자유와 진보의 역사와 관련시키고자 하였다.[3]

근대사회에 들어 임금노동이 증대하면서 노동시간은 노동자의 생활과 자본가의 이윤을 결정하는 중요한 요인이 되었다. 근대 이전의 노동시간은 자연의 리듬에 맞추어 이루어졌다. 노동시간에 큰 변화를 가져온 계기는 산업혁명에 따른 산업자본주의 발달과 연관이 있다. 자본주의가 발달하면서 공장제 수공업과 공장제 기계공업이 발달하였고, 공장제 기계공업으로 노동은 자본의 통제를 크게 받게 되었다. 공장제 공업이 발달하기 이전의 생산은 주로 낮에 노동자의 자율적 노동에 의존하여 이루어졌다. 그러나 공장제 공업이 발달하면서 노동자들은 고용주의

3 헬무드 저, 한정숙 역, 『노동의 역사』, 한길사, 1982, 11~24 참조.

통제하에 놓이게 되고, 노동시간도 길어지기 시작하였다. 산업혁명 이전에 인간은 자연적 특성 특히 밤낮의 흐름에 따라 낮에는 일하고 밤에는 자는 형태가 일반적이었다. 하루 보통 8시간은 일하고, 8시간은 자고, 8시간은 먹고 놀고 쉬고 준비 활동을 한다. 노동시간이 증대하면 수면시간과 문화생활 시간은 감소한다. 그러나 공장제 공업이 발달하고 공장제 수공업에서 공장제 기계공업이 발달하면서 노동시간은 크게 증대하기 시작하였다. 산업혁명으로 공장제 노동은 발달하였고, 노동자들은 공장에서 통제받으면서 노동하게 되었다.

공장제 기계공업은 기계의 사용으로 노동자의 작업에서 자율성을 빼앗았으며, 동시에 전기의 발견은 밤 노동을 가능케 하였다. 이리하여 노동시간은 산업혁명 이후부터 1850년대까지 계속 증대하여 최고에 이르렀다. 노동시간의 증대는 생리적 시간과 문화적 시간의 축소를 의미하였다. 이는 차티스트 운동과 같은 노동자의 저항을 불러왔다. 이 시기 영국의 노동운동을 보면 1830년대부터 하루 10시간 노동 시간제를 주장하였으나 1833년 12시간 노동법이 통과되었고, 1853년에는 10시간 노동법이 통과되었다. 그러나 평균 노동시간은 산업혁명 이후부터 1848년을 전후한 시기까지 꾸준히 증가하였다. 1850년대의 하루 10시간 노동법 통과 이후 노동시간은 줄기 시작하였으며, 이는 19세기 후반 8시간 노동운동으로 이어졌다. 1864년 제1인터내셔널뿐만 아니라 미국의 노동조합협회는 하루 8시간 노동을 선언하였다. 이 시기는 노동자의 이해관계를 대표하는 정당들이 최초로 설립되는 시기이기도 했다. 미국 노동조합은 1869년 5월 1일에 하루 8시간 노동을 요구하는 총파업을 제안하였고, 일시적이지만 많은 노동자가 8시간 노동제를 획득하였다.[4] 그 이후 5월 1일은 국제노동기구에 의해 노동절로 정해졌다.

노동시간은 계속 감소하다 1차 세계대전 동안 다시 증대하였다. 소련과 독일에서 1917년 10월 혁명과 1918년 11월 혁명으로 하루 8시간 노동제가 법제화되었다. 그리고 다음 해에는 프랑스와 영국에서도 파업으로 하루 8시간 노동일이 실시되었고, 새로이 탄생한 국제노동기구는 하루 8시간 주 48시간 노동을 권고하였다. 그리고 바이마르 헌법에서는 이 시기에 노동권도 제도화되었다. 그리고 1929년의 대공황과 실업으로 다시 노동시간을 줄이려는 노력은 계속되었다. 미국은 이들 문제를 해결하기 위해 뉴딜정책을 실시하였으며, 1933년 산업진흥법에는 노동시간 단축과 최저 임금제가 들어 있었다. 그리고 국제노동기구는 노동시간을 주 40시간으로 단축하는 조약을 채택하였다. 그리고 프랑스는 반파시즘 연합전선으로 주 40시간 노동제를 시행하였고, 그 반작용도 존재하였다. 그러나 노동시간은 파시즘의 등장과 2차 세계대전으로 다시 증가하였다. 그리고 2차 세계대전 이후에는 선진국들을 중심으로 주 44시간 노동을 거쳐 주 40시간 노동제가 시행되었다. 초과 노동시간에 대해서는 기본임금의 50%를 더 지급하는 초과수당제도 공존하였다. 국제노동기구

4 편집부 엮음, 『노동시간의 역사』, 형성사, 1984, 23~26 참조.

는 1962년 주 40시간 노동제를 권고로 발표하였다. 조약과 달리 권고는 단순히 권고에 거치기 때문에 구속력이 없다. 오늘날 노동시간은 국가에 따라 큰 차이가 있지만, 국민소득이 높은 국가들은 주 평균 40시간 미만의 노동시간을 보여주는 국가들도 있다.[5]

노동시간은 산업혁명 이후 1850년대까지 증대하다가 그 이후 감소하기 시작하였다. 이유는 생산력과 생산 관계에서 찾아야 할 것이다. 산업사회는 경공업에서 중공업 그리고 첨단산업사회로 계속 발전하였다. 일반적으로 기술 수준이 낮은 경공업과 중공업의 반자동화 단계에서는 노동시간이 길다. 그리고 중공업 단계는 중등교육 정도의 학력을 갖춘 숙련노동력을 요구하며, 노동시간도 경공업에 비해 짧다. 그리고 포디즘은 분업을 바탕으로 이동 기술을 자동화하여 단순 노동력을 증대시키고 생산의 효용성을 극대화하였다. 이러한 생산성의 증대는 대공황 이후 실업 문제를 발생시켰다. 그리고 20세기 후반 자동화에 기초한 첨단산업의 발달은 생산력의 향상으로 노동시장 구조를 크게 변화시켰다. 생산성의 향상으로 제조업의 생산량은 계속 증대하나 종사인구는 정체하거나 감소하였다. 그리고 소비산업에 종사하는 인구는 계속 증가하고 있다. 다른 한편으로 거대기업과 피고용자의 증대에 따라 자본의 생산성 증대를 위한 합리화에 저항하는 노동운동과 노동세력도 크게 증대하였다. 이는

5 편집부 엮음, 『노동시간의 역사』, 형성사, 1984, 64~168 참조.

노동조합과 노동권의 발달로 이어졌으며 노동자의 이해관계를 대변하는 정당과 기구들의 발달로 이어졌다. 그리고 이러한 변화뿐만 아니라 20세기 들어 중등교육과 고등교육은 계속 증대하였다. 교육 기간의 증대로 과학적인 지식과 합리적인 사고와 더불어 인권에 대한 의식이 크게 향상되었다. 그리고 20세기 들어 대중매체의 발달은 정보와 사회문제를 공유하는 대중사회를 만들었으며, 20세기 후반 정보기술의 발달은 모든 사람이 감시하고 감시받는 사회를 만들었다. 이로 인해 계급에 상관없이 사실에 대한 다양한 정보를 공유하게 되었으며, 인권에 대한 논의와 관심도 더 활발해졌다. 요약하면 노동시간의 축소는 산업화와 자본주의 발달로 19세기 중반까지 크게 증대하였으나 그 후 조금씩 감소하고 있다. 노동시간은 생산력의 증대나 생산 관계의 향상과 밀접한 연관이 있다. 노동시간을 줄이기 위해 기술발달은 필수적이지만, 생산 관계의 개선을 위한 지속적 대책 마련이 필요하다.

2) 노동과정과 노동시장 변화

기술발달은 노동과정의 변화를 가져왔는데, 관련된 큰 변화는 공장제 수공업, 공장제 기계공업, 포디즘, 포스트 포디즘으로 명명된다. 근대 들어 무역의 발달은 상품의 수요와 공급을 증대시켰고, 상품의 공급을 위해 전통적 수공업은 공장제 공업으로 변화하였다. 이러한 변화는 노동과정에 있어 통제를 증가시켜 상품의 공급을 늘리기 위한 것이다. 자신의 기술과 필요에 따라 자율적으로 이루어지던 노동과정이 다른 사람에 의해 통제되는 형태로 변화된 것이다. 자본과 노동의 결합에 의한 공장제 공업은 불가피하게 자본에 의한 노동의 통제를 수반한다. 공장노동의 생산 관계는 사회생활과는 다른 주종관계를 수반한다. 고용자의 인성과 경영방식이 생산 관계를 결정하는 것이다. 그리고 공장제 공업은 노동과정을 나누어 효율성을 증대시킬 수 있는 노동분업의 가능성을 증대시켰다. 가장 큰 노동과정의 변화는 공장제 수공업에서 공장제 기계공업으로의 변화이다. 영국에서 최초로 발생한 이러한 변화를 산업혁명이라 불렀다. 최초의 기계화 형태는 면방직 기계와 증기 기관의 발명으로 인한 면방직 공장의 설립과 제철 산업의 변화이다. 이러한 기술변화는 경제뿐만 아니라 사회 전반에 있어 변화를 수반하였다. 공장제 기계공업은 분업에 의한 노동기술의 단순화로 여성과 아동 노동을 크게 증대시켰다. 하지만 이러한 변화는 생산력의 증대로 상업 발달과 상공업계층의 사회적 지위를 크게 높이는 계기가 되었다.

1910년대의 포디즘은 컨베이어 벨트 기술에 기초한다. 이는 기계산업에 있어서 프레드릭 윈슬로 테일러(Frederick Winslow Taylor)가 행한 이동에 필요한 시간과 동작 연구를 기초로 작업공간에서의 이동을 기계화한 것이다. 포드는 자동차공장에서 이를 사용하여 자동차의 생산을 획기적으로 증가시켰는데, 이는 뒤에 포디즘이라 명명되었다. 포디즘은 컨베이어 벨트에 의한 이동의 자동화가 핵심인데, 이로 인해 인간의 노동은 극단적으로 분화되고 도구화되며 수단화되었다. 즉 포드주의자는 생산성의 증대로 임금은 증대하고 노동시간은 축소될 것이라 주장하였으나, 분업으로 동일 동작을 반복하는 기계처럼 인간노동이 도구화되는 비인간화 현상을 겪게 되었다. 이러한 현상은 찰리 채플린의 영화 〈모던 타임즈〉에 잘 나타나 있다. 인간은 좁은 장소에서 반복적인 형태로 노동할 뿐만 아니라 기계의 속도 조절로 종속적이고 노예적인 노동을 하게 되었다. 그리고 사업체 조직이 거대화되면서 효율성을 극대화하기 위해 관료제 현상도 가속화되었다. 관료제는 분업과 전문화 현상, 위계화와 중앙집권화, 규범에 의한 통제와 서류를 통한 의사전달 방식 등의 특성을 가진다. 동시에 능력에 의한 채용과 능력이나 경력에 의한 승진, 임금 형태의 보수와 공사 구분 등의 특성도 포함한다. 관료제는 평등 지향과 능력 중시, 공사 구분, 합리화와 효율성의 극대화 등 긍정적인 측면도 있지만, 권력집중에 의한 권위주의, 업무과정의 비인간화, 변화에 무감각한 형식주의 등의 부작용을 동반하였다. 이러한 자본주의의 컨베이어 벨트 기술과 조직변화는 단순히 자본주의의 노동과정을 변화시켰을 뿐만 아니라 공산주의 사회에도 빠르게 전파되었다. 이러한 현상들로 인해 학계에선 비판사회이론과 산업사회론 등이 대두되었다.

20세기 후반의 포스트 포디즘은 반도체 기술의 발달에 기초한 새로운 노동과정을 의미한다. 컨베이어 벨트에 기초한 표준화, 규격화, 분업화, 집중화, 수동화된 노동은 자동화된 로봇의 등장과 자동화된 생산 공정과정으로 포디즘과는 상반되는 특성을 보여주게 되었다. 인간이 하던 표준화, 규격화, 분업화된 노동은 로봇이 대신하게 되었다. 그리고 자동화에 의한 노동력의 절약으로 제조업에 종사하던 인구는 감소하였고, 다니엘 벨이 언급한 새로운 3차, 4차, 5차 산업에 종사하는 인구가 빠르게 증가하였다. 그러나 이러한 노동과정의 변화에도 불구하고 자본에 의한 노동의 강제는 변화하지 않았다. 즉 고용으로 인한 수직적 관계와 사기업에서의 공사의 미구분으로 인한 가산제적 지배는 일반적이다. 많은 사업체는 자신의 재산처럼 운영되는 가산제의 형태로 운영되고 있다. 가산제는 베버가 전통적 사회의 조직 운영형태로 언급했으며, 조직의 재산과 개인적 자산이 구분되지 않고 신분제적 생산 관계가 이루어질 때 사용한 개념이다. 그러나 현대사회에서도 권위주의적 가부장적 지배에 기초한 생산 관계는 아직 보편적으로 존재한다. 노동자의 고용과 임금, 승진 등을 이용한 비인간적인 형태는 보편적이다. 그리고 정보사회에 맞게 대기업을 중심으로 한 관료제의 위계구조는 빠르게 축소되었으나 중앙집권과 위계화, 분업과 표준화, 작업과정의 비인간화와 형식화 등 관료제 문제는 변화되지 않고 있다. 노동시간은 줄었으나 노동강도는 높아져, 노동과정에서 심한 스트레스를 받는다. 이러한 현상은 경쟁 사회에서 어쩔 수 없는 현상으로 인식되고 있으나 불평등사회일수록, 비전문직일수록, 조직의 위계에서 낮은 지위로 갈수록 노동의 수단적 성격은 강하게 나타난다.

4. 노동과 소외

사회발달에 따라 사회적 분업의 심화는 피할 수 없는 사회현상이 되었다. 그리고 사람들은 다양한 분업의 망에서 특정 지위를 차지하고 역할을 수행하게 되었다. 사회적 분업이 보편적인 사회에서 화폐는 분절된 사회를 유기적으로 연결하는 수단이 되었다. 그리고 노동과 상품의 가치는 노동시장과 시장에서 결정되었고, 가치는 화폐의 형태로 평가되었다. 상품이 거래된 것은 역사적으로 오래된 일이나, 노동력이 노동시장에서 자유롭게 거래되고 노동의 대가로 화폐 형태의 임금이 지급되는 것은 자본주의의 발달과 연관이 있다. 즉 임금노동의 출발이 신분사회 쇠퇴의 징후이고 자본주의의 맹아적 형태이다.

가내 수공업에서의 노동은 사용가치를 충족하고 남는 물건들을 교환하기 위해 시작되었다. 공장제 수공업에서의 공장노동은 교역의 발달에 따른 많은 상품을 생산하기 위해 시작되었다. 고용된 노동자들은 공장에서 분업화된 일을 하거나, 숙련된 기술을 바탕으로 자신들의 방식에 따라 자율적으로 상품을 생산하였다. 공장제 기계공업에서는 생산적 분업이 심화하였고, 노동자들은 고용되어 자신들의 리듬이 아닌 지시에 따라 노동하였다. 공장제 기계공업의 시작은 본격적인 산업자본주의의 시작을 의미한다. 자본주의 발달에 따라 노동과 상품이 자신들을 위하거나 자신들의 것이 아닌 화폐와 교환되는 수단이 된 것이다. 노동자들은 화폐를 위해 노동을 하고, 임금으로 소비생활을 한다. 자본주의가 발달한 사회에서 인간에게 화폐는 수단이 아닌 목적으로 전환된 것이다. 인간이 돈을 벌기 위해 일하고 돈을 가지고 일상생활을 하게 된 것이다.

이러한 현상을 표현하는 개념으로 물신화 현상을 들 수 있다. 인간은 노동을 통해 자신의 잠재력을 표출하여 완성하고 이를 대상화한다. 물신화 현상은 인간의 잠재력을 표현하는 과정이 왜곡된 것이다. 역사적으로 보면 노동은 사회관계에 따라 노예나 노비의 형태로, 농노나 소작농의 형태로 강제되었어도 대부분 자신의 기술과 리듬에 따라 적절하게 자율적인 형태로 이루어졌다. 이러한 노동형태가 분업과 임금노동의 발달로 파편화되고 도구적인 형태로 바뀌었고, 인간은 임금을 받기 위해 분업화된 단순노동에 참여하였다. 자본주의 사회에서 노동자는 직업을 선택하고 노동을 할 자유가 있으나 생존 수단이 없으므로 수단적인 노동을 하고 그 대가로 임금을 벌어야 한다. 19세기 후반 마르크스는 물신화 현상을 구체적으로 기술하지 않았으나 물화라는 개념으로 표현하였고, 20세기 초반 루카치는 마르크스의 물화 개념을 구체화하였다.

물화와 유사한 개념은 20세기 초반의 독일 사회학자들에 의해서도 사용되었다. 독일 학자 짐멜과 베버는 분업, 화폐, 합리성 등을 중심으로 조직과 일상생활에서의 인간관계의 변화를 설명하였다. 짐멜은 사회변동 과정을 주관적 정신이 줄어들고 객관적 정신이 강조되는 사회로 바뀐다고 하였고, 베버는 합리화 과정으로 설명하였다. 짐멜은 기술발달과 분업화로 인간은 생산량을 증대시키고 있으나 주관적 정신, 욕망과 감정적 접촉 등이 점차 줄어드는 사회에 살고 있다고 주장한다. 사회적 현상들은 자기들끼리 결속되고 있으며, 인간은 사회적 삶의 부품이 되고 거대한 조직의 톱니바퀴로 변화하여 자신을 상실한다고 주장한다. 즉 분업은 창조물로부터 창조자를 단절시키며, 창조물은 그 나름의 자율성을 획득한다. 그리고 짐멜의 『돈의 철학』에서 화폐 사용의 증대는 주관적인 인간관계를 금전 거래의 관계로 변화시킨다. 즉 화폐는 교환의 표준이나 수단 이상의 역할을 하며, 합리적 계산을 증대시키고, 현대사회를 합리적 사회로 변화시킨다. 짐멜에 의하면 돈은 혈연, 지연, 충성에 의한 인간관계를 파괴하고, 인간들 사이의 질적인 차이를 줄이고 화폐에 의한 양적 차이를 형성한다. 그리고 다른 한편으로 돈은 인간들 사이의 물질적 관계를 바탕으로 사회를 분화시키고, 인간의 자유를 증대시키는 기능을 한다.

베버의 사상도 유사하다. 베버는 역사적 과정을 전통적 행위, 감정적 행위, 가치 합리적 행위가 근대사회에서 점차 줄고 목적 합리적 행위가 증대하는 방향으로 설명한다. 목적 합리적 행위는 세속적인 특수 목적, 특히 금전 추구를 위해 합리적인 행위를 하거나 효율성을 높이기 위해 조직의 형식을 합리적으로 운영하는 것을 말한다. 그는 산업사회에 보편적인 관료제 조직을 목적 합리성에 의해 운영되는 조직으로 보고, 이를 철창의 삶에 비유하여 설명한다. 즉 닭이 양계장이란 철장에서 사육되듯이 인간은 효율성을 강조하는 조직에서 자신이 아닌 조직을 위해 노동을 하고 그 대가로 임금을 받게 된다.

합리성에 대한 이러한 부정적 견해는 비판사회과학에 있어 '합리성의 비합리성'이란 개념으로 계승되었다. 합리성의 비합리성은 조직의 목적 달성에는 효율적이고 합리적이나, 소속 성원들은 효율성을 위한 수단이자 도구로 취급되는 상황을 의미한다. 20세기 후반 프랑스의 엘륄은 현대기술의 특성을 기술선택의 자율성, 기술 자체의 전제와 결론, 일원론, 기술들의 필연적인 연결, 기술의 자율성으로 규정하고 있다. 기술선택의 자율성이란 기술과 과학은 수량화되고 검증 가능한 것만을 대상으로 효율성을 추구한다는 의미이다. 기술 자체의 전제와 결론이란 기술선택의 자율성을 추구하는 기술 종사자들이 기하급수적으로 증가한다는 의미이다. 일원론이란 기술적 가치를 추구하는 행위들이 정치, 경제, 사회, 문화의 모든 방면에 적용된다는 의미이다. 기술들의 필연적인 연결과 기술의 자율성이란 기술들이 상호 보완성을 가지고, 기술을 중심으로 유기적인 사회를 형성한다는 의미이다. 즉 기술의, 기술에 의한, 기술을 위한 사회가 된다는 것이다.[6]

미래사회를 예견할 수 있는 4차 산업혁명은 인공지능 로봇의 사회를 말한다. 인공지능 사회는 정보사회의 연속이지만, 인

6 Jacques Ellul, *The Technological Society*, New York: Vintage Books, 1964.

공지능 로봇의 영향력이 매우 커질 것이라는 점에서 현재 정보사회와 구분된다. 인공지능 로봇은 인식하고, 생각하고, 판단하고, 행동하는 것이 인간과 유사한 특성을 가지지만, 인간보다 빠르고 정확하고 예측력이 뛰어난 로봇으로 발전하고 있다. 바둑에서 인공지능 로봇이 바둑 기사의 능력을 뛰어넘었다. 자율주행차를 비롯한 자율적 로봇이 많아지고 있다. 빅데이터를 가지고 사고하고 판단하는 로봇이 증가하고 있다. 이들은 전문직이 하는 대부분의 일을 대체할 것으로 예측된다. 인간은 인간보다 뛰어난 인공지능 로봇에 의존하게 될 것이다. 인공지능 로봇은 인간을 감시하고 통제하고 지시할 것이며, 인간 또한 인공지능 로봇을 감시하고 통제하는 사회가 될 것이다. 그리고 이러한 4차 산업혁명의 사회는 3차 산업혁명 시기의 노동시장 구조와는 다른 구조를 가질 것이다. 과학과 기술의 발달에 따른 논의들을 종합하면, 인공지능 로봇의 기술이 어떻게 사용될지는 계급 관계 및 사회특성과 밀접한 연관이 있다. 따라서 미래 노동시장 구조에서 직장인들의 소외는 기술발달뿐만 아니라 계급구조의 특성에 따라 달라질 것이다.

미래사회에 기술과 과학이 인간에 어떠한 영향을 미칠지에 대한 심도 있는 논의가 필요하다. 기술과 과학의 발달은 국가 경쟁력을 높이고, 인구를 기하급수적으로 증가시켰다. 그리고 인간의 의식주 및 여가생활을 풍족하게 하고 인간의 수명을 연장하며 대중매체와 문화산업으로 문화생활을 가능케 하였다. 그러나 다른 한편으로 기술과 과학의 발달은 합리성의 증대로 인간에게 매우 부정적인 영향을 미친다. 기술과 과학에 기초한 사회는 인간사회에 있어 감성이나 이성, 이타적 사랑을 자연 발생적으로 제공하지 못한다. 이러한 사회의 미래가 어떠할지에 대한 견해는 학자들에 따라 차이가 있다.[7] 첫째는 기술과 과학에 기초한 가치 실재론적 입장이다. 이들은 미래사회는 기술과 과학에 기초함으로 과학적이고 합리적 가치가 지배적인 가치가 된다는 뜻이다. 둘째는 도구주의적 입장이다. 과학과 기술은 사회생활을 위한 수단이므로 사회생활에 과학적 가치가 큰 영향을 미치지 않는다는 뜻이다. 이에는 기술과 과학이 인간의 삶을 풍족하게 할 것이라는 입장과 사회적 관계, 특히 계급 관계에 따라 이용의 정도 달라질 것이라는 입장이 있다. 셋째는 다원주의적 입장이다. 이는 기술과 과학의 다차원성을 강조할 뿐만 아니라 창조적이고 이성적인 인간과의 상호작용에 의한 다양성을 강조한다.

사회현상의 물화 현상은 분업 및 과학기술의 발달뿐만 아니라 자본주의의 발달과 밀접한 연관이 있다. 현대사회에서 인간노동이 화폐를 얻기 위한 수단으로 변화하거나 화폐가 교환의 수단이 아닌 목표로 전환되는 현상은 불가피한가? 물신화는 인권이나 문화와 종교 등의 관념적 요인이 아니라 물(物)의 속성으로 인간을 설명하려는 현상이고, 헤겔의 외화 즉 주체적 인간과 관계없이 물의 특성에 따라 움직이는 현상이다. 인간들 사이의

7 Albert Borgman, *Technology and the Character of Contemporary Life*, University of Chicago Press, 1984.

물질들 관계, 물질들 사이의 사회적 관계, 현대사회에서 경제적 인간관계는 물질들 관계를 의미한다. 이것은 마르크스에게 있어 물화 현상이고, 뒤르켐이 말한 유기적 연대사회의 특성이고, 베버가 말한 목적 합리적 행위의 결과이다. 현대사회는 신분사회의 신분 차별이나 전통적 믿음에 기초한 집단주의에서 벗어나 신분적으로 평등하고 자유로운 개인주의의 특성을 가진다. 그러나 달리 보면 가치나 믿음의 중요성이 사라지고 계급 관계 때문에 인권이 무시되는 사회적 특성을 가진다. 물신화 현상으로 자본가들은 이윤을 추구하기 위해 생산과정을 변화시키는 주체가 되었고, 고용된 노동자들을 통제할 수 있게 되었다. 노동자들은 신분적으로 자유로운 주체지만 생산 관계에서 임금을 얻기 위해 도구적으로 종사하고 노동시간 동안 통제에서 벗어날 수 없다. 즉 기술발달과 자본주의는 모두 인간의 소외현상에 영향을 끼치고 있다.

특히 현대사회에서 화폐는 매개의 수단이기도 하지만 모든 것을 매개하기 때문에 목표이기도 하다. 현대인은 화폐를 가지고 의식주뿐만 아니라 소비와 문화생활에 필요한 것들을 해결한다. 그러나 화폐는 자기보존이나 선천적 욕구를 충족하는 주요 수단일 뿐이나 점차 목적시되고 있다. 화폐는 이기적 욕구를 충족하는 주요 매체이기에 이를 두고 경쟁하고 갈등하는 사회현상은 보편적이다. 현대사회에서 화폐는 필요악이고 자본주의의 바탕이다. 자본주의는 황금만능주의 및 권위주의와 연결되어 있다. 현대사회에서는 이들을 견제할 수 있는 정신과 가치에 기초한 민주주의가 요구된다. 돈, 권력, 명성의 사회적 욕구는 인간의 생존 및 자존의 욕구와 아주 밀접한 연관을 가지나 이들에 의해 지배되는 사회가 아닌 이성과 사랑에 기초해 차이와 다양성을 인정하는 다원적 사회가 요구된다.

5장
권력과 소외

1. 권력의 개념

인간은 지속해서 다른 사람들과 상호작용을 하면서 생활한다. 인간은 일하고, 놀고, 쉬는 생활을 반복하면서 다양한 인간관계를 형성한다. 인간은 이 과정에 협력하기도 하고, 경쟁하기도 하고, 갈등하기도 한다. 이러한 상호작용 과정에서 권력이 발생한다. 권력은 육체적, 감정적, 언어적, 성적, 규범적, 문화적, 재정적 측면 등 다양한 영역에서 발생한다. 권력은 흔히 다른 사람의 반대에도 불구하고 다른 사람들에게 영향력을 행사하는 힘으로 정의된다. 그리고 인간은 단체 생활을 하므로 권력은 다른 사람이나 집단의 반대에도 불구하고 특정 개인이나 집단이 영향력을 행사하는 힘이다. 권력은 동물처럼 육체적 힘만을 의미하는 것은 아니다. 권력은 인간의 고등사고력의 특성을 반영하고, 고등사고력에 기초한 사회변동에 따라 권력의 내용도 변화한다. 인간사회에 있어 권력은 다양한 원인에서 발생한다. 첫째로 권력은 공동체적 믿음과 연관을 가진다. 전통사회에 보편적으로 나타나는 전통적 믿음과 관련된 권력은 인간의 생존을 위협하는 자연과 외부세계에 대한 두려움과 이상적인 사회생활에 대한 호기심에서 발생하였다. 공동체의 믿음에 기초한 원시사회와 전통사회에서 성직자들은 상위계급을 차지하였다. 두 번째로 권력은 조직사회의 위계 구조와 연관을 가진다. 조직사회의 피라미드 구조에서 상위 지위에 있을수록 권력은 강하다. 조직에서의 권력은 아미타이 에치오니(Amitai Etzioni)의 구분처럼 조직의 성격에 따라 규범과 위신 등과 관련된 규범적 권력, 처벌이나 위협 등과 관련된 강압적 권력, 보상과 포상 등을 포함하는 공리적 권력의 형태로 구분할 수 있다. 세 번째로 권력은 돈과 연관을 가진다. 돈을 많이 획득한 자가 권력을 가진 자이다. 돈은 일반적으로 사회에서 상위계층일수록 더 많이 소유한다. 돈을 소유하는 방법은 사유 재산의 상속이나 다양한 방법에 기초한 재산 증식이다. 그리고 재산 증식의 방법도 사회변동에 따라 변화한다.

이처럼 인간에게 있어 권력은 다양한 힘을 말하며, 사회변동에 따라 그 형태도 변화하였다. 일반적으로 신과 연관된 인간의 권력은 과학이 발달함에 따라 그 힘이 줄어들었다. 즉 인간에게 외재하는 자연 세계나 죽음에 대한 두려움의 많은 것들이 과학의 발달에 따라 신의 영역에서 과학의 영역으로 변화하고 있다. 전통사회로 갈수록 성직자들이 영향력을 가졌으나 현대사회로 이어지면서 과학자들의 영향력이 크게 작용하고 있다. 그러나 사후의 세계는 아직 성직자들의 주요 관심 영역이며, 개인주의 발달로 고립된 현대인은 종교에 많이 의존한다.

조직은 인간사회가 진척될수록 확대되고 있다. 인간의 상호작용 범위는 과학과 기술의 발달과 관련된 교통과 통신의 발달에 따라 계속 확대되고 있다. 원시사회의 씨족과 부족 공동체는 오늘날 세계 공동체의 형태로 변화하였다. 사회는 작고 단순한 사회에서 크고 분업화된 복잡 사회로 변화하였다. 권력을 국가나 사업체들의 위계를 중심으로 살펴보면 국가나 사업체들이 크고 부강할수록 그들의 권력의 크기는 강하다고 할 수 있다. 일상생활에서 조직과 집단도 마찬가지이다. 재산과 소득을 많이 소유할수록 권력이 강하다고 할 수 있다. 근대사회에 들어 자본주의에서 재산은 불가침의 권리로 인정되어 신성시되고 있으나, 재산은 잉여생산물이자 상속의 원천이다. 봉건사회에서 왕과 영주들은 권력에 기초해 사유화된 토지를 대상으로 조세의 형태로 잉여물을 거두고 사유화하였다. 봉건사회와 같은 가산제 지배는 사라졌으나 민주화된 현대사회에도 돈에 기초한 권력의 영향력은 매우 강하다. 그리고 민주사회가 발전되지 않은 국가에서는 아직도 가산제 지배가 정치와 기업조직들에서 존재한다. 현대 자본주의 사회에서 고용과 노동 통제와 관련된 조직의 합법적 권력은 일상적으로 노동자에게 영향을 미친다.

권력이 사회와 사회 성원에게 미치는 영향은 다양하다. 권력은 인간을 협력하게 할 수도 있고, 경쟁하게 할 수도 있고, 갈등하게 할 수도 있는 영향력을 말한다. 권력은 조정과 통제 능력이기도 하고 폭력이기도 하여, 인간을 이롭게도 하고 해롭게도 한다. 권력을 가진 자가 세상을 보는 형태와 능력은 사회와 사람에 따라 차이가 있고, 사회의 특성과 자신의 능력에 따라 행사하는 권력의 영향력은 다양하게 나타난다. 이러한 권력은 인간 생활의 전 차원에서 일어난다. 단순한 두 사람의 관계에서 발생하기도 하고, 반대로 국가와 같은 구조화된 사회의 상호작용에서도 발생한다. 일반적으로 일상적인 사회현상에서 발생하는 권력을 미시권력이라 부르고, 국가 차원의 구조적 권력을 거시권력이라 부른다. 즉 인간은 생존과 자존심을 위해 활동하기도 하고, 생활을 위해 집단과 조직을 만들어 활동하기도 하며, 국가 차원에서 사고하고 활동하기도 한다. 국가 차원의 거시권력은 입법, 사법, 행정 등의 총체적 권력이다. 반면 미시권력은 집단과 조직 등 일상생활에서 경험하는 권력을 말한다.

2. 거시권력

거시권력은 사회구조에서 발생하는 권력을 말한다. 그러므로 사회가 변동하면 사회구조가 변동하고, 거시권력의 형태도 역사와 더불어 계속 변화한다. 거시권력의 가장 보편적인 형태는 국가의 통치구조와 연관된 권력이다. 사회변동에 따라 사회구조와 통치구조는 변화하고, 권력의 형태도 변화한다. 기술과 문명의 발달에 따라 사회는 작고 단순한 형태에서 크고 복잡하게 연결된 유기적 형태의 사회구조로 변화한다. 거시권력은 어느 시대나 국가의 통치 권력과 밀접한 연관이 있다. 고대 씨족 및 부족사회와 고대 문명의 발상지에서 나타난 권력 특성의 큰 변화는 도시국가의 발생과 관련이 있다.

국가의 형성 원인은 잉여생산물, 사유 재산과 계급, 착취와 정복, 초자연적인 신의, 부족연맹, 근대의 계약설 등 다양하다. 역사적으로 보면, 최초의 고대 문명은 구석기와 신석기의 선사시대에서 청동기와 철기의 역사시대로 바뀌는 시기에 발생하였다. 학자들은 최초의 문명이 발생한 지역의 공통된 특성을 바탕으로 문명의 요소를 설명한다. 그리고 문명의 3요소로 농경, 청동기, 문자의 세 가지를 들었다. 농경은 강을 중심으로 이루어졌는데 티그리스와 유프라테스강, 나일강, 인더스강, 황허강이 4대 문명의 발상지이다. 비옥한 강을 중심으로 농경을 하기 위해 관개시설과 관리가 필요하였다. 그리고 잉여농산물을 바탕으로 사유 재산이 형성되고 교역하는 도시들이 발달하고, 정복 전쟁이 발생하였다. 이러한 현상으로 고대 문명과 국가들이 발생하고 계층이 분화되었다. 씨족이나 부족 중심의 지역 집단들은 점차 연맹체나 국가로 바뀌고 왕, 귀족, 평민, 노예(전쟁이나 채무에 의해 시작) 등의 신분계층 현상이 발생하였다. 국가의 발생으로 권력은 개인이나 집단의 물질적 힘보다 국가의 권위를 통한 권력이 최고 권력이 되었다.

국가의 변화는 다양하나, 크게 보면 고대 노예국가, 중세 봉건국가, 근대 자본주의 국가로 설명된다. 그리고 자연적 환경과 지역 및 규모에 따라 도시국가나 정복 및 자본제국, 가산제와 관료체제 국가 등의 예처럼 국가는 특성을 달리한다. 그러나 전통적 국가의 경우 국가 통제력의 범위와 분화 정도가 약하여 유기적 결속력은 제한적이다. 이렇게 시작된 국가사회는 처한 자연환경에 따라 다양한 형태로 발전하고, 동서양별로 특성의 차이가 있다. 국가 형태를 갖춘 고대 사회에서는 노예사회가 많이 존재하였고, 제후나 영주가 통치하는 봉건 사회, 그리고 절대 군주의 행정력이 지방에까지 미치는 중앙집권적 신분 사회도 존재하였다. 중앙집권화된 신분 사회에서는 강력한 권력으로 많은 문맹과 문화들이 발전하였고, 동시에 전쟁과 비인간적인 폭행과 억압들이 강행되기도 하였다. 그러나 중앙 지배집단에서 분리된 지역들은 독자적 사병을 가지거나 독립된 통제체계를 가지고 있었다. 이들은 중앙 지배집단에 충성을 맹세하거나 조공이나 세금을 제공하는 형태로 연결된 경우가 많았다. 그뿐만 아니라 전통적 국가는 근대국가와 비교하면 백성들을 통제하고 감독하는 행정적 군사적 능력이 부족하고, 자원의 수취는 조공과 단순한 수탈에 의존하는 경우가 많다. 그리고 국경도 불분명하다. 전통국가의 성격을 정리하면 다음과 같다.[1]

첫째, 정치적 단위로서의 지배영역이 유기적으로 통합되어 있지 않았다. 생산 활동과 상업 활동, 농촌과 도시 등은 분절된 경우가 많고, 중앙의 지배집단과도 분리되는 경우가 많았다. 둘째, 중앙 지배집단은 분절된 지역이나 조직에 대한 행정적 통제

1 이혜숙, 『국가와 정치의 사회학』, 오름, 2017, 21~22 참고.

력을 확보하지 못하였다. 군사력 역시 독점적이고 배타적이지 못하고 사유화된 군사들이 존재하였다. 셋째, 국가의 정치적 활동과 경제적 활동이 단절되어 경제적 관심은 조세에 국한되는 경우가 많았다. 그리고 조세는 지배층의 사유 재산과 엄밀하게 분리되지 않는 경우가 많았다. 넷째, 지배층의 특권을 유지하기 위하여 종교나 이데올로기를 사용하였다. 이러한 특성들을 고려할 때 근대 이전의 전통적 국가들의 권력은 분산된 형태를 보여주고 있다.

근대 자본주의 국가의 출현은 상공업 및 도시사회의 발달과 밀접한 연관이 있다. 서구의 경우 근대 자본주의 국가의 출현 과정은 아메리카대륙의 발견과 상공업 발달, 종교전쟁 및 전쟁, 과학발달과 계몽주의 사상, 시민혁명과 산업혁명 등 매우 복잡하다. 그리고 국가의 형태도 역사적 배경과 사회적 특성에 따라 다르다. 근대사회의 도래는 사회구조에 있어 큰 변동을 가져왔고, 권력 형태에 있어서도 큰 변화를 가져오는 계기가 되었다. 근대 서구에서 시민계급에 기초하여 발달한 민주주의 제도는 통치 권력에 변화를 가져왔다. 유럽에서 절대군주제의 탄생은 이전과 구분되는 특성을 가진다. 15세기 이후 유럽에서의 절대군주제는 중앙정부의 지방에 대한 효율적인 통제의 시작, 체계적 조세, 상비군, 중앙집권적 관료제, 거국적인 조세체계, 외교기구, 상업과 경제발전을 위한 국가정책 등에서 이전의 국가들과 구분되었다. 그리고 근대사회로 변화하면서 국가는 군대나 경찰과 같은 폭력을 행사하는 조직을 관장하고, 이를 바탕으로 과세와 관세,

경제와 재정의 권력, 통화 발행, 법치 등 행정, 입법, 사법의 모든 권한을 행사하기 시작하였다. 근대국가는 국민 주권을 강조하고, 권력체계를 구성하는 요소로는 행정부, 군대와 경찰, 입법부, 사법부 등을 가지고 있다. 로크는 17세기 후반 『통치론』에서 행정부와 입법부의 분리를 주장하였고, 몽테스키외(Montesquieu)는 18세기 초반 입법, 행정, 사법의 삼권분립을 주장하였다. 계몽주의 사상가들의 이러한 주장에 힘입어 근대 민주국가에서는 삼권분립이 보편화되었다.

근대국가의 기능은 질서유지, 국민의 내외적 안전과 보호, 사회기반 시설의 확충, 사회자원의 재분배를 통한 국민 복지, 통계조사 등이다. 베버에 따르면 국가는 주어진 영토 내에 물리적 힘의 합법적 사용에 대한 독점권을 점유한다. 부르디외에 의하면 국가는 물리적, 상징적 폭력을 정당하게 독점하는 실체로 상비군, 행정 관료제, 조세제도 등에 대한 권력을 독점한다. 즉 국가는 군대와 경찰의 물리적 폭력뿐만 아니라 교육과 관료조직, 그리고 사회적 의례 등을 통해 국가문화를 전달하는 상징적 폭력을 행사한다. 국가는 공적으로 제도화되고 구조화된 기구이며, 중앙집권적 관료체제를 가진 조직이다. 그리고 국가는 권력에 대한 합리화와 정당화를 중시하며, 군대와 경찰의 무력과 강제력을 사용하여 재산과 생명에 관련된 권리를 보호하고, 조세제도를 통해 경제적 자원을 관리하고 분배한다. 근대사회에서 국가 최고 권력은 왕에 의해 상속되는 독점적 권력이 아니라 지도자가 유권자의 투표로 선출되고, 합법적 권위에 기초한다. 그러나 국가의 형태에 따라 권위적이고 비민주적인 초법적인 권력은 존재한다. 그리고 사회분화에 따른 관료제의 발달로 전문화된 통치 권력들이 발생하고 권력을 견제하는 다양한 형태가 마련되었으나, 사회 희소가치를 중심으로 국가 내에 다양한 권력 집단이 존재하게 되었다. 즉 국가의 권력은 국가 형태에 따라 매우 큰 차이가 존재한다.

현대사회에도 국가 권력은 대표적인 거시권력이나, 자본주의의 발달로 자본계급도 정치 권력으로부터 해방되어 중요한 거시권력 집단이 되었다. 자본주의 사회에서 권력과 관련된 사회 변동과 거대사업체를 간략히 살펴보면 다음과 같다. 근대 들어 시민계급의 부상으로 사유 재산에 대한 권리는 생명 및 자유와 함께 기본권으로 보장되었다. 그리고 정치와 경제는 점차 분리되고, 산업화는 전통적 믿음이나 종교로 결속된 소규모의 전통적 사회집단들을 다양한 전통과 종교가 공존하는 합리적 도시 사회로 바뀌었다. 사회가 분화됨에 따라 경찰과 법관이 수사와 재판을 담당하였으며, 형법 외에 민법 · 상법 · 행정법 등의 많은 법이 발달하였다. 이러한 변화와 더불어 전통적인 신체적 처벌의 형태는 정신적 처벌로 바뀌었다.[2] 푸코에 의하면 프랑스 대혁

2 푸코는 신체적 처벌에서 정신적 처벌로의 변화를 인권의 향상이 아니라 권력의 새로운 변화로 보았다. 그에 의하면 과학의 발달에 따른 전문가들의 정상 판단과 조직들에서의 감시의 증대는 새롭게 발생한 미시권력 현상이다. 신체형 처벌에서 정신적 처벌로의 변화에 대해서는 미셸 푸코 저, 오상근 역, 『감시와 처벌』, 나남출판, 1994 참조.

명 이후 곤장이나 고문과 같은 신체적 처벌은 구속과 감금 등의 정신적 처벌로 바뀌었다. 대혁명에 참여한 죄인들은 많은 사람이 볼 수 있는 광장에서 일벌백계의 형식으로 고문을 당하고 일부는 공개 처형되었다. 근대국가의 발달에 따라 개인이나 집단의 폭력은 금지되고, 국가가 폭력을 독점하고 사회를 통제하면서, 자유는 크게 확대되었다.

산업혁명 이후 금융업과 상업, 제조업 등이 급속히 발달하고, 경쟁의 결과 19세기 후반 이후에는 거대사업체들이 많아짐에 따라 전문경영인이 증가하였다. 그러나 사유재산의 법적 보장, 상속제도, 경제적 자유 확대 등으로 경제적 불평등은 심화되고, 자본세력의 권력도 확대되었다. 많은 사업체에서 권위적인 가산제적 지배는 흔히 볼 수 있고, 자본을 가진 자들의 권력은 자유경제로 민주사회에서도 변하지 않고 있다. 오늘날 거대사업체들은 국내는 물론 외국에도 사업체들을 가지고 있으며, 많은 사업관련 하청업체들을 관리하고 있다. 이러한 다국적 기업들은 핵심 지도부를 중심으로 조직에서 다양한 부서들이 유기적으로 연결된 거대한 관료조직이며, 거대자본을 소유하고 있는 거시권력이다. 권력은 최고 자본을 가진 사업주와 사업체 조직을 경영하는 전문경영인들에게 있다. 그리고 위계적 서열을 가지고 있는 사업체 조직은 과장급 이상의 관리자와 노동조합에 가입할 수 있는 대리급 이하의 낮은 지위에 있는 노동자들로 구성되어 있다. 하위 임금노동자들은 노동조합을 만들어 그들의 이해관계를 주장할 수 있으나, 종속적 관계로 낮은 임금을 받고 상층의 의

사결정을 따라야 한다. 그리고 하위직 노동자들은 정규직과 비정규직으로 구분되어 차별적 임금과 대우를 받고 있다.

사회변동에 따라 사회구조가 변화하고, 권력의 형태도 변화한다. 산업사회가 발달할수록 사회는 유기적으로 연결된 사회구조로 바뀌고, 권력은 분화되고 전문화되고, 동시에 전체의 조율을 위해 통합하는 형태를 띠게 된다. 현대사회에도 통치 권력은 중요하나 민주주의에서는 인권을 중시하는 합법적 권력으로 바뀌고 있다. 도시사회가 발달하고 산업사회가 확대되면서 조직들은 분화되고 업무들은 전문화되었으나 여전히 통치 권력은 권위를 가진 주요 지위를 차지한다. 사회의 형태에 따라 권력의 구조는 다양한데, 권력의 형태가 어떠한지는 권력에 저항했을 때 초래하는 결과로 알 수 있다. 권력에 대한 합법적 저항이 사회 형태에 따라 처벌이나 고문은 물론 목숨을 잃게 할 수도 있다. 일반적으로 산업사회와 민주사회가 발전하면서 한 사회 내에 다양한 가치의 공존과 물질적 생활의 풍요로 개인적인 자유는 크게 증대하였다. 그러나 정보사회로의 변화로 인간을 감시하고 통제하는 국가 권력이 더욱 강화되었고, 경제적 자유의 확대로 상공업계층의 자본 권력도 크게 강화되었다. 현대사회에도 권력에 저항할 때 권력이 어떻게 대응하는가는 그 사회특성을 보여준다. 민주사회와 자본주의 사회는 상호 모순되는 사회적 특성을 가진다. 자본주의보다 민주주의가 우선하는 사회, 즉 권력이나 돈보다 인권이 우선하는 사회가 민주주의 사회이다.

3. 미시권력

미시권력은 사회구성원들이 일상생활에서 경험하는 권력이다. 미시권력은 사회구조보다 조직과 집단 그리고 일상생활에서 일어나는 상호작용과정과 밀접한 연관을 가진다. 동물의 세계에서 권력이란 다른 동물들을 제압하는 힘에 의존한다. 그러나 인간의 일상생활에서 육체적 힘에 의한 권력은 성장기나 미개사회에서 일반적일 수 있지만, 문명사회에서는 이러한 권력은 극히 한정된 일부에 지나지 않는다. 인간사회에서의 권력은 사회특성에 따라 변화한다. 원시사회, 농경사회, 산업사회의 미시권력의 요인은 사회구조와 사회특성에 따라 다르다. 현대사회에서 프렌치(John R. P. French)와 레이븐(Bertram Raven)은 권력의 다섯 가지 요소를 제시하였다.[3] 합법적, 전문적, 준거적, 보상적, 강압적 권력이 그것이다. 합법적 권력은 조직에서의 지위에 부여된 권력이며, 전문적 권력은 전문적인 지식이나 기술과 연관된 권력이며, 준거적 권력은 이데올로기나 카리스마적 능력이며, 보상적 권력은 물질적 보상을 지급할 수 있는 개인의 능력이며, 강압적 권력은 사회적 피해의 두려움이나 강제하는 힘에 기초한 권력이다.

이러한 권력의 요소들은 일상생활에서 복합적으로 작용한다. 일상생활은 일하고 놀고 휴식하는 생활을 포함하는데 여기

3 위키백과, https://ko.wikipedia.org/wiki/권력/이론/권력의 다섯 가지 기초 참고.

에도 권력은 항시 작용할 수 있다. 대부분의 사람은 노동 외의 소비와 여가생활에서도 감시받고 통제받으면서 생활하고 있다. 사람들은 정보사회의 발달에 따라 카드와 같은 신용화폐를 쓰고, CCTV와 같은 다양한 도구가 설치된 공간에 살고 있다. 그리고 일상적으로 사용하는 전화기와 컴퓨터의 기록들도 감시의 도구가 되고 있다. 권력과 관련하여 가장 중요한 변화는 일하는 과정에서 행사되는 권력이다. 산업사회가 발달하면서 인간의 일은 조직에 고용되고 분화된 형태로 변화하였다. 제조업뿐만 아니라 서비스업도 분화되고 자영 형태의 일들은 사업체 조직으로 흡수되었다. 오늘날 대부분 사람은 조직에 고용되어 일하고, 사업체 조직에서 소비생활을 한다. 사업체 조직에는 합법적, 전문적, 보상적, 강압적 권력 등 다양한 권력이 공존한다. 그러나 자유와 소외에 관련된 권력은 보상적 권력과 강압적 권력이다. 고용된 노동자들은 이윤 확대를 목적으로 하는 사업체에서 이윤추구의 목적 합리성을 극대화하는 조직 운영방식에 의해 통제된다.

먼저 직장 내에서의 미시권력에 대해 살펴보자. 오늘날 대부분의 일하는 사람들은 노동시간 동안 가정과 떨어진 직장에서 생활한다. 직장생활을 위한 조직은 매우 작은 규모도 있지만 대부분 분업화된 위계적 조직이다. 직장의 규모가 작은 경우는 고용인의 지배를 직접 받지만, 규모가 큰 경우에는 위계적 형태인 관료제의 통제를 받는다. 관료제는 신분적 평등과 공·사의 구분, 능력에 의한 채용과 승진, 화폐 형태의 보수, 조직 효율성의 증대에 목표가 있으므로 산업사회에서 일반적인 조직형태이다. 전통사회에서의 관료제는 공 · 사의 미구분과 신분적 불평등, 비효율성 등에 기초하므로 관료제와 구분하여 가산제적 관료제라 칭한다. 그러므로 관료제는 행정 조직체에 한정된 것이 아니라 현대사회의 적정 규모 이상의 모든 조직체에서 보편적이다.

규모가 작은 경우는 고용인의 경영 철학과 인격이 노동자의 통제에 직접 작용한다. 미시 권력자인 고용자가 어떠한가에 따라 상호작용의 형태가 달라지고 피고용자의 생활이 결정된다. 즉 악덕 고용주를 만나면 피고용자는 매우 강한 스트레스를 받는다. 규모가 큰 직장의 경우 관료제의 통제가 이루어진다. 관료제는 규모가 커서 단순통제가 어려운 경우 규정에 따라 일하게 하여 효율성을 극대화하려는 특성이 있다. 고용은 형식화된 과정을 거쳐 실력자를 채용하고, 일자리가 분업화되고 위계화되어 있으며 업무처리는 문서로 이루어지고, 일에서 공사는 명확히 구분된다. 그러나 관료제는 위계적 중앙집중화로 권력이 피라미드 구조의 상위에 집중되고, 형식화로 효율성이 떨어지는 경우도 발생하며, 이윤추구 등의 목적 합리성의 강조로 인간이 도구화되는 문제가 있다. 즉 인간보다 조직 목적이 우선되는 것이다. 그래서 상위직은 조직 목표를 내재화하여 자연스럽게 받아들인다. 그러나 단순노무직은 임금을 받는 것이 목적이고 조직의 목적에 대해서는 무관심하고 피동적인 입장을 가진다. 즉 조직 생활에서 낮은 지위에 있을수록 무력감을 느끼고 수단적으로 일을 한다. 이러한 형태는 제조업에 한정되지 않는다. 20세기 후반 들어 소비사회가 빠르게 발전됨에 따라 목적 합리성을 강조한 운영방식은 서비스 산업에서도 빠르게 도입되었다.

거대자본이 발달한 현대사회에서 대기업, 중견기업, 영세기업의 위계적 관계는 보편적으로 존재한다. 특히 대기업과 하청기업과의 위계적 관계에서 대기업의 위계관계를 이용한 갑질 현상은 사회문제가 된 지 오래다. 예를 들면 자동차업계나 조선업계에서의 대기업과 하청기업 간의 관계는 대기업과 하청기업 간의 위계적 관계뿐만 아니라 노동자의 임금과 노동특성에서도 큰 차이를 초래한다. 즉 하청기업의 노동자들은 대기업의 노동자에 비해 동일한 노동을 하고도 차별적 임금과 대우를 받는다. 이러한 현상은 제조업 영역에서뿐만 아니라 서비스업에서도 보편적으로 존재한다. 식당 산업에 있어 합리화의 증대와 위계적 관계를 맥도날드화라 부른다. 맥도날드화는 조직에서의 목적 합리성을 높이기 위해 효율, 계산, 예측, 통제 등의 특성을 최대화하여 조직을 운영하고, 동시에 조직이 세계화처럼 확대되는 것을 의미한다. 이러한 조직운영은 많은 프랜차이즈 산업으로 확대되었으며, 합리성의 비합리성을 초래하였다. 즉 조직 목표를 위한 합리성이 조직 성원에게 비인간적인 결과를 초래하는 현상을 낳았다. 그리고 프랜차이즈는 상품과 서비스의 소유자가 일정 지역에 영업권을 주고 그 대가로 사용료를 받는 특권 관계를 형성한다. 맥도날드화로 대표되는 프랜차이즈점에서의 특권과 독점판매권에 기초한 위계 조직은 권력 관계를 동반한다.

오늘날 미시권력은 직장 밖의 일상생활에도 존재한다. 전통사회에서 현대사회로의 변화는 과학과 기술의 발달에 따라 자연의 영향보다 사회의 영향이 큰 형태로 변하는 것을 의미한다. 오늘날 사람들은 일상생활에서 현금 대신 카드를 사용하고, 많은 공간에서 CCTV를 발견한다. 사건이 발생하면 권력은 사용된 카드의 내역과 장소를 추적하고, CCTV로 언제 어디서 누구와 있었는지를 추적한다. 이는 우리의 사생활이 다른 사람들에게 모두 감시되고 있다는 것을 뜻한다. 물론 이들은 방범, 감시, 화재예방 등 다양한 목적으로 사용된다. 그러나 이는 인간의 자유를 억제하는 중요한 요인이기도 하다. 이러한 것을 파놉티콘 또는 시놉티콘이라고 부르기도 한다. 푸코의 지적처럼 파놉티콘은 교도소에서 간수가 죄수를 모두 한눈에 관찰할 수 있는 시설을 말한다. 그러나 현대사회는 일상생활이 이렇게 변화된 것이다. 개인의 일상생활은 현대문명에 의해 편리하고 윤택하기도 하지만 쉽게 관찰되고 감시되고 있다. 이러한 현대문명에서 감시와 감독을 할 수 있는 자는 권력자이다. 그러나 역으로 모두가 모두를 관찰하고 감시할 수 있는 시놉티콘도 존재한다. 오늘날 권력자나 유명인들의 사생활은 대부분 일반인에게 노출된다. 특히 민주사회에서 사건이 생겼을 때 권력자인 관료들의 사생활은 쉽게 노출된다. 그리고 유명인들의 과거 생활의 흔적들을 인터넷에서 쉽게 찾을 수 있다.

일상생활에서 인종, 민족, 계급, 성 등과 같은 요인에 의해 초래되는 차별도 미시권력이라 할 수 있다. 이러한 요인들에 기초해서 발생한 차별을 줄이기 위해 20세기 후반에 들어서 다문화주의 문화가 발생하였다. 다문화주의는 인종, 민족, 계급, 성 등에 의한 차별을 줄이고 이들에 의한 차이의 수용을 강조하는 사회운동이다. 산업화의 차이에 따른 선진국 사람들의 후진국 사람들에 대한 멸시, 다인종 다민족 국가에서의 인종, 민족, 계급에 따른 차별, 가부장적 문화가 만연한 국가에서의 여성에 대한 차별 등은 보이지 않는 권력에 기초한다. 20세기 중반까지도 인종, 민족, 성 등에 기초한 차별은 정당화되어 사회문제가 되지 않았다. 미국이 노예해방을 하고도 인종별 공간 분리는 1954년 브라운 판결이 있을 때까지 법으로 정당화되었고, 인종별 진화의 차별은 사회진화론에서 정당화되었다. 이러한 문화적 차별은 1968년 신사회 운동에서 사회문제로 제기되었고, 그 이후 다문화 운동과 다문화 교육으로 발달하였다. 다문화 이론에 의하면 사회의 지배적인 지식과 사상이 사회적 소수자를 위한 것이 아니라 소수자를 지배하기 위한 도구일 수 있다는 것이다. 그러므로 이러한 지식과 사상은 권력이고 지배수단이기에 사회적 소수자의 관점이 존중되어야 한다는 것이다.

4. 권력과 소외

권력은 인간의 상호작용에서 조정과 통제를 가져오기도 하고 폭력으로 사용되기도 한다. 권력은 상호작용에서 협동과 경쟁을 유발하기도 하고 갈등을 유발하기도 한다. 즉 권력은 인간에게 이롭게 사용되기도 하고 해롭게 사용되기도 한다. 권력의 사용은 개인 관계에서부터 국가 간 관계에 이르기까지 범위가 다양하다. 그리고 원인도 육체적 힘에서 돈, 지위, 위신과 같은 사회 희소가치, 그리고 공동체적인 믿음과 전문적 지식에 이르기까지 다양하다. 인간은 고급사고력을 바탕으로 조직과 기술을 발달시켰고, 사회는 오늘날의 세계 공동체로 크게 확대되었다. 사회변동에 따라 권력의 형태도 바뀌었고, 권력 형태의 변화에 따라 소외현상도 변화되었다.

소외 개념은 개인의 인권을 지키기 위한 사회계약을 바탕으로 한다. 이런 점에서 소외의 논의는 근대사회와 함께한다고 할 수 있다. 계몽주의 사상가들은 인간이 태어나면서부터 생명과 자유와 같은 인권을 가졌다는 점을 강조하였다. 그리고 이러한 인권을 지키기 위해 사회계약으로 자신의 권리를 국가에 양도하고 국가가 이러한 권리를 지켜주어야 한다고 주장했다. 그리고 국가가 양도된 권리를 가지고 사회 성원을 억압할 때 이를 소외된 상태라 하였으며, 사회 성원들은 소외된 국가에 저항할 권리를 가진다고 하였다. 이러한 사상은 서구 특히 독일 사회과학자들에게 계승되었다. 이들은 소외현상을 국가뿐만 아니라 조직과 집단생활에도 적용하였다. 마르크스, 베버, 짐멜, 퇴니스와 같은 근대 사회과학자들은 생산조직에서의 소외와 도시 생활에서의 소외현상을 설명하였다. 소외를 설명하는 방식은 다르지만, 그들 모두는 인간의 생명과 자유를 해치는 사회적 영향력을 강조하고 있다. 이들에게 있어 소외 원인은 국가, 자본, 조직, 문화 권력 등 다양하다. 이들을 바탕으로 현대사회에서 나타나는 소외 현상들을 살펴보자.

1) 거시권력과 소외

거시권력은 사회 계층구조 및 통치구조의 특성 그리고 그 변동과 연관이 있다. 사회계층 구조는 인간이 원시사회를 벗어나 국가를 형성하면서 비롯되었다. 사회계층 구조에서 소외와 관련된 계층은 최하위 계층이다. 고대 노예사회, 중세 봉건사회, 근대 산업사회 모두 사회계층 구조가 존재하나, 그 특성은 큰 차이가 있다. 고대 노예사회에서 노예제도는 전쟁이나 상업적 거래로 발생하였다. 이 시기에 전쟁에 의한 점령지역은 직·간접의 방법으로 통치되었고, 통치집단과 사회 성원들의 일상생활은 분리되어 밀접한 연관이 없었다. 그러나 전쟁에 의한 포로와 점령지역의 착취로 인해 사회는 신분으로 구분되었을 뿐만 아니라 강압적 권력으로 지배되었다.

그리스 헬레니즘 시기에 기본적으로 구분되는 두 그룹이 존재하였는데 한쪽은 자유인이고 다른 한쪽은 이방인과 여성, 아이, 노예이다. 이 중에서 노예는 오랫동안 강압적 권력 행사가 행해진 대표적인 형태이다. 노예는 자유와 권리를 빼앗긴 사람으로 타인의 소유가 되어 재산이나 가축처럼 취급되는 소외된 자이다. 노예제도는 북유럽에서는 11세기, 남부 유럽에서는 16세기까지도 존재하였으나 흑인 노예무역은 19세기 초에 유럽과 미국에서 금지되었다.[4] 그리고 교회나 대부분의 계몽주의 후계자들도 이 제도를 비난하지 않았다.

노예제도가 사라진 봉건사회에서도 신분제도는 존속하였다. 신분제도는 혈통과 가문, 직업상의 지위와 교양, 재산과 권력 등에 근거한 차별적인 사회평가와 처우를 하는 제도를 말한다. 신분제도에서는 신분에 따라 정치적 출세는 물론 사회적 지위와 생활양식을 차별적으로 강제하였다. 예로 특권층은 지주층과 관료층이며, 피지배층은 생산직으로 통혼과 교제는 물론 조세와 병역 등 많은 부문에 있어 차별을 받았다. 이러한 신분제도의 붕괴는 근대 들어 상공업의 발달로 빠르게 해체되었다. 토지를 기반으로 한 봉건사회에서 재산 축적은 특권층에게만 용납되었으며, 무역과 상거래에 의한 부의 축적과 같은 욕망은 기독교적 집단 윤리에서는 부도덕한 저주받을 행위로 간주되었다. 그러나 근대사회가 발전하면서 신분제는 해체되고 모든 인간은 인권을 가진 존재로 신분제의 구속과 차별에서 벗어난 자유인이 되었다. 그러나 상공업을 중심으로 생활하는 산업사회에서 사유재산이 없는 사람들은 돈과 권력에 의해 자유를 제한당하고 소외되기 쉬운 존재가 되었다.

근대 들어 이러한 현상은 인종개념에서도 나타난다. 인종(Race) 개념은 15세기 말 프랑스에서 처음 사용되고 16세기 혈통이나 가축을 구분하는 개념으로 사전에 등록되었다. 이 시기는

4 크리스티망 들라캉파뉴 저, 하정희 역, 『인종차별의 역사』, 예지, 2013, 165 참고.

이베리아반도에서 이슬람 세력이 축출된 시기이고, 유럽인이 아메리카대륙을 발견한 시기이다.[5] 이 시기에 유럽 학자들은 피부를 달리하는 인종들은 따로 분류하고 평가의 대상으로 사용하였고, 이러한 개념은 19세기 후반과 20세기 초반에 프랜시스 골턴(Francis Galton)의 우생학과 사회진화론으로 이어졌다. 이러한 사회문화적 배경은 20세기에 들어 인종차별이나 집단학살과도 관련이 있다. 20세기 초 터키 아르메니아인이나 독일 유대인 등에게 일어난 집단학살도 소수 인종과 민족의 종교 및 이념 등에 기초한 갈등과 연관이 있다. 인종과 종교의 차이에 기초한 인종차별은 600만 명에 이르는 유대인 대학살은 물론 아르메니아인 대학살 등 많은 집단학살의 결과를 초래하였다. 그리고 집단학살이 국제법상 범죄로 규정된 20세기 후반에도 캄보디아, 구 유고슬라비아, 르완다에서의 대학살 등이 존재하였다. 제노사이드처럼 독재정권은 권력을 유지하기 위해 소수 인종과 민족의 인권을 무시하고, 이를 권력 유지에 이용하는 경우가 많았다. 이들은 권력을 잡아 사회 희소가치를 누리고자 하였다. 그러나 거대 권력집단이 아닌 개개인으로 놓고 보면 600만 명을 학살하고도 생활방식과 사고방식이 악마가 아니라 평범한 옆집 아저씨와 같았다.[6]

근대사회에서 권력의 또 다른 사회적 원천은 국가 통치조직

5 크리스티앙 들라캉파뉴 저, 하정희 역, 『인종차별의 역사』, 예지, 2013, 184~202 참고.

6 한나 아렌트 저, 김선욱 역, 『예루살렘의 아이히만』, 한길사, 2006, 77~80 참고.

이다. 모든 국가 통치조직은 피라미드식의 위계 구조를 가진다. 국가는 통치를 위한 거대한 위계적인 피라미드식 조직을 필요로 하고, 이러한 조직의 정점에 권력은 집중된다. 그리고 조직의 특성에 따라 권력은 차이를 보이고, 조직 부서에 따라서도 차이를 보인다. 예로 승진, 돈, 형벌과 관련된 인사, 조세, 치안을 담당하는 부서는 다른 부서보다 많은 권력을 가진다. 그리고 근대 민주사회에서 권력 구조는 이전과 구분되는 특성을 보이고, 민주주의의 발달 정도와 국가 특성에 따라 차이가 있다.

근대사회는 산업혁명을 전후한 시기부터 인구와 조직이 크게 확대되었고, 조직 특성도 크게 바뀌었다. 특히 계몽주의 사상에 의해 생명과 자유의 중요성에 대한 인식 전환으로 민주주의가 발달하고, 산업혁명으로 사회가 발달하면서 도시는 확대되고 조직은 분화되어 복잡해졌다. 인권 존중 사상과 사회변동에 따라 권력도 다양하게 분화되었고 그 형태도 계속 변화하였다. 베버에 따르면 근대사회에 들어 전통적, 카리스마적 권력은 줄어들고 합법적 권력이 지배적인 형태로 계속 바뀌었다. 합법적 권력은 전통적 권력과는 달리 신분적으로 모든 사람은 평등하고 생명권을 가진 자유로운 존재라는 것을 전제한다. 역사적으로 권위적인 문화에서는 합법적 권력이 형식적으로만 존재하며, 민주주의 발달에 따라 합법적 권력은 강화되는 경향이 있다. 합법적 권력은 그 원천이 법이나 규범에 기초하며 계약 기간과 근무 동안에만 작동한다. 모든 권력은 법이나 규범으로 계약되고 문서화 된 규범집의 권한에 기초한다. 이를 넘어서면 초법적 권력이 되고 정당성을 잃게 된다. 그리고 다수의 사회 성원들이 제기하는 제도문제에 의해서도 권력은 정당성을 상실한다. 현대사회에 나타난 억압적 권력의 형태를 국가 조직과 언론기관의 예들을 중심으로 살펴보면 다음과 같다.

국가 단위의 권력은 과두제에서 나타난다. 국가는 합법적인 규정에 기초한 법적 목표를 가지나 권력을 차지한 사람들은 법적인 목표보다 자신들의 이익이나 권력의 유지를 우선적인 목표로 삼는다. 국가의 소수 권력자에 의한 지배는 다양한 형태의 폭력적 학대로 나타났다. 현대사회에서 국가는 군대와 경찰을 독점하고, 특히 독재정권은 권력을 유지하기 위해 폭력을 행사한다. 독재정권의 경우 긴급조치나 계엄령을 발동하여 언론을 통제하고 긴장을 조성하여 정당성을 확보하고 자신들의 권력을 유지하려 한다. 많은 국가에서 이러한 방법으로 권력은 사용되었으며, 일부 사회 성원들은 무력한 형태로 소외되었다. 이러한 권력은 '국가적 공식행위', '복종을 하는 것이 의무', '이기면 훈장, 패배하면 교수대' 등의 표현과 같이 조직적으로 정당화되었다. 예로 전쟁 시에 군대에서 사병의 강제적 파견도 정당화된 권력이다. 국가가 결정하였기 때문에 조직 성원은 따라야 한다. 미군 병사들의 조사에 의하면 사병들의 전쟁참여에 대한 회의감은 이데올로기적 정당화에도 불구하고 존재하였다.[7]

7 프릿즈 파펜하임 저, 진덕규 역, 『현대인과 소외』, 학문과 사상사, 1982, 70~71 참고.

현대사회에 들어 대중매체가 발달하면서 언론은 사회에 매우 중요한 역할을 한다. 언론은 사회감시, 사실의 해설, 문화 전승, 오락 등 다양한 역할을 한다. 이 중에서 권력과 관련된 역할은 사회감시와 관련된 보도기능이다. 언론의 보도기능으로 인해 사람들은 유명해지기도 하고 낙인찍히기도 한다. 언론은 여론을 주도하고, 이데올로기를 형성할 수 있다. 그래서 통치 권력은 언론을 장악하고 통제하려 한다. 현대사회에서 언론은 체제에 따라 성격이 다르다. 현대사회에서 국가나 지방자치 단체의 대표는 민주적 방법으로 선출된다. 국가 원수와 같은 지위는 많은 특권을 가지며, 권력을 잡기 위해 여론전을 거쳐 대표로 선출된다. 민주주의 발달 정도에 따라 선거 과정에서 여론전은 권력에 의해 조작되기도 한다. 1997년 한국의 대통령 선거 직전에 일어난 총풍사건이 그 예이다. 이 사건은 남북 간의 이데올로기적 갈등을 국가 권력이 이용하여 여론을 조작하려는 시도를 폭로하면서 알려졌는데, 이는 초법적인 권력의 왜곡된 모습을 보여준다.[8] 역사적으로 보면 공동체보다 정권이나 집단의 생존이 우선하는 경우에 권력의 왜곡된 모습은 보편적으로 나타난다. 공동체를 위해 집단이나 정권이 존재한다는 것은 당위적 입장에 불과하고 실재와는 차이가 존재한다. 그러므로 견제되지 않은 권

8 선거와 여론조작의 예로 1997년 대선에서의 총풍사건을 들 수 있다. 총풍사건은 특정 정당의 대통령 후보의 지지율을 높이기 위해 중국 베이징에서 북한 참사를 만나 휴전선 인근에서 무력시위를 요청한 혐의로 기소된 사건이다.(위키백과 총풍사건/1997년 대선 관련 김어준 뉴스 공장 인터뷰 내용)

력은 불법적이고 폭력적인 권력이 된다.

그리고 언론은 사람들에게 위신을 부여할 수 있는 중요한 권력기관이다. 언론은 모든 것을 보는 파놉티콘과 상위계층들도 감시하는 시놉티콘의 역할을 한다. 여기서 중요한 것은 언론이 사실뿐만 아니라 사실과 연관된 추측 기사들을 전달함으로써 개인의 자유를 크게 손상할 수 있다는 점이다. 이는 범죄와 관련된 경우 특히 그렇다. 경찰과 검찰이 수사와 기소 기관으로 아직 밝혀지지 않은 범죄 혐의들을 다루고 이들을 언론이 보도하여 여론재판을 한다. 재판에서 무죄로 밝혀져도 어쩔 수 없이 여론재판을 받는 사실은 회복되기 어렵고 개인의 인권도 복원될 수 없다. 일방적인 잘못된 기사를 막기 위해 언론중재위원회가 있어 정정 보도가 가능하나 이미 인권을 침해한 사실은 되돌리기 어렵다.

2) 미시권력과 소외

국가 조직들에 있어 권력은 조직별로 차이가 존재한다. 인사, 재정과 조세, 치안과 형벌을 담당하는 조직은 다른 조직보다 많은 권력을 가진다. 돈을 가진 사람들은 철장 신세를 면하기 위하여 권력을 가진 사람과 돈으로 연결하여 부정을 무마하려 하고, 권력을 가진 사람들은 권력을 이용하여 돈을 얻으려 한다. 이러한 권력에는 뇌물이나 향락, 그리고 갑질들이 수반되기 쉽다. 권력의 사용은 돈에만 한정된 것은 아니다. 인사권을 행사하거나 비리를 조사하는 기관들에도 권력은 행사되고 불법적인 행위들이 행해진다. 인사권이나 비리 수사로 권력을 행사하는 국가 기관으로 국가 행정부, 정보기관, 검찰과 경찰 등 다수를 들 수 있다. 그리고 입법기관처럼 이권, 인사, 처벌 관련 규정을 만드는 조직들도 청탁이나 뇌물로부터 자유롭기 어렵다. 지방정부나 조직체의 장과 같은 지위들도 작은 권력 집단이다.

이처럼 권력은 사회 희소가치와 밀접한 연관을 가진다. 그러므로 사회 희소가치와 관련된 권력에 대한 견제는 필수적으로 요구된다. 예로 현 정부의 검찰개혁은 사회 성원의 생사여탈을 쥔 검찰의 권력을 줄이려는 것이다. 표적, 별건, 강압, 과잉 수사는 많은 인권 관련 문제들을 낳고 있다. 이로 인해 개혁은 수사와 기소의 권리를 경찰과 검찰로 나누고 분리하여 불필요한 권력을 축소하려는 것이다. 그리고 법무부와 검찰청의 불균형적인 위상을 바꾸려는 것이고, 검찰의 권력으로 인한 비리를 감시할 기구를 마련하려는 것이다. 민주주의에서 국민의 세금으로 운영되는 기구는 국민을 위해 존재해야 한다. 과거의 특권에 기초한 엘리트주의적 권위주의는 민주주의로 바뀌어야 한다. 이는 권력을 지닌 모든 국가 기관들에 적용되며, 조직 권력은 사회 성원들을 위해 봉사하는 소외되지 않는 권력이어야 한다.

다음으로 조직 및 집단과 개인들의 초법적인 권력의 사용을 보자. 조직 및 집단 폭력으로는 국가 조직 외에도 대기업의 하청기업 갑질, 회사 사주의 노동삼권 불인정과 인권침해, 노조의 횡포, 학생 체벌, 가정폭력 등 다양하다. 조직 간 관계에서 거대자본과 영세자본은 거래의 위계화로 인해 권력 관계가 존재한다.

기업조직의 위계화에서 대기업은 하도급 기업에 계약 관계를 유지하는 조건을 담보로 권력을 행사한다. 이러한 관계는 기업 간 노동자들의 임금이나 노동조건에서도 큰 차이를 낳게 한다. 이러한 현상은 제조업에서만 국한되지 않는다. 20세기 후반 들어 소비사회의 발달로 서비스 기업은 대형화되었고 많은 가맹점을 가진 수직적 형태로 변화되었다. 이러한 현상의 증대로 사업체의 위계관계는 강화되고 있으며, 위계관계는 국가에 따라 차이가 있지만, 힘의 관계에 기초해 착취와 갑질로 이어지는 경우가 많다.

조직 내에서의 권력 관계를 보면 이들은 인간관계에서 지위에 따른 차이나, 개인의 능력이나 특성에 의한 차이로 발생한다. 개인적인 상호작용에서 권력의 원천은 조직에서 합법적 권력, 전문적 지식에 기초한 전문적 권력, 이데올로기 등에 기초한 준거적 권력, 보상 능력에 기초한 보상적 권력, 대인관계, 힘에 의한 강압적 권력 등 다양하다. 합법적 권력, 전문적 권력, 대인관계 등은 제도적 문제가 없으면 폭력적 권력으로 연결되지 않는다. 그러나 보상적 권력, 준거적 권력, 강압적 권력은 폭력을 수반하고 저항에 부닥치기도 한다. 노사 간의 권력 관계는 사용자가 고용과 해고뿐만 아니라 임금과 노동조건을 결정하는 힘을 행사함에 따라 발생한다. 노사갈등 관계에서 노동권의 발달로 사용자는 폐업할 수 있고 노동자는 단체행동을 할 수 있다. 그러나 사용자가 폐업하면 노동자들은 생존문제에 직면한다. 이러한 노사 간의 권력 관계는 산업사회에서 일어난 수많은 부당해고,

노동 통제, 노사분규 억압들로 알 수 있다. 최근 노사관계에서 발생한 소외현상으로는 최장기간 고공농성을 진행한 노사분규가 있다. 이 사건은 회사폐업과 매각에 항의해 공장 재가동과 복직을 요구하며 시작되었다. 고공농성은 408일간 계속되었고 결국 요구조건에 대해 모회사와 합의하였다. 그러나 회사는 다시 폐업하였고 다시 시작한 고공농성은 426일 동안 이어졌다. 이처럼 권력 관계는 힘의 역학적 관계로 갈등을 야기하고, 힘이 없는 경우 소외되기 쉽다.

권력 관계는 제도의 미비로 관례화되어 다수가 묵인하다가 민주주의의 발달로 개선되기도 한다. 1980년대 후반 민주화 이후 여성 인권과 학생 인권은 제도화되었다. 즉 1989년 가족법의 개정으로 이혼배후자의 재산분할청구권, 이혼 부부의 자녀 양육에 대하여 부모 평등 면접교섭권이 신설되었다. 그리고 재산 상속제도는 직계비속이면 아들딸, 장남 차남, 기혼 미혼 관계없이 균분 상속으로 개정되었다. 가부장적인 제도로 인한 차별은 여성의 자녀 양육권과 재산분할청구권으로 크게 완화되었다. 김대중 정권 들어 학교에서의 학생 인권 실현을 위한 체벌 금지는 한동안 교실붕괴 현상으로 이어졌다. 전통적으로 학생 교육의 한 형태였던 체벌은 민주화에 의한 학생 인권의 강화로 불법이 되었다. 교실붕괴 현상은 교사의 학생 체벌이 금지되고 학생들을 통제할 방법을 찾지 못하여 교실에서의 질서가 무너진 것이다. 학생 인권 강화로 당연시되던 교사의 체벌은 폭력이 되고 새로운 교실문화가 형성되고 있다.

이러한 현상으로 알 수 있는 것은 권력 원천이 개인의 특성보다 사회와 연관되어 있고 매우 다양하다는 점이다. 권력 발생은 제국과 주변 국가 간의 힘의 관계, 신분제나 인종차별 문화 등의 사회 · 문화적 특성에 기인한다. 그리고 권력은 국가나 거대 사업체의 피라미드조직에서의 최고 지위들이나 인사 · 재정 · 형벌과 관련된 조직의 부서들에서 발생한다. 집단과 개인 차원에서는 보상적 자원을 점유하거나, 권위적 문화로 인한 성차별, 아동이나 학생에 대한 차별행위들을 권력에 의한 소외현상으로 들 수 있다.

권력의 사용에 따른 소외현상은 근대 들어 인권사상의 발달은 물론 산업사회의 발달에 따른 사회변동과 밀접한 연관이 있다. 사회변동의 특성은 공동의 믿음에 기초한 기계적 연대에서 분업에 기초한 유기적 연대로의 변화이다. 유기적 연대사회는 인간에게 자본주의와 민주주의의 발달로 자유를 주었다. 현대인은 공동체의 해체와 개인주의 발달로 자유를 얻었으나 자본주의에서 자본이란 사회 희소가치의 차이로 새로운 폭력적 권력에 직면하여 소외된 존재가 되고 있다. 현대사회에서 민주주의와 자본주의는 공존하나 모순적이다. 민주주의의 발달로 국가의 폭력적 권력은 축소되고 있으나 자본주의 발달로 노동과정에서의 폭력적 권력은 강화되고 있다. 자본주의가 민주주의에 선행하면 인간의 소외현상은 극복하기 어렵다. 인권과 사회적 합의에 기초한 민주주의가 실현된다면 폭력적 권력에 의한 소외현상은 줄어들 것이다.

6장
환경문제와 소외

환경은 사전적 의미로 생활하는 주위의 상태 또는 생물에게 직접 간접적으로 영향을 주는 자연적 조건이나 사회적 상황을 말한다. 인간을 중심으로 볼 때 환경이란 인간이나 사회집단에 영향을 미치는 자연적 조건이나 사회적 상황을 말한다. 인간은 다른 생명체와 달리 사회를 만들고 발달시켜 줄곧 환경을 변화시키면서 생활한다. 환경변화에 가장 큰 영향을 미치는 요인은 인간의 고등사고력에 기초하여 지속적으로 발달하는 기술의 변화이다. 역사에서 근대사회의 기술발달은 양이나 질적인 측면에서 이전의 기술발달과는 매우 큰 차이가 있다. 산업혁명 이후의 2차, 3차, 4차 산업혁명에 의한 급속한 기술발달은 사회변동으로 이를 증명한다. 예로 4차 산업혁명의 인공지능(AI) 기술은 인간의 사고력에 버금가는 로봇 기계들을 만들고 있다. 이 기계들은 인간보다 기억과 계산력이 뛰어나고, 이들을 바탕으로 사고하는 기계로 발달하고 있다. 즉 인간이 만든 기술발달이 자연과 사회환경에 큰 변화를 가져온 것이다. 기술발달은 인간이 의도한 대로 인간과 사회를 안전하게 하거나 편안하고 아름답게 만들기도 하지만, 인간에게 위협적이고 환경에 부정적 영향을 미치기도 한다. 여기서는 인간이 만든 사회 환경이 인간에게 부정적 영향을 미치는 현상, 이를 소외현상으로 보고 환경문제를 살펴보자.

환경문제는 기술발달뿐만 아니라 이와 관련된 다양한 요인으로 발생한다. 인간은 철기문화의 발달로 농경사회를 형성하면서 잉여생산물을 가지게 되었고, 이를 교환하고 통제하며 분배하는 과정을 통해 갈등하면서 사회분업이 발달하게 되었다. 이로 인해 도시가 발달하고 교환을 관리 통제하는 정치조직이 분화하고 발달하였다. 인간사회에서 최초의 환경문제는 인구의 집중 때문에 발생하였다. 인간이 자연 속에 흩어져 생활할 때 자연스럽게 해소되었던 배설물을 포함한 생활 쓰레기 등의 오물들이 인간의 도시집중으로 인해 해소되지 못하여 문제가 되었다. 인간이 모여 살 때 상하수도 시설이 마련되지 않으면 인간과 소·말들의 배설물과 쓰레기들로 환경오염이 발생한다. 이는 도시가 커질수록 심각한 환경문제를 낳는다. 이러한 현상은 인간뿐만 아니라 가축 사육장에서도 나타난다. 대형 가축농장이 일반화된 현실에서 소와 양의 방귀나 트림에서 나오는 메탄가스는 지구 온난화의 주범으로 주목받고 있다. 즉 자연환경이 자연스럽게 해소할 수 있는 정도를 넘으면 환경문제가 발생하고, 그 문제를 처리할 수 있는 기술이 발달하지 않으면 환경문제는 심각해진다.

산업혁명은 전통적 사회와는 다른 환경오염문제를 만들었

다. 산업혁명에 의한 기술발달은 사용 에너지의 변화와 생활용품들을 가공하는 과정에서의 화공약품처리로 인해 환경오염문제를 발생시켰다. 에너지기술의 발달은 산업혁명 이전의 물과 바람과 같은 자연력이나 가축이나 인간의 힘을 이용하는 형태에서 화석연료를 사용해 전기에너지를 얻는 형태로 바뀌었다. 이러한 화석연료에 의한 에너지는 기계를 돌리거나 교통수단의 동력으로 사용되었다. 화석연료는 석탄과 석유, 천연가스 등으로 이산화탄소와 환경오염 화학물질들을 발생시키는 요인이 되었다. 그리고 오늘날 원자력 에너지는 방사선과 핵폐기물 처리의 문제를 안고 있다.

인간이 생활에 필요한 물품들과 이들을 생산하는 기술은 지속해서 확대되고 발달하였다. 기술발달은 방직산업과 같은 경공업에서 중화학공업으로, 중화학공업에서 전자산업과 정보산업 등으로 획기적으로 이루어졌고, 생활용품들은 지속해서 확대되었다. 이러한 생활용품 확대와 중간재 기계들의 생산과정은 에너지 연료와 더불어 환경오염을 가속하는 주범으로 작용한다. 그뿐만 아니라 생산된 물품을 유통하고 소비하는 과정도 문제이다. 생산된 물품은 판매를 위해 포장되는데 이들은 모두 생활쓰레기로 버려진다. 즉 소비로 인해 고장 난 생활용품과 포장지들이 매일 생활 쓰레기로 변하여 환경오염의 요인이 되는 것이다. 그러므로 환경문제의 원인이 되는 요인들을 도시화, 기술발달, 자본주의 등으로 나누어 살펴보려고 한다.

1. 도시화와 환경문제

인간의 역사는 도시사회가 점차 발달하는 방향으로 변화하였다. 이러한 현상은 생산력의 증대와 밀접한 연관이 있다. 자급 자족적인 원시사회에서는 도시가 존재하지 않았다. 이 시기는 자연환경의 차이에 따른 생산물의 차이를 극복하기 위한 교류가 부분적으로 존재하였다. 그러나 생산력의 향상으로 잉여생산물의 교환이 활발해지면서 도시는 발달하기 시작하였다. 윌슨(Robert A. Wilson)과 슐츠(David A. Schulz)는 『도시사회학』에서 도시의 역사를 정착지가 존재하지 않았던 민속사회 시기(기원전 3500년 이전), 전산업정착지 또는 봉건적 정착지 시기(기원전 3500~1750), 산업도시(1750~1900), 거대복합도시(1900~현재) 시기로 구분하면서 도시사회가 지속해서 발달하여 왔다고 설명한다.[1] 그들에 의하면 민속사회 시기는 수렵채집사회로 씨족과 부족 중심사회이며 확대가족과 친족 사회이다. 그리고 대부분 영구 정착 없이 이동 생활을 하면서 씨족 또는 부족들 간의 갈등과 긴장 관계가 존재하였다. 사회생활은 나이와 성에 의한 분업으로 이루어지는데, 확대가족은 생산과 소비의 단위로 주술과 토템에 기반한 전통과 관습에 따라 행동하고, 교육은 가정과 집

1 R. A. 윌슨 · D. A. 슐츠 저, 유시중 외 역, 『도시사회학』, 경문사, 1988, 43~51 참고.

단생활에서 일상생활과 관련된 지식의 전달 형태로 이루어졌다.

전산업정착지 또는 봉건적 정착지 시기는 도시가 형성되어 농촌과 도시가 공존하는 시기이다. 이 시기는 농업사회로 대부분 사람은 농촌에 살고 일부 사람들이 도시에 거주하였다. 인간은 약 5,500년 전부터 도시에서 살기 시작하였다. 이 시기는 농업 중심의 사회였으나 농사에 관계하지 않는 다양한 직업집단이 존재하였다. 아울러 천문학, 수학, 물리학 등의 학문이 존재하여 이들 학문을 교육하였으며, 효율적인 경작 계획과 건물과 사원의 건축설계 등을 위한 측정과 예측과학이 발달하여 문자와 기술적 다양성이 존재하였다. 전문 예술가들에 의해 만들어진 그림, 조각, 건축물 등 예술품들이 창작되고, 토지 소유 기록과 관료의 보수 등도 기록하였다. 이들 전문가 집단들은 그들의 지식에 의해 생성된 산물들을 농업 잉여생산물과 교환하였으며, 규모는 크지 않지만, 인구가 집중된 도시가 존재하였다. 이 시기는 수렵채집사회와 달리 지리적 경계로 시민권을 인정하고 보호하였으며, 공공건물과 기념물들이 도시에 존재하였다. 이 시기는 이전 사회보다 잉여생산물이 존재하여 교역이 증대하였으며 직업적 분업이 심화하였다. 이 시기에는 정치적 종교적 지도자, 상인과 무역상, 농노와 노예 등의 세 가지 기본계층이 존재하였고, 상층계급 중심으로 종교와 철학 교육이 이루어졌으며, 장인과 상인이 혁신을 주도하고, 하층계급과 농노들은 도시 외곽지역에 거주하였다. 가족 형태는 확대가족이 많았으며, 가족은 여가와 직업의 구심점이었고 자녀의 사회화 기관이 되었다. 가족의 출신과 연관된 귀속적 기준에 의해 사회적 지위가 결정된 이 사회는 혈통 중심의 사회였다. 이처럼 도시는 사회 희소가치가 집중되는 장소로, 지식인을 포함하여 다양한 전문인들이 거주하는 상당한 크기와 높은 인구밀도를 가진 공동체이다.[2]

산업도시 시기는 1500년 또는 산업혁명 이후의 시기이다. 전 산업도시에서 서구 산업도시의 발전에는 5천 년(기원전 3500~1500)이 걸렸다. 산업도시 이전에는 세계 인구의 대부분이 농촌에 거주하였으며, 1500년 이전에는 만 명 이상의 인구를 가진 도시는 극히 드물었다. 농업을 중심으로 한 농경사회는 매우 오랫동안 지속하였고 행정이나 상업을 중심으로 한 도시들은 많지 않았다. 그러나 신대륙 발견 이후의 상공업 발달과 산업혁명 후 공장제도와 대규모 산업의 발달은 급속한 도시화와 사회경제적 변동을 수반하였다. 산업혁명 이후 상공업도시의 발달은 이전과는 다른 형태를 보였다. 산업혁명과 농업혁명으로 인구는 급증하였고, 도시 인구도 증가하기 시작하였다.

위키피디아(Urbanization/history)에 따르면 1800년까지 도시 인구는 15%를 넘지 않았다. 영국은 농업과 산업혁명으로 19세기에는 인구 증가와 도시로의 인구이동으로 전례 없는 도시화의 경향을 보였다. 잉글랜드와 웨일스에서 2만 이상의 도시에 사는 인구는 1801년 17%에서 1891년 54%로 증가하였다. UN에 따르면 이러한 도시화 현상은 산업사회의 발달로 지속적으로 이루어져

2 R. A. 윌슨 · D. A. 슐츠 저, 유시중 외 역, 『도시사회학』, 경문사, 1988, 49 참고.

2007년 세계 인구의 50% 이상이 도시에 살고 있다.

도시의 발달은 인간의 고등사고력에 기초한 기술발달과 밀접한 연관이 있다. 기술발달과 더불어 잉여생산물의 증가로 시장과 행정 관련자, 지식인과 예술인들이 도시에 거주하면서 도시들은 발달하였다. 그리고 상공업이 발달하면서 상공업도시들이 발달하였고, 대량생산기술과 매스컴 등과 같은 산업과 교통 및 통신의 발달에 따라 거대도시들이 형성되었다. 농경사회에서는 도시 인구가 적었으나 오늘날 산업화한 국가들의 도시 인구는 70%를 넘어서고 있다. 그리고 도시에는 항시 상류층 지역과 빈곤층 지역이 공존한다. 도시는 인간이 만든 생산 및 창작물뿐만 아니라 권력, 재화, 명예 등의 사회 희소가치가 집중된 곳이다. 도시는 종교 및 정치, 경제와 기술, 지식과 교육, 예술과 문화 등이 집적된 사회의 중심지이다. 도시는 강, 해안, 평야 등과 같이 교통이 편리한 지역에 대부분 형성되었고, 직업과 계층의 분화가 심하고, 질서유지나 합리성, 강제성, 효율성에 기초한 사회로 비인간화 현상이 심한 사회이다. 그리고 도시는 다양한 분류의 이질적인 사람들로 구성되어 개인적 소외와 범죄가 잦고, 법에 따른 통제나 규범적 생활이 요구되는 곳이다. 그러나 도시사회는 다양한 직업과 취향을 가진 사람들이 모여 사는 곳으로 익명성과 자유가 주어지는 곳이고, 개인적 독창성과 다양성이 인정되는 곳이다. 도시는 수많은 상품과 상가, 행정기관과 교육 시설, 건물들과 전시관, 공원과 위락시설 등 창조와 풍요의 상징이고, 실업자와 빈민가, 갈등과 범죄, 복잡성과 환경오염 등 소외된 공간이기도 하다.

도시는 인간들 사이의 물질적 관계, 물질 간의 사회적 관계를 보여주는 대표적인 공간이고, 역사는 이러한 도시가 인구의 증가 현상처럼 서서히 증대하다가 산업혁명 이후 급속히 증가하는 현상을 보여준다. 즉 가족, 친족, 믿음공동체 사회는 해체되고 조직, 관료제, 이익공동체가 발달하는 형태로 변화하고 있다. 도시화 및 산업화로 가정과 직장이 분리되고 임금노동이 증대하면서, 가족구조는 친족이 아닌 익명의 다수가 모여 사는 도시지역의 핵가족으로 변동하였다. 그리고 전통적 형태와 구분되는 분화된 교육체제를 비롯한 사회체계가 점차 발달하였다. 상공업의 발달로 도시를 중심으로 분업구조가 심화되고, 위계적이고 수평적인 유기적 연대는 확대되었다. 그리고 1900년 이후에는 거대사업체의 증대와 교통통신의 발달로 100만 이상의 인구가 거주하는 거대복합도시인 메트로폴리스가 확대되고 메트로폴리탄이 형성 확대되었다. 그리고 20세기 후반에 시작된 정보사회와 더불어 대도시는 더욱 많아지고 있으며, 정보사회 관련 사회특성들은 사회구조와 사회 환경을 크게 변화시키고 있다.

산업사회의 발달은 인구의 도시집중 현상으로 인해 환경문제를 가속화하였다. 도시는 상공업 관련 공장과 사업체들이 모여 있고, 이들이 유기적으로 연결되어 있다. 따라서 도시는 인구집중, 교통, 공업, 판매업과 소비 등과 관련된 환경오염 문제가 발생하는 곳이다. 급작스러운 인구의 증가와 도시화는 환경문제를 유발했다. 산업화 초기 런던의 경우 급속한 인구 증가에 의한 배설물의 하천 방류로 템스강은 오염되고 저지대 사람들은 악취로 고생하였다. 그리고 지금의 개발도상국들도 하천오염을 겪고 있다. 이러한 현상은 하수처리를 위한 정화조가 발달할 때까지 피할 수 없게 된다. 일정 지역에 인구가 집중하는 현상은 배설물의 자연적 순환을 막음으로써 환경문제를 일으킨다. 그러므로 인구집중으로 인한 환경오염문제를 해결하기 위해 상수도 시설은 물론 자연적으로 분해될 수 없는 인간의 배설물을 정화할 수 있는 하수도와 정화시설이 요구된다.

그리고 도시의 수많은 교통수단은 환경오염물질인 화석에너지로 움직이고, 거주지와 사업체의 온난방시설과 공장의 기계들도 화석에너지나 원전에너지로 움직인다. 그러므로 환경오염문제를 해결하기 위해 친환경 에너지의 개발이 요구되고 있다. 그리고 공장에서 제조되는 많은 상품은 화공약품의 처리에 의한 오염으로 오염물질을 정화하는 시설이 필요하고, 수많은 인구가 매일 배출하는 생활 쓰레기를 처리할 수 있는 환경 관련 문화와 정책 그리고 시설이 필요하다. 즉 현대사회는 인위적으로 만들어진 오염물질들을 처리할 수 있는 기술과 문화 그리고 사회제도를 요구한다. 이러한 요구에 부응하지 못할 때 도시는 어쩔 수 없는 환경오염을 겪게 된다.

2. 기술발달과 환경문제

인간은 역사적으로 오랫동안 자연에 적응하면서 살 수밖에 없었다. 자연에 순응하면서 많은 자연재해와 질병 그리고 빈곤을 경험하면서 생활하였다. 그러나 인간은 다른 동물과 달리 고등사고력을 가진 존재로 점차 기술발달을 기반으로 사회를 확장하여 사회와 더불어 생활하고 있다. 특히 근대 이후에 기술발달과 더불어 사회는 크게 변화하였다. 인구와 도시 거주 인구는 빠르게 증가하였고, 사회는 이전과는 구분되는 형태로 바뀌었다. 즉 기계적 연대의 사회는 유기적 연대의 사회로 바뀌었고, 민주주의와 자본주의는 동시에 발달하였다. 기술은 근대 이후 빠르게 발달하다가 19세기 후반 이후 더욱 급속하게 발달하고 있다. 기술발달은 산업발달뿐만 아니라 도시사회를 크게 확장하였고, 그리고 산업화에 필요한 화석 및 핵에너지, 화공약품의 사용, 소비사회의 발달 등으로 많은 환경문제를 초래하고 있다.

환경문제의 원인은 도시화, 기술발달, 자본주의 등 다수의 요인을 들 수 있다. 자본주의에 대해서는 다음 글에서 다룰 것이므로 여기서는 기술발달과 이와 관련된 환경문제에 대해 살펴보고자 한다. 영국의 18세기 후반 농업혁명은 농업기술의 발달, 농업경영방식의 변화, 이와 관련된 인클로저 운동이다. 사료작물의 재배, 윤작 농업, 가축 개량, 자본주의적 대농장 등 농업 방식 변화는 인클로저 운동의 결과로 산업혁명과 더불어 도시화를 촉진하였다. 도시발달과 연관된 영국 농업혁명 당시 대농장의 증대는 새로운 환경문제를 발생시켰다. 상업적 목적의 대규모 농업과 대규모 가축사육은 비료와 배설물로 인해 환경문제를 일으켰다. 농축산물의 대량생산은 토지의 황폐화를 초래하였고, 영양분을 보충할 구아노와 합성 비료가 필요하였다. 이러한 필요성에 이론을 제공한 사람은 독일학자 리비히(Justus von Liebig)였다. 그는 식물 성장에 탄소, 수소, 산소, 질소, 인, 칼륨 등이 필요함을 밝히고 자연적으로 얻기 어려우면서 훼손된 토양에 필요한 질소, 인, 칼륨의 개발 필요성을 체계적으로 설명하였다. 그리고 1840년대부터 20세기 초까지 인, 칼륨, 질소 등의 합성 비료 공장이 설립되었다. 대규모 농업을 위한 과다한 합성 비료의 사용은 질소, 인, 칼륨 등의 방류로 하천과 바다의 오염을 초래하였으며, 살충제와 제초제의 사용도 영양분의 자연적 순환을 막고, 생명을 위협하고, 환경오염을 초래하였다.[3] 환경오염은 도시화와 상업화에 의한 집중화 현상과도 연관이 있지만, 이처럼 기술의 발달과도 밀접한 연관이 있다.

기술발달은 환경문제를 초래한다. 도시 환경오염은 도시 생활을 위한 상하수도와 하수처리장과 같은 기술과도 연관이 있지만, 산업혁명에 의한 생산 및 소비생활에 연관된 기술과 밀접한 연관이 있다. 산업혁명은 생산기술에 있어 획기적인 변화를 가져왔다. 생산기술의 획기적인 변화는 에너지기술과 가공기술

3 존 벨라미 포스터 저, 추선영 역, 『생태계의 파괴자, 자본주의』, 책갈피, 2007, 250~254 참고.

에 있어 변화를 의미한다. 에너지기술의 변화는 자연력, 축력, 인력에 의존하였던 에너지를 기계 엔진에 동력을 전달할 수 있는 화석연료를 사용하는 것을 말한다. 화석연료는 석탄, 석유, 천연가스 순으로 사용되었는데 이들은 이산화탄소를 포함한 다양한 화학물질의 대기 배출로 건강과 지구 온난화와 같은 환경문제를 일으키는 주범이 되고 있다. 특히 공장과 자동차 산업의 발달은 대기를 오염시키는 주범이 되었으며, 공장은 물론 도시 또는 인근 지역과 다른 국가에도 매우 큰 영향을 미치고 있다. 과거 영국의 런던 스모그에서 얼마 전 중국의 베이징 스모그에 이르기까지 대규모 공업 도시들은 이러한 문제를 경험하였고, 현재의 개발도상국들은 심각한 대기오염 문제를 가지고 있으며 지구 온난화 논쟁의 대상이 되어 있다. 그리고 20세기 후반에 대체에너지로 일시적으로 거론되었던 핵에너지도 방사능과 방사능 오염물질의 핵폐기물로 환경문제를 일으키고 있다. 1986년 소련 체르노빌 원자력발전소 폭발 사고는 방사능 누출로 많은 암 환자와 사망자 그리고 이재민을 낳았으며, 유럽 전역과 일부 아시아에도 영향을 미쳤다. 또한 2011년 지진으로 인한 후쿠시마 원자력발전소 폭발 사고의 결과, 많은 암 환자를 포함한 질환자가 생기고 있으며, 방사성 오염수 처리라는 큰 문제가 발생하였다. 이처럼 산업혁명 후 인간이 발견한 에너지들은 현재의 인간 생활을 가능케 하였으나 여전히 큰 위험을 안고 있다.

에너지기술뿐만 아니라 가공기술도 큰 문제이다. 다양한 상품과 도구 그리고 기계들을 생산하는 과정에서 공장에 따라 매우 다른 수많은 화공 약품들이 사용되고 있다. 이것은 노동자들에게 직업병을 유발하고 대기를 오염시키며, 이들을 처리한 하수는 강과 해양을 오염시키는 주범이다. 산업의 발달에 따라 생활에 필요한 수많은 상품이 생산되고 이들을 생산하는 공장들은 분화되고 있다. 업종별로 보면 섬유와 피혁, 목재와 종이, 석유화학, 철강과 금속가공, 비금속, 전기 · 전자, 광업, 음식료, 운수 세차 등 다양하다. 그리고 이들 업종에서 사용하는 화공약품과 재료들도 차이가 있고 이에 따라 배출하는 오염물질도 다르다. 이러한 환경오염의 가능성에 직면하여 선진국의 경우 오염처리 시설을 갖추어 대기오염과 오염수를 줄이려고 노력하고 있으나, 개발도상국의 경우 사정은 심각하다. 한국의 경우 1991년 구미 전자단지 공장에서의 페놀 유출 사건, 온산공단의 비철금속에서 생긴 중금속 분진과 유독 폐수 사건, 여천공단에서의 황산화물, 질소산화물, 일산화탄소 등에 의한 환경오염과 시프린스호 기름 유출로 인한 오염 등 크고 작은 환경문제를 경험하였다. 아울러 산업구조의 첨단화와 쾌적한 환경 조성을 위해 오염처리시설에 관한 제도적 장치들을 마련하면서 환경문제 개선을 위해 노력하고 있다.

세 번째로 기술발달과 환경문제에 있어 또 다른 요인으로 대량생산기술을 들 수 있다. 오늘날 많은 가공기술은 대량생산을 위해 컨베이어 벨트를 도입하고 있다. 이 기술은 공정 간의 이동을 자동으로 하여 인간의 노동력을 줄이는 기술로 1910년대의 포드 자동차공장에서처럼 대량생산에 크게 이바지한 기술이다.

그리고 20세기 초반에 방송국의 출현은 대량생산, 광고 그리고 대량소비를 연결하는 큰 계기가 되었다. 즉 신문, 라디오, 텔레비전 등의 대중매체 발달로 인한 광고는 대중의 상품 소비를 촉진시켰다. 그리고 이러한 현상은 대형마트나 백화점과 같은 시장의 발달로 이어졌다. 오늘날 우리는 생활에 필요한 수많은 상품을 시장에서 구매하고 있으며, 이들을 소비하고 배출한다. 수많은 상품은 자연에 쉽게 분해되지 않는 내용물들을 포함하고, 소비를 위해 포장지에 싸여 판매되고 있다. 우리가 소비한 수많은 상품과 포장지들은 쓰레기로 버려지고 있다. 가정에서 버리는 음식물과 생활 쓰레기의 양은 너무 많아 이로 인한 환경문제가 발생하고 있다. 그리고 자연환경에서 쉽게 분해되지 않는 플라스틱과 비닐 등을 일상생활에서 많이 사용하는데, 특히 일회용으로 사용했다 버리는 플라스틱과 비닐 등은 환경문제의 큰 요인이 된다. 우리는 분리수거하여 재활용하려고 노력하고 있으나 이들 쓰레기는 지나치게 많다.

마지막으로 반도체와 소프트웨어의 발달로 이루어진 제어기술은 정보사회로의 변화를 가져왔다. 그리고 정보사회론자들은 환경문제에 대해서도 긍정적 전망을 하고 있으나 이에 대한 반박도 많다. 정보사회로의 변화를 주장하는 학자들은 기술발달에 따라 산업과 직업구조에 있어 변화뿐만 아니라 대중매체와 문화 및 조직 등 사회 전반에 있어 대변혁을 주장하였다. 제어기술에 기초한 유연 생산은 한 공정 내에서 소프트웨어 기술에 의한 프로그램과 인터넷 연결망에 의한 수요파악으로, 다양한 상품의 생산을 수요에 맞추는 적정생산을 가능하게 한다. 산업구조는 제조업 중심에서 3차, 4차 5차 산업 등의 발달을 가져오고, 직업적으로는 전문가, 과학자, 정보 관련 종사자 등에 종사하는 사람들이 크게 증대한다. 즉 자동화로 인해 제조업에 종사하는 인구는 감소하였으나, 제조업의 수가 줄고 생산과정이 없어지는 것은 아니다. 변화가 있다면 노동집약적 산업을 제3세계로 이전하고 첨단사업이 발달하는 것이다. 그리고 정보사회론자들은 화석연료들을 대신할 대체 에너지, 즉 공해가 없고 재생산 가능한 에너지의 개발을 주장하였다. 이들은 친환경 에너지기술의 개발과 함께 미래사회 환경문제의 해결에 대한 전망을 낙관하고 있다. 이들의 주장은 실력사회와 평등사회의 도래, 남북문제의 해결, 국가의 소멸과 같은 실현이 어려운 장밋빛 미래를 예고한다. 즉 이들은 기술발달에 따른 사회변동을 주장하였는데 자본주의 사회와 관련된 환경문제에 대한 언급은 없다. 이러한 입장들은 기술결정론으로 규정된다.

환경문제는 기술발달로 인하여 심화되었는데 정보사회에서 해결될 수 있는가? 위의 네 가지 중에서 에너지기술의 발달은 아직 매우 미약한 형편이지만 개선될 것으로 보인다. 이를 위해서는 먼저, 화석연료와 핵에너지의 사용을 줄여야 하고, 태양에너지를 중심으로 한 자연에너지의 개발을 가속화해야 할 것이다. 둘째, 가공과정에서 화학약품의 처리는 줄어들 것 같지 않다. 산업의 확대에 따라 다양한 화공 약품의 개발과 사용은 증대할 것으로 보인다. 그리고 자연 상태에서 쉽게 분해되지 않는 제품들도 증대할 것이다. 이를 위해서는 건강과 환경에 해로운 제품 개발과 폐수처리를 위한 정화조 등에 관한 제도적 장치가 마련되어야 할 것이다. 셋째, 대량생산과 대량소비도 줄지 않을 것이다. 현대인들은 가공된 상품들을 중심으로 생활한다. 대중매체와 대중사회의 발달로 대중들은 소비에 관심이 높아졌고, 대량생산은 대중의 소비욕구를 충족시키고 있다. 현대인은 풍족한 삶을 살고 있지만, 이들이 소비한 쓰레기들은 갈 곳이 없어 환경오염의 주범이 되고 있다. 포장 안 하기, 음식물 안 남기기, 일회용품 안 쓰기, 분리수거 등 이들은 소비자의 환경운동으로 해결되어야 한다. 넷째, 극소전자기술을 바탕으로 한 정보사회에서 노동 시장구조의 변화로 제조업에서 일하는 사람들의 비율은 줄었지만, 자동화된 제조공정과 제3세계에서 수입된 수많은 제품이 마트나 백화점에서 판매되어 소비되고 있다. 정보사회는 산업사회보다 더 확대된 소비사회이다. 에너지기술의 발달에 따른 화석연료 소비는 축소될 것으로 예상되지만, 아직 시작 단계에 불과하다. 가공공정에서의 화학약품의 처리문제나 대량소비문제도 소비사회의 전개로 더욱 확대되고 있으며 지구적 또는 국가적 단위의 획기적인 제도적 장치 없이는 쉽게 줄어들 것 같지 않다.

구분		가해자	
피해자		특정 소수	불특정 다수
	특정 소수	산업재해(직업병)	쓰레기 · 핵폐기물 처리장
	불특정 다수	대기 · 하천 · 해양오염	지구 온난화

표6-1 가해자와 피해자 입장의 환경문제

환경문제에 대한 이해와 해결을 위해 가해자와 피해자를 중심으로 환경문제를 구분하여 살펴보면 표6-1과 같다. 첫 번째로 가해자와 피해자가 소수인 특정 공간에서의 환경문제, 예를 들면 제조업 공장의 한정된 공간에서 직업병과 같은 피해자가 발생하는 경우이다. 이러한 경우는 토양, 대기, 하천, 해양오염이 발생하지 않으면 환경문제보다 산업재해로 다루어진다. 두 번째는 특정 사업체에서 발생한 화학물질이 대기나 하천 또는 해양을 오염시키는 경우이다. 이러한 예로 1991년 구미공단 두산전자 공장에서 배출한 페놀이 낙동강에 흘러들어 낙동강을 오염시키고 대구, 부산, 마산 등 낙동강 지역에 영향을 미친 사건을 들 수 있다. 세 번째는 가해자는 불특정 다수이고 피해자가 특정 소수인 경우이다. 대표적인 예가 소비사회에서 도시민들이 배출한 생활 쓰레기가 특정 지역의 쓰레기매립장에 버려지는 것이다. 이 경우 쓰레기매립장 건립은 혐오 시설로 항상 주민들과의 갈등문제가 된다. 네 번째는 생활 쓰레기나 핵폐기물의 해양 폐기와 방류, 다양한 화공물질들의 배출로 인한 대기오염 등을 들 수 있다. 이러한 환경오염은 국가 간 경계를 넘어 국가 간 갈등을 초래하거나, 오존층 파괴나 지구 온난화 같은 결과를 초래하기도 한다.

인간은 자연에 맞서 기술을 발전시키고 사회를 확장해 왔다. 그러나 지구라는 한정된 공간에서 살기 위해서는 자연과 조화를 이루어야 한다. 기술발전으로 야기된 환경문제는 인간의 삶에 부정적인 결과를 가져온다. 이러한 인식에 따라서 1972년 로마

클럽보고서, 1992년 리우환경회의와 국제기후변화협약, 1997년 교토의정서가 채택되었다. 비록 국가들의 이해관계로 실패하였으나 지구공동체의 실현을 위해 국가 간 경제적 경쟁력보다 환경문제에 대한 인식 변화와 지속 가능한 발전을 위하여 연대하는 노력이 필요하다.

3. 자본주의와 환경문제

자본주의는 근대사회의 산물이다. 상공업계층의 대두로 시민혁명이 발생하였고 자유, 평등에 대한 사고는 점차 확대되었다. 자유와 평등은 추상적 개념으로 다양한 의미들을 내포하고 있다. 다양한 자유의 개념 중에서 자본주의와 관련된 중요한 자유 개념은 생명처럼 사유재산에 대한 권리와 이를 자유롭게 행사할 권리를 보장하는 것이다. 그리고 평등은 신분사회에서의 불평등한 신분적 차별을 없애는 것이다. 즉 자유와 평등의 사회는 신분적인 예속에서 벗어나는 것을 의미하면서 경제적으로 사유재산을 바탕으로 자산을 마음대로 처분할 수 있는 자유를 의미한다. 사유재산이 없는 사람들은 자신의 노동력을 바탕으로 고용된 일을 하고 그 대가로 임금을 받아 생활한다. 자본주의 사회에서 경제적 자유는 확대재생산은 물론 재산과 소득의 불평등을 낳는 핵심적인 요인이다. 그 때문에 자본주의 체제를 바탕으로 이를 지지하고 반대하는 상반된 사상이 만들어졌다.

환경문제와 관련된 논의는 토마스 맬서스(Tomas Robert Malthus)의 인구론, 찰스 다윈(Charles Darwin)의 진화론에 기초한 자유주의의 입장과 이에 반대하는 제임스 앤더슨(James Anderson)과 유스투스 리비히 그리고 마르크스의 사회주의 입장을 들 수 있다. 자유주의 입장은 맬서스의 인구론에서처럼 급속한 인구 증가와 식량 생산의 완만한 증가로 인구조절은 불가피하고, 이는 빈곤자를 구제하는 형태가 아닌 경쟁과 적자생존의 형태로 해결되어야 한다는 것이다. 이러한 개념들은 다윈의 진화론에도 적용되었다. 그리고 이들의 사상은 인종차별적인 사회진화론과 제3세계의 과잉인구와 빈민 원조에 반대한 신맬서스주의로 계승되었다.

사회주의 입장은 자본주의적 대규모 농업과 농장의 운영에 의한 영양소의 자연 순환이 파괴되는 것에 주목한다. 이들은 식물, 동물, 인간의 영양소가 대규모 영농, 대규모 사육장, 도시화에 의해 영양소의 자연 순환이 분리되는 생태계의 파괴를 비판한다. 대규모 영농에서 지력 보충을 위한 합성 비료, 제초제와 살충제의 사용과 방류, 대규모 사육장의 사료 문제와 배설물의 축적과 방류, 도시화와 소비생활을 위한 가공 산업의 발달과 이로 인한 환경오염은 지구 생태계의 파괴를 초래하고 있다. 이들은 이러한 생태계의 파괴 현상에 주목한다. 그리고 이들은 자유주의자들의 적자생존과 빈곤 문제에 대해서도 논리의 허구성을 비난하고 자본주의 체계의 문제점을 비난하고 사회주의를 주장한다. 이러한 논의와 더불어 생태계에 관한 관심은 크게 높아졌다.

생태계는 일정한 공간에서의 생물유기체와 무생물체들 사이의 연결망으로 자연적으로 형성된 이들의 순환 관계이다. 오늘날 인구가 급증하고 산업이 발달한 현대사회에 있어 생태계에 대한 접근은 인간생태학에서 인구, 조직, 환경, 기술의 요소 간의 유기적 관계를 포함한 POET 모형이 많이 강조된다. 그리고 소비사회에서 조직은 풍요로운 물질적 소비로 대체되는 예도 있다. 지구상의 인구는 기하급수적으로 증가하여 1800년에 10억 명이던 인구가 1930년 20억, 1960년 30억, 1990년 50억, 2019년 현재는 77억 명으로 증가하였다. 세계 인구는 맬서스의 주장대로 기하급수적으로 증가하였는데 이러한 현상은 산업화의 일정 시기에 나타나는 것으로 지금은 선진국들의 인구는 정체되고 제3세계에서 빠른 속도로 인구가 증가하고 있다. 그리고 도시화의 비율도 급속도로 가속화되고 있다. 이러한 현상은 기술과 소비에서도 나타나고 있다. 기술은 과학의 발달과 더불어 20세기에 들어 급속도로 발달하고 있으며, 인공지능을 중심으로 한 4차 산업혁명의 사회가 논의되고 있다. 그리고 이러한 기술의 발달과 더불어 풍요로운 사회와 위험사회에 대한 우려가 동시에 크게 증대하였다. 오늘날 풍요로운 사회는 거대한 시설을 갖춘 마트나 백화점들과 이곳에 전시된 물건들을 보면 알 수 있다. 우리는 오프라인뿐만 아니라 온라인에서도 광고를 통해 원하는 물건들을 쉽게 살 수 있다.

이러한 소비사회의 도래는 위험사회의 도래를 의미한다. 그리고 이러한 비판의 중심에 자본주의가 존재한다. 자본주의는 제조업뿐만 아니라 모든 영역에서 자본을 투자하여 이윤을 추구한다. 소비사회에서는 광고를 통하여 소비심리를 조작하고 소비를 통해 이윤을 추구한다. 즉 자본주의에서의 생산, 유통, 소비 모두가 환경위험과 연결된 것이다. 그러나 오늘날의 환경문제는 자본주의의 문제만은 아니다. 과거 공산주의 국가들에서의 환경문제도 자본주의 국가들보다 낫지 않았기 때문이다. 즉 비판 없는 산업화는 체제와 관계없이 환경문제를 유발한다. 그러므로 여기서는 사회체제에 따른 환경문제의 논의에 대해 조금 더 살펴보자.

자본주의는 이윤을 추구하는 경제체제이다. 이윤추구의 행위는 근대사회에서 재산권의 인정과 더불어 점차 부도덕한 행위에서 정당한 행위로 인정되었다. 산업화와 더불어 사업체들은 거대해지고, 이윤추구를 위해 합리적인 조직들로 변화하였다. 형식적 목표와는 달리 이윤추구가 가장 중요한 궁극적인 목표이고 이를 위한 합리성이 어느 가치보다 우선하였다. 이러한 자본주의 체제는 이윤추구를 위해 다른 규제가 없으면 인권이나 환경문제를 등한시하면서 진척될 것이다. 그러나 자본주의는 산업사회나 민주주의와 더불어 진행되고 있으며 이들과 밀접한 연관을 가지고 작동하는 것도 사실이다.

산업사회의 기술발달은 '기술발달과 환경문제'의 절에서 언급한 것처럼 체제와 관계없이 독립적으로 환경문제에 영향을 미치고 있다. 19세기 중반 이후 과학과 기술의 발달은 모든 분야에서 급속도로 발달하였다. 그리고 도시화도 급속한 속도로 진행되었다. 이들을 모두 자본주의의 문제로 돌릴 수는 없다. 즉 산업사회의 에너지기술과 화공약품을 사용한 제조기술, 그리고 대량생산기술과 극소전자기술에 기초한 대중사회와 소비사회 자체는 과학과 기술의 발달과 밀접한 연관이 있고, 이들은 환경문제와도 연결된다. 기술발달은 정도의 차이는 있지만, 공산사회에서도 마찬가지로 환경문제를 발생시켰다. 공산사회에서도 에너지기술, 제조업 기술, 대량생산기술과 정보기술 등은 중요시되었다. 과거 소련을 비롯한 동구 공산권에서 환경문제는 심각한 것으로 나타났으며, 경제적으로 자본주의 체제로 변화된 사회주의인 중국에서도 환경문제는 극심하다. 그러므로 단순히 체제를 바꾼다고 해서 환경문제가 해결되기는 어렵다.

공산주의에서 이윤추구에 기초한 무절제한 생산과 소비는 금지되었지만, 계획경제에서 비판적인 제도와 사고도 통제되었다. 계획경제사회도 생산력 증대와 합리화를 위한 기술발달은 중요시하나, 자유로운 비판과 논쟁은 허용되지 않았고, 이들은 모두 개인주의적 사고로 치부되었다. 기술발달은 과학발달처럼 불가피한 것으로 두 체제에 모두 영향을 미쳤다. 한편으로는 경제적 자유에 기초한 이윤추구로, 다른 한편으로는 비민주적인 비판적 사고의 통제로 환경문제를 더욱 심화시켰다. 더욱이 계획경제는 자본주의와의 체제 경쟁에서 실패하였다. 모든 국가는 경제에서 자본주의 방식을 도입하고 있다. 자본주의를 성공적으로 대신할 사회체제는 현재로서는 보이지 않는다. 그러므로 인구 증가와 도시화, 과학과 기술발달에 따른 합리성의 증대를 자본주의의 발달이란 말로 치부할 것이 아니라 산업사회의 특성과 더불어 이윤추구에 기초한 자본주의의 병폐를 세밀히 살펴보는 것이 필요하다.

과학 및 기술의 발달, 인구변동과 도시화, 대규모 사업체와 대량생산 등은 환경문제의 논의에서 많이 다루어지는 중요한 주제들이다. 19세기 후반 이후의 과학과 기술의 급속한 발달, 이들에 따른 인구 증가와 도시화, 화석에너지와 핵에너지의 사용, 컨베이어 벨트를 이용한 대량생산 및 제조업의 증대는 사회체제와 관계없이 일어났다. 인구 급증과 거대도시화 현상으로 농산물의 대량생산과 가축들의 대규모 사육이 식물, 동물, 인간의 영양소 순환체계의 붕괴로 이어졌다. 이러한 현상은 공산주의 체제보다 자본주의에서 더욱 극심하게 진행되었다. 특히 소비재 상품의 생산과 소비는 자본주의에서 이윤 창출을 위해 훨씬 빠르게 발달하였고, 이는 환경문제의 주요 요인으로 작용하였다. 이윤 창출을 위한 대규모 농장과 가축의 대량 사육으로 자연, 농산물, 가축, 인간 간의 자연적 순환을 강조하는 생태주의 사고가 불가능하게 되었다. 수많은 공장에서 배출하는 오염물질과 오수들은 비용 절약의 이유로 폐수처리 과정을 거치지 않고 무단으로 방류되어 하천과 바다를 오염시키고 있다. 그리고 소비사회의 출현으로 수많은 상품은 플라스틱이나 비닐 용구들로 포장되어 환경오염을 더욱 가중시키고 있다. 기술발달이 환경오염의 기본 요인이라면 자본주의 메커니즘은 환경오염을 확산하는 주요 요인이다. 즉 자본주의 사회에서 기술발달은 이윤 창출의 기반이다. 하지만 그 부작용으로 인간과 사회가 위협받고 있는 상황에서 환경문제에 대한 실효성 있는 대책은 불가피한 현실이다. 역사적으로 자본주의는 이윤이 창출되면 권력을 업고 전쟁과 투기 등 무엇이든 행하였다. 환경문제도 마찬가지 논리가 적용된다.

4. 환경문제와 소외

인간이 만든 환경이 인간을 억압하는 사회로 바뀌고 있다. 근대 이전으로 거슬러 갈수록 자연에 의한 인간의 피해가 컸으나, 현대사회로 변화하면서 인간이 만든 사회 환경에 의해 인간은 편리해졌고 동시에 억압을 받고 있다. 억압을 받는 대표적인 사례가 환경문제이다. 오늘날 전 지구적 차원에서 지구 온난화라는 환경문제를 인식하고, 그 원인과 해결책에 대해 고민하고 있으나 뚜렷한 합의점을 찾지 못하고 있다. 지구 온난화의 가장 큰 원인은 태양의 흑점이나 지구 자전축과 같은 자연적 요인과 이산화탄소나 메탄 등에 의한 지구 온실효과의 사회적 요인에서 찾는다. 그중에서 이산화탄소의 배출 증가는 지구 온난화의 가장 큰 요인이다. 산업화 및 도시화 요인과 연관된 공장 매연, 화력발전소, 자동차 배기가스, 가정용 냉난방시설뿐만 아니라 개발과 연관된 산림 파괴 등에 의한 지구 온난화 현상은 가속화되고 있다. 메탄은 대량 쓰레기가 썩으면서 발생하거나 인간과 가축들의 방귀나 트림 등에 의해 발생한다. 그리고 지구 온난화는 가뭄과 홍수, 폭설, 이상 난동과 한파, 사막화, 빙하 축소와 해수면 상승, 산호 파괴 등 기후 이변과 생태계 파괴를 초래하고 있다. 오존층 파괴도 냉매, 에어컨, 스프레이 등에 연관된 프레온가스, 자동차 배기가스 등에 의한 질소산화물, 화재진화에 쓰이는 할론 등에 의해 이루어진다. 오존층 파괴는 자외선 차단을 방해함으로 피부암, 백내장, 유전자 조작 등의 면역체계 손상이나 지구 온난화 문제를 일으키기 때문에 이들을 대체할 수 있는 물질들에 관한 연구들이 진행되고 있다.

대기오염도 오늘날 현대인들이 일상적으로 경험하는 환경문제이다. 오늘날 산업화한 도시에서는 푸른 하늘을 보기 어렵고, 미세먼지로 인해 초미세먼지 방지 마스크를 사용하는 날들이 많다. 이때 우리는 환경의 중요성과 환경문제가 건강과 생활에 어떻게 영향을 미치는지를 실감한다. 이러한 현상은 화석에너지의 사용에서 비롯되는데 석탄을 연료로 쓰는 경우 더욱 심하다. 석탄에 의한 환경오염의 경우, 산업화 초기 단계의 제3세계에서 특히 심하고 선진국에서도 석탄을 사용하여 전기를 생산하는 발전소에서 많이 발생한다. 그리고 계절풍에 의한 대기오염은 이웃 국가들에 영향을 미쳐 국가 간 갈등요인으로 작용하기도 한다. 그래서 화력발전소 대신에 원자력발전소로 에너지를 생산하는 경향이 증가하였으나 이도 방사선과 방사선에 오염된 폐기물 방출로 환경을 위협하고 있다. 특히 체르노빌과 후쿠오카의 원전사고는 핵에너지 사용의 위험성에 경종을 울리고 있다.

환경오염은 직장생활과 먹거리에도 영향을 미친다. 오늘날 많은 사람들은 가정과 떨어진 직장에서 일한다. 직장은 산업과 직업에 따라 다양하게 구분할 수 있지만, 농업과 제조업 등의 1차와 2차 산업에서는 많은 화공 약품을 제조하거나 생산과정에서 사용하게 된다. 제조업의 경우 제조하는 제품에 따라 일하는 사람들이 접하는 재료와 가공 약품들이 다르다. 직업병의 경우 화학적, 물리적, 생물학적 요인 중에서 특히 화학적 직업병은 환경오염에서 발생하는 경우가 많다. 공장 내에서의 중금속 중독, 유기용제 중독, 진폐증, 직업성 호흡기계 질환 등의 직업병은 보호 장비가 미흡한 경우에 발생하는데 오염 대처 시설이 부족한 경우 환경오염으로 연결된다. 그리고 화공 약품들이 기계나 장치의 고장과 사고뿐만 아니라 이윤을 목적으로 무단으로 배출되어 대기나 하천을 오염시킨다.

먹거리를 보면, 우리가 먹는 많은 채소와 고기 등의 음식들은 농약과 중금속 등으로 오염된 경우가 많다. 제조과정에서 사용된 다양한 화공 약품이나 재료들에 의해 오염된 대기, 토지, 하천, 해양의 오염은 우리가 먹는 생선이나 고기, 채소나 과일 그리고 곡식 등에 의해 우리 몸속에 들어와 배설되거나 축적된다. 특히 오늘날 농업에서 많이 사용되고 있는 살충제나 제초제는 독성과 해로운 화학성분들을 포함하고 있다. 새로운 살충제와 제초제, 그리고 화학비료들이 개발되고 있으나 보기 좋고 탐스러운 상품을 만들기 위해 살충제와 제초제가 많이 사용되고 있다. 이들에 포함된 독성물질과 일부 화학성분들은 때로는 신경 장애를 유발하거나 기형아 출산을 초래케 한다. 그래서 많은 사람은 건강을 위해 유기농법에 따른 친환경적 농법으로 생산된 작물들을 선호한다.

마지막으로 언급할 문제는 생활 쓰레기에 의해 발생하는 환경문제이다. 오늘날 도시 생활은 매일 수많은 생활 쓰레기들을 발생시키고 있다. 도시 사람들은 마트나 백화점 등과 같은 대형 상가에서 먹거리와 생활용품을 구매한다. 이들은 거의 매일 수많은 음식쓰레기와 포장지, 특히 비닐과 플라스틱을 배출케 한다. 그리고 이들은 매주 한 번 이상은 분리수거장이나 쓰레기 수집 장소로 모이고 이들은 재활용 공장이나 도시의 쓰레기매립장으로 옮겨진다. 이런 현실에서 생태학자들이 말하는 토지와 음식 그리고 배설물과 비옥한 토양의 순환 관계를 기대할 수 없다. 물론 음식물 일부는 퇴비로 사용된다. 하지만 일부 음식물과 포장에 사용된 많은 비닐과 플라스틱, 병들은 모두 재활용 장소로 가지 못하고 일부는 땅이나 하천에 버려진다. 때로는 수거나 재활용의 비용이 많이 드는 경우 이들은 방치되거나 몰래 버려지기도 한다. 가정 변기의 배설물 처리수와 세제와 함께 사용된 생활 하수는 하수구로 흘러 정수과정을 거치나, 시설 부족과 비용 등의 이유로 불법으로 버려져 하천과 강을 오염시키기도 한다. 현대인들은 환경정화를 위해 노력을 하고 있으나 이기적이고 편의를 추구하는 인간의 특성과 비용 절감과 이윤추구의 자본주의 특성 때문에 환경문제가 해결될 가능성이 지금으로서는 낙관적이지 않다. 이러한 환경문제를 해결하기 위해 이기적 인간의 특성과 자본주의의 특성을 고려한 범세계적, 범국가적 차원의 제도적 장치와 시민적 노력이 요구된다.

인간은 과학과 기술을 발달시키고 사회를 지속적으로 확대하고 있으나 인간이 만든 환경문제는 인간을 위태롭게 만들고 있다. 현대인은 과학과 기술발달을 바탕으로 일상생활을 하기에 환경문제를 피하기 어렵다. 사람들은 직장에서 일하고 보수를 받고, 의식주에 필요한 일상생활용품을 소비해야 하는 삶이 일상적이다. 자본주의가 유일한 요인은 아니나 집단이나 개인의 이익과 편의를 조장함으로 인해 환경문제를 더욱 악화시키는 중요한 요인이다. 자본주의나 이에 기초한 이기주의적 문화는 더욱 인간을 소외시킨다. 자본주의는 인간의 본능에 존재하는 욕구들을 조장하여 인간을 이기적인 존재로 만들기 때문에 관리되고 통제되어야 한다. 정부는 환경문제를 해결하기 위해 시스템을 갖추고 사업체들을 잘 관리해야 하고, 인간을 교육하고 친환경 문화를 형성시켜야 한다. 그리고 사업체와 개인들도 공동체의 환경문제를 해결하기 위해 적극적으로 동참하고 실천해야 할 것이다.

거시적 차원에서 자본주의에서의 환경문제는 민주주의 제도로 개선되어야 한다. 자연권처럼 인간은 모두 쾌적한 환경에서 살 권리를 가지고 있다. 현대사회에서 국가는 이러한 권리를 보장할 의무가 있다. 인간의 기본적 권리를 보장하는 민주주의는 자본주의와 더불어 지속해서 작동할 것이다. 해결책은 이윤보다 인권을 강조하는 민주주의에서 찾는 것이다. 사유 재산의 존중과 이를 처분할 자유에서 시작된 경제적 자유는 자본주의가 발달하면서 적자생존의 개념을 정당화하였다. 그리고 자본주의의 지배계급들은 이를 자유주의라 명명하여 자유주의를 잘못 사용하고 있다. 도시화와 기술발달은 환경오염의 주요 요인이지만 경제적 자유주의에 기초한 자본주의도 환경오염의 주범이다. 민주주의는 개인이 쾌적하게 생활할 수 있는 인권을 위해 환경오염을 만드는 기술과 자본을 체계적으로 관리해야 한다. 경제적 자유만을 자유로 간주한 자유주의는 이윤 창출만을 목적으로 하였기에 심각한 환경문제를 초래하였다. 마르크스도 환경문제를 해결하기 위해 사회관계를 매우 중요시하였다. 환경문제를 억제할 수 있는 사회관계와 소비사회에 맞는 환경문제 의식을 형성할 수 있는 문화가 중요하다. 즉 민주주의에서도 사회관계가 자본주의의 환경문제를 해결하기 위해 매우 중요하다. 개발논리보다 생활 논리가 이데올로기를 지배해야 한다. 선거가 중요한 민주주의 사회에서 지배층이 이데올로기를 장악하면 환경문제는 무시될 수도 있고, 사회 성원의 다수가 이데올로기를 장악하면 환경문제는 개선될 수 있다. 과학과 기술이 발달한 현실에서 사회는 과거로 회귀하기 어렵다. 환경문제의 해결을 위해 자본주의에서의 이윤추구는 민주주의에서 강조하는 인권에 우선해서는 안 된다. 인권을 기초로 한 민주주의 제도하에서 지속가능한 발전에 대한 논의들이 전개되어야 할 것이다.

7장
가족과 소외

1. 가족의 개념

1) 가족의 의미

가족은 결혼에 기초한 주거와 경제공동체이고, 출산과 사회화 등의 기능을 담당하는 집단이다. 가족은 결혼한 부부간의 애정과 성관계를 사회적으로 승인받고 유지하며, 노동하여 얻은 소득을 공유하여 생활하는 정서적 유대에 기초한 가장 대표적인 일차집단이다. 가족은 공동 주거와 경제공동체이고, 출산과 사회화 그리고 상속으로 가계를 계승한다. 성관계에 기초한 이성의 결합은 종족 보존 욕구를 가진 생명체에서 공통적이다. 모든 생명체는 종족을 보존하려는 본능을 가지고, 동물은 성적 행위와 출산자의 보호 본능으로 종족을 보존한다. 인간도 동물의 한 종으로 이러한 특성을 가지나 인간에 있어 남녀의 결합방식은 사회와 문화에 따라 차이가 있다. 이는 동물과 구분되는 인간의 이성적 특성에 기초한 사회 · 문화생활에서 비롯된다. 성적 결합도 인간에게는 기본적 욕구의 충족이나, 이는 동물과 구분되는 인간적 특성을 반영한 사회·문화적 산물이다. 동물 세계에서 양성결합이 경쟁과 갈등을 유발하는 것처럼 인간사회에도 경쟁과 갈등은 존재한다.

그러나 인간사회는 인간의 특성과 사회문화 생활로 인해 사회에 따라 다양한 형태의 가족이 존재하고 계속 변화한다. 인간의 사회문화 생활의 특성은 생존을 위한 인간들의 노동형태와 아주 밀접한 연관을 가진다. 예로 일부일처의 단혼제가 현대사회에서 보편적이나, 일부다처나 일처다부제와 같은 복혼제의 형태도 전통사회에서 존재하였고 현재도 일부 사회들에서 부분적으로 존재하고 있다. 이러한 가족 형태들은 자연환경의 차이에 따른 지리적 특성과 역사적으로 형성된 사회적 특성을 반영한 것이다. 일처다부제의 경우 이동 생활을 하는 유목민이나 매우 척박한 자연환경에서 많이 존재하였으며, 일부다처제의 경우는 성적 불평등이 심한 가부장적 사회에서 권력자나 부유한 사람들을 중심으로 많이 나타난 가족 형태이다. 그리고 일부다처의 구체적인 가족형태도 사회에 따라 차이가 존재한다.

가족은 거주 형태, 규모, 상속, 권위 등에 있어서도 사회에 따라 큰 차이가 존재하고 계속 변화한다. 부계제와 모계제 구분은 노동분업과 사회분업에 따른 남녀 간의 힘의 균형과 밀접한 연관이 있다. 부거제와 부계제는 남성 중심의 경제적 역할과 재산소유의 사회 또는 정치제도가 발달하고 전쟁이 보편적인 사회에서 대부분 나타났다. 그리고 모거제나 모계제는 여성이 생산과 분배를 결정하는 자급 자족적인 원시 농경사회에서 많이 나타났다. 정치제도가 발달한 농경사회는 부계제로 남성 중심의 가부장제 사회가 보편적이고 대가족이 많다. 대가족이 많다는 것은 수적인 접근이기보다는 산업사회보다 다세대 가족이 많다는 의미이다. 기록에 의하면 봉건제 말기 서유럽의 경우 핵가족이 많았으며, 한국도 결혼한 자녀들이 같은 집에서 살기보다 같은 마을에 사는 경우가 많았다는 기록들이 있다.

산업사회에서 가족 형태의 변화는 사회특성의 변동과 밀접한 연관이 있다. 산업혁명 후에 가족생활과 직장생활이 분리됨에 따라 생산이 가족의 기능에서 제외되었으며, 도시 생활과 교육제도의 발달에 따라 직장을 위한 이동성도 증가하여 핵가족, 신거제, 성 평등사회가 보편화되었다. 산업혁명 후 방직산업의 발달은 여성과 아동의 노동을 요구하였으며, 기계산업의 발달은 남성노동력을 많이 요구하였다. 그리고 거대사업체의 발달은 관료제 조직과 사무직의 증가로 여성노동력을 요구하였고, 정보산업의 발달은 서비스직과 전문직의 증가로 노동시장에서 남성과 여성의 차별을 크게 줄여 남녀 평등제도가 증대하고 있다.

현대사회는 자동화 기술의 발달에 따른 생산기술과 소비기술의 발달로 소비사회라 일컬어지며, 여성의 사회진출이 이전보다 크게 증대하였으며 1인 가구의 가족 형태도 일반적이다. 기술발달과 사회이동의 증대로 성과 계층, 민족과 인종의 경계를 넘어선 다문화가족도 늘고 있다. 그리고 노동권과 인권의 발달도 가족 형태의 변화에 영향을 미쳤다. 산업혁명 후 노동문제에 관한 관심과 노동자 저항의 증대, 19세기 후반 노동자의 조직화와 정치세력화, 20세기에 들어 노동권과 인권의 지속적인 향상은 여성의 지위 변화와 가정형태의 변화를 가져왔다. 즉 사회 형태의 변화에 따라 현대사회에서 여성은 인권이 향상되고 사회적 지위가 높아졌다. 현대 가족의 형태는 핵가족이 보편적이나 별거와 재혼, 독신과 동거, 다문화 등의 가구가 많아 가족을 정의하기 어려울 정도로 다양해지고 있다. 20세기는 노동력 재생산을 위한 교육 기간이 길어져 학업과 취업을 위한 독신 가구가 늘어났고, 결혼 연령이 늦어졌다. 그리고 수명도 연장되어 노인 단독가구도 지속적으로 증대하고 있다. 양성평등과 개인주의 발달로 결혼 후 별거와 이혼이 보편적이고, 동거나 동성 가구도 국가에 따라 가족으로 인정되기도 한다.

가족의 정의는 어떻게 규정되어야 하는가? 가족은 전통적으로 남녀의 결혼과 자녀의 출산으로 이루어진 생활공동체다. 가족은 자녀가 결혼하여 같이 사는 3세대 이상의 확대가족도 있고, 결혼하여 분가하여 형성한 2세대나 1세대의 핵가족도 존재한다. 그리고 재혼 가족, 한 부모 가족, 자녀 입양 가족, 자녀만으로 구성된 가족 등 다양한 형태의 가족이 존재한다. 가족은 흔히 경제공동체, 주거공동체의 의미로도 정의된다. 그러나 가족 형태는 사회변동에 따라 변화하고 현대사회에서 가족 형태는 이전과는 매우 다른 특성을 보여주고 있다. 즉 오늘날 가족들은 직장, 교육, 별거 등 다양한 이유로 떨어져 사는 경우가 보편적이다. 예로 직장문제나 교육문제로 주거를 함께하지 않아도 가족인가? 21세기 들어 호주제를 철폐한 한국 민법의 경우, 주거를 달리하는 부모, 부부, 자녀들도 가족으로 인정한다. 호주제가 폐지됨에 따라 가족은 자신을 중심으로 배우자, 직계혈족의 부모와 자녀, 형제자매 그리고 생계를 같이하는 경우 자신의 직계혈족의 배우자, 배우자의 직계혈족과 형제자매를 포함한다. 그러나 이러한 민법의 가족 개념은 학문적 개념과 차이가 있다. 그러므로 오늘날 주거공동체의 개념은 가족 정의에 보편적으로 적용하기 어려운 측면이 있다. 가족의 형태는 사회가 확장됨에 따라 계속 변화되었다. 그리고 가족의 대사회적 개인적 기능도 지속적으로 변하여 왔다. 그 때문에 가족을 간단히 정의하기는 어려우나 변화하지 않는 기본적 모습은 존재한다. 가족의 가장 중요한 개념은 종의 보존 욕구와 생존의 욕구에 기초하는 것으로 사회·문화적 차이에도 불구하고 보편적으로 나타나는 결혼과 자녀출산을 기초로 생계를 같이하는 생활공동체이다. 즉 가족은 성적인 요인에 의해 결합한 사람과 자녀들이 생계를 같이하는 생활공동체 집단이다.

2) 가족 기능

가족의 기능은 무엇인가? 가장 기본적인 기능은 성의 충족, 생계의 공동 유지, 자녀출산과 양육의 기능이다. 이러한 기본적인 기능도 시대와 사회에 따라 변화하기 때문에 가족의 보편적인 기능을 설명하기는 어렵다. 가족은 생계를 공동으로 유지하는 단위이다. 그러나 생계유지의 방법은 자연환경과 사회 특성의 역사적 차이에 따라 지속해서 변화하고 있다. 예로 씨족사회, 부족사회, 농경사회, 산업사회의 형태에 따라 인간이 생계를 유지하기 위해 일하는 방식은 차이가 있고, 결혼하여 생계를 유지하는 방식도 큰 차이가 존재한다. 농경사회 가족과 산업사회 핵가족은 기능 면의 생계유지에서 큰 차이가 있다. 산업사회에서 가족은 생산 공동체는 아니다. 산업사회에서 가족의 일자리는 흩어져 있다. 가족이 생계를 유지하는 방식은 분화된 사회에서 다양한 직업으로 차이가 존재하고, 사회계층과 성에 따라 차이가 있다. 그리고 사회가 분화되고 교육제도가 발달함에 따라 생산과 관련된 교육 대부분도 가족이 아닌 교육기관에서 이루어진다. 여가생활 대부분도 대중매체나 여가 제도를 통해 이루어지고, 가족은 여가 공동체라 말하지만, 가족 간에 취미의 차이로 여가생활에 차이가 존재한다.

가족의 기능은 인간의 기본적 욕구를 반영한다. 인간은 생계뿐만 아니라 다양한 목적으로 사람을 사귀고 사람들로부터 인정을 받고자 한다. 가족은 생계를 공유하는 단위이자 사랑에 기초해 맺어진 작은 집단이다. 가족은 생계뿐만 아니라 사랑으로 맺어지기 때문에 정에 기초한 친밀한 일차집단이다. 특히 자녀는 혈육으로 이루어진 조건 없는 사랑의 본능에 기초한 일차집단이다. 물론 결혼은 경제적으로 어려운 경우에 생존을 위해 이루어지기도 하고, 결혼은 권력이나 재산과 같은 힘의 관계에 기초해 이루어지기도 하여 다양한 형태를 보인다. 가족의 어원을 찾으면 가족(family)은 식구와 같은 개념에서 시작한다. 이때 가족의 의미는 생계를 같이하는 집단이다. 그리고 자연환경과 사회 환경의 특성에 따라 가족 형태는 지속적으로 변하여 왔다. 집단 중심적 사회에서 가족은 집단 속에 매몰되어 있었다. 결혼은 집단의 생존과 유대를 위한 수단이 되기도 하였다. 농경사회에서 교육제도는 발달하지 않았고 교육은 전문기관이 아닌 가정이나 공동체에서 이루어졌다. 농경사회에서 평균 수명과 교육기간은 짧아 결혼 연령은 낮았다. 전통적 농경사회는 신분사회로 결혼은 대부분 동일 신분에서 이루어졌고, 중매에서 보듯이 가족이 결혼에 큰 영향을 미쳤다. 대가족이 많은 농경사회는 개인보다 가족이나 혈족 중심의 친족 관계가 결혼과 가정생활에 큰 영향을 미쳤다.

이에 반해 현대 산업사회의 결혼은 산업사회의 특성을 반영한다. 산업사회가 발달할수록 교육 기간이 길어지고 인구이동이 심한 사회로 변화한다. 가족들은 흩어져 사는 경우가 많고 개인주의가 발달하여 개인의 의견을 존중한다. 개인주의의 발달로 연애결혼이 대부분이고 고등교육과 취업경쟁 등으로 결혼 시기도 늦다. 그리고 여성의 사회진출과 여권의 신장으로 소자녀 가구나 독신 가구를 형성하고, 노인들도 단독이나 독신 가구가 많다. 이처럼 농경사회와 산업사회의 가족 형태는 많은 측면에서 기능적 차이가 있다. 그렇지만 부부는 거주 공동체에 의한 정서적 유대관계를 가지며, 부모와 자식의 관계는 혈연적 관계로 애정에 기초한 관계이다. 퇴니스의 표현을 빌리면 가족관계는 본질의지에 기초한 관계이다. 사회 형태에 따라 결혼의 방식에 크게 차이가 있지만, 가족관계는 인간의 기본적 욕구를 반영한다. 인간은 생존 및 안정의 욕구와 더불어 자존의 욕구와 자아실현의 욕구를 가지기 때문에 서로에 대한 애정과 존중이 없는 경우에는 가족은 갈등하고 가족관계는 깨어지기도 한다. 특히 현대 가족은 사회적 특성에 의해 갈등하고 깨어지기 쉬운 집단이다. 현대 가족은 사회 확대 현상과 달리 규모가 축소되고 깨어지기 쉬운 집단으로 변해가고 있으며, 이는 현대인을 고독하게 만드는 가장 큰 사회적 요인이다.

가족의 기능을 설명하기 위해 사회특성의 변화에 대한 설명이 필요한데, 현대사회 특성은 과거에 비해 크게 변하였다. 현대사회에서 가족은 가구와 혼동하여 사용되기도 한다. 고등교육이나 취업으로 가족과 떨어져 생활하는 경우가 많으며, 결혼하면 대부분 부모와 떨어져 단독가구를 이루고, 자녀를 결혼시킨 부모도 단독가구를 이루고 산다. 가족이 흩어져 생활하기 때문에 실생활 중심으로 보면 가족보다 가구가 더 적합한 용어일 수도 있다. 현대 개인주의 사회에서 가족은 소자녀의 핵가족이 보편적이며, 별거와 독신 가구, 자유 결혼과 이혼, 다양한 형태의 동거 등을 보여주고 있다. 이러한 이유로 현대사회에서의 가족 형태와 기능을 전통사회와 같이 설명하기는 어렵다. 현대사회는 대가족과 친족 유대가 사라진 사회이고, 가족들도 흩어져 사는 사회이다. 즉 현대사회는 공동체가 사라진 고독한 사회이다. 아울러 현대의 사회특성을 반영한 새로운 가족 형태와 기능이 존재한다고 할 수 있다. 오늘날 핵가족을 중심으로 최소한의 가족에 대한 기능을 살펴보면 다음과 같다.

가족의 기능으로 성 충족과 통제, 출산과 양육, 정서적 안정, 경제적 기능 등을 들 수 있다. 첫째, 성 충족과 통제의 기능이다. 모든 생물은 종족 보존의 특성을 가지고 동물은 성관계를 통한 종족 보존의 본능을 가진다. 인간도 생물이고 동물로 종족 보존의 본능을 가진다. 동물에게 성적 본능은 매력과 힘의 관계를 통해 충족되고 통제된다. 인간에게 종족 보존의 본능은 기본적 욕구이지만 문화와 사회화 때문에 사회와 인간에 따라 각기 다른 형태로 표출되고 있다. 성의 본능은 인간에게 주어진 것으로 건강을 상실하거나 인간의 특이한 신념에 의해 초월 되지 않는 한 모든 인간에게 보편적으로 존재한다. 인간은 다른 동물처럼 자신이 원하는 사람을 얻기 위해 경쟁하고 갈등한다. 동물과 달리 인간에게는 신체적 매력과 힘뿐만 아니라 사회적으로 형성된 다양한 매력들이 존재하고, 사회 · 문화와 사회화 때문에 성적 본능은 각자 달리 표출되고 통제된다. 신체적 매력이나 태도와 취향 외에도 사회 희소가치에 기초한 능력은 사회적인 요인들 가운데 매우 중요한 매력으로 작용한다.

현대사회 들어 피임법이 발달하면서 인간의 성적 욕구는 출산과 관계없이 쾌락을 추구하는 욕구가 되었으며, 성적 본능의 충족을 위한 갈등을 막기 위해 다양한 문화와 제도가 존재한다. 특히 인권이 발달한 현대사회는 상대방의 허락 없이 성적 본능을 충족하는 강간은 물론 성폭행과 성추행을 법으로 금지하고 있다. 결혼과 가족제도를 통해 인간의 성적 본능을 충족하는 방법을 사회적으로 인정하고 이를 침범하는 행위를 도덕이나 법과 같은 사회규범으로 통제한다. 가족의 의미에서 설명한 것처럼 성 문화는 시대와 사회에 따라 차이가 있다. 개방적인 성 문화를 가진 사회도 있고 폐쇄적인 성 문화를 가진 사회도 있다. 성문화는 성과 나이, 계층과 가치에 따라 차이가 있다. 현대사회에 있어 결혼 나이는 크게 연장되었고, 피임기술은 크게 발달하였으며, 혼전 자유연애는 보편적이다. 그리고 일부일처가 보편적인 제도에서 부부 외의 성행위는 갈등을 가져오고 흔히 이혼으로 연결되기도 한다. 즉 현대사회에서 성 본능은 출산과는 큰 관계가 없는 쾌락적 욕구 충족의 형태로 변화되었다.

둘째, 가족은 출산과 양육의 기능을 가진다. 생물은 종족 보존의 본능을 가지고 동물은 성행위로 새로운 생명체를 출산하고 성장할 때까지 보호한다. 인간은 결혼과 가족제도를 통해 자녀를 출산하고 양육을 한다. 피임과 출산 관련 기술이 발달한 현대사회에서 출산은 과거와 큰 차이가 있다. 과거에는 다산다사의 형태로 부부가 많은 자녀를 출산하였으나 피임기술이 발달한 현대사회에서 출산은 항상 조절될 수 있다. 그래서 현대사회는 소자녀가 보편적이고 저출산이 큰 사회문제가 되기도 한다. 현대사회 들어 교육 기간의 연장으로 자녀 양육은 계속 길어졌다. 20세기 중반 이후 교육제도의 발달로 고등교육이 증가하면서 양육 기간과 청소년 시기는 크게 증대하였다. 자녀 양육은 자녀가 성인이 되는 시기(법에 따라 차이가 있으나 일반적으로 만18세)까지이나 고등교육을 마치는 시기나 취업 때까지 이어지기도 한다. 이처럼 인간의 자녀 양육 기간은 길어져, 부모의 사회계층은 자녀 양육과 교육에 큰 차이를 낳는다. 그러므로 사회 불평등이 심한 사회일수록 부모가 속한 가정의 사회계층이 자녀 양육과 교육에 큰 차이를 초래하고, 이는 사회 불평등의 순환으로 연결된다.

셋째, 경제적 기능이다. 가족의 생산적인 경제적 기능은 산업사회에 크게 줄고 있다. 농경사회에서 가족은 농사일을 함께 하는 단위였다. 그러나 산업사회에서 임금노동이 보편화되면서, 가족들은 각기 다른 직장에서 일하고, 그 대가로 보수를 받게 되었고 가족의 소비생활을 위해 그 돈을 공유한다. 오늘날 가족은 소비 공동체이다. 가족의 경제적 기능은 노동시장에서의 위치에 따라 차이가 있다. 종사상의 분류에 따르면 피고용자는 개인적으로 고용되어 일하나 자영업자는 가족 노동을 이용하는 경우가 많다. 전체적으로 보면 자영업은 비율은 줄어들고 피고용이 증대하기 때문에 가족의 경제적 기능은 생산보다 소비에 국한된다. 다른 측면에서 보면, 가족은 재산과 소득을 공유하는 경제공동체이다. 즉 가족은 재산과 소득을 공유하는 사회 기본단위이다. 이들은 일상생활에 소득을 공유하고 이혼 때나 사망 때 재산을 나누고 상속한다. 재산의 상속은 인간에게만 존재하는 것으로 사회 불평등의 근원적인 원인이다. 그리고 이러한 가족 단위의 재산과 소득의 차이는 사회계층 현상을 의미하고, 사회계층에 따라 가족의 생활방식과 사고는 크게 달라진다.

넷째, 정서적 안정의 기능이다. 가족은 대표적인 일차집단이다. 현대사회에서 결혼은 자유연애로 사랑하는 사람을 만나 자신의 바람에 따라 결혼하고 가정을 이룬다. 결혼은 유사한 환경에 사는 사람들의 자유연애로 행해지나, 부모의 통제로 그들이 속한 사회계층의 영향을 받는 경우가 많다. 가족은 자신이나 부모의 의사에 의해 결혼으로 이루어진 가장 대표적인 일차집단이다. 그리고 태어난 자녀는 혈연적 관계로 종족 보존의 법칙에 따라 긴밀한 정서적 유대를 가진다. 그러므로 가족은 정서적 연대에 기초한 집단이다. 가족은 일차집단으로 애정에 기초하여 자유롭게 자신의 의사를 표현하고, 서로에 대해 비교적 잘 알고 이해하며, 문제에 대해 같이 고민하고 해결하려고 노력하는 집단이다. 그러므로 가정은 직장이나 학교에서 생긴 여러 고민과 스트레스를 공유하고 해소하는 장소이다. 그러나 오늘날 가족해체 현상은 일반적이고 심각한 사회문제로 주목받고 있다. 대표적인 일차집단이 깨어지고 인간은 외로운 존재로 변화하고 있다.

인간은 가족적 유대에서 떨어져 자유롭지만 고독한 존재가 되어 가고 있다. 가족해체의 이유는 무엇인가? 산업사회가 발달하면서 집단적 사고와 개인주의적 사고가 증가하고, 핵가족과 소자녀 가족 그리고 노인 단독가구가 증대한다. 정보사회는 여성들의 사회진출을 단순노동직이나 사무직뿐만 아니라 전문직으로 크게 확장하였고, 가족은 구조나 기능적 측면에서 심하게 축소되었다. 가족 구성원들의 외부 활동이 늘어나면서 가족 간 상호작용은 감소하였으며, 증대한 노인 단독가구들은 건강관리와 소득문제, 일상생활 문제에 직면하게 되었다. 현대사회의 특성은 사회 성원들을 자유롭게 하지만 가족을 해체하고 가족의 기능을 축소하여 사회 성원들을 소외된 존재로 만들고 있다.

2. 가족구조의 변화

1) 기술발달과 가족 형태

인간은 다른 동물과 달리 고등사고력을 가진 동물이다. 다른 동물과 가장 큰 차이점은 인간이 사회를 발달시키면서 자연에 적응했다는 것이다. 인간은 다른 동물과 같이 종족 보존의 욕구를 가지고 출산과 양육을 한다. 그러나 인간의 출산과 양육 방식은 다른 동물과 달리 사회의 발달에 따라 계속 변하여 왔다. 이러한 현상은 인간이 고등사고력을 가지고 기술을 지속해서 발달시키면서 사회를 형성하여 생활하기 때문이다. 가족 형태의 변화도 자연환경에 따라 차이가 있으며, 사회의 기술발달에 따라 계속 변화되었다. 수렵 채집사회나 원시 농경사회의 경우 부족들의 성 문화는 자연환경의 특성과 인간의 적응방식에 따라 각기 다른 형태로 존재하였다. 농경사회와 유목 사회는 원시 농경사회와는 달리 남성 중심의 부계제를 바탕으로 한 성 문화와 가족 형태를 이루었다. 그리고 근대사회에 들어 산업사회의 발달로 핵가족과 애정 중심의 가족 형태로 변화하였다.

사회는 경제 · 사회 · 문화 현상의 복합체이다. 이들은 서로 영향을 주고받으며 사회변동에 따라 사회형태와 문화가 변화한다. 원시 농경사회는 자연환경의 특성, 전쟁 여부, 사회 특성에 따라 다양한 경작방식과 사회조직이 형성되어 성에 따른 성 문화의 일관된 특성을 찾기 어렵다. 그러나 원시 농경사회 이후의 집약 농경사회나 목축 사회는 정치제도가 발달하거나 이동이 심한 사회로 남녀의 위계적인 성 문화와 성차별을 공통으로 보여준다. 이들 사회 모두 성별 사회적 분업이 뚜렷한데, 부계혈통 중심의 대가족제도를 발달시켜 남성 중심적인 가부장 사회의 특성을 가진다. 근대의 산업사회는 가정과 직장이 구분되는 사회이며, 개인적 관계와 애정이 강조되는 남성 중심의 핵가족 발달로 이전 사회와는 구분되는 부부관계 특성을 보여주고 있다. 이러한 성 역할 구분은 20세기 말에 들어 양성평등 형태로 변화하기 시작하였다. 즉 노동시장 구조의 변화와 사회운동이 성 역할의 차이에 변화를 가져오게 한 것이다.

근대사회에서 기술발달은 가족 형태에 큰 영향을 미쳤다. 상공업의 발달은 인간의 노동을 점차 가정에서 분리하기 시작하였다. 그리고 산업화는 도시화뿐만 아니라 임금노동을 보편화시켰다. 토지를 대신한 자본과 임금노동의 보편화는 가족구조와 가족관계에 큰 변화를 수반하였다. 특히 기술발달은 노동력에 대한 수요를 변화시켜 가족 형태에 영향을 미쳤다. 중요한 것은 여성노동력 수요의 증대 현상이다. 예로 20세기 후반 자동화와 정보화에 따른 서비스 산업의 지속적인 증대는 노동시장에 있어 여성노동력의 수요를 크게 증대시켰다. 산업사회는 산업혁명 이후의 사회를 말하나 기술발달에 따라 달리 구분된다. 그래서 오늘날 일부 학자들은 산업혁명 이후 시기를 1차, 2차, 3차, 4차 산업혁명의 시기로 구분한다. 그리고 기술발달에 따른 노동 시장 구조 특성의 변화에 따라 성별 노동수요와 가족 형태도 많이 변화한다.

기술발달에 따른 노동시장 구조의 변화는 가정에서의 성 역할과 가족 크기의 변화를 수반한다. 1차 산업혁명 시기는 방직산업의 발달 시기와 19세기 중반 이후 기계산업의 발달 시기로 구분된다. 18세기 말 농업혁명과 산업혁명으로 인한 방직산업의 발달은 가내 수공업 형태의 숙련공들을 소멸시켰다. 그리고 기계화에 의한 탈숙련화 현상으로 많은 아동과 여성의 단순 노동력을 요구하였다. 산업혁명에 의한 방직산업의 발달은 도시화와 아울러 가정과 분리된 직장에서의 일을 증가시켰고, 이로 인해 가족 형태와 가족관계의 변화를 가져왔다. 그리고 농업혁명으로 인한 공유지의 사유지화로 농촌에서 쫓겨난 가난한 농부들은 생계수단을 잃게 되었고, 이들은 산업혁명으로 인해 공장에 값싼 노동력을 제공하는 원동력이 되었다. 마르크스와 엥겔스는 계급사회의 분업이 불평등한 재산 소유를 일으키며 성차별을 초래하고, 일부일처는 재산권에 기초해 상속권을 보장하는 데 필수적이라고 보았다.[1]

산업혁명으로 인한 노동시장 구조와 노동시간의 변화는 많은 저항을 낳았고, 19세기 말 노동조직과 정당의 변화로 이어졌

1 린지 저먼 저, 장경선 역, 『성 계급 사회주의』, 책갈피, 2003, 34 참고.

다. 산업사회의 진척에 따른 기계공업의 발달과 대규모 사업체의 증가는 노동시장 구조의 변화를 가져왔다. 19세기 말 이후 기계산업의 발달은 남성노동력을 요구하였으나 사업체의 대규모화에 따른 사무직의 증대는 여성의 노동력도 요구하였다. 산업사회의 발달은 교육제도의 확대, 대규모 사업체로 인한 기술직과 사무직 노동력의 증대, 급속한 도시화 현상을 초래하였다. 그리고 2차 산업혁명 시기는 컨베이어 벨트에 기초한 대량생산과 대량소비, 대중매체와 통신기술의 발달로 대중사회가 출현한 시기이다. 이 시기는 공산주의 국가의 등장, 노동 정당의 집권, 이데올로기적 대립에 의한 복지사회의 등장 시기이다. 이 시기는 이전의 시기에 비해 여성노동력이 상대적 감소하였으나 2차 세계대전 시기의 전자산업, 사무직, 서비스직의 확대는 여성노동력의 증대로 이어졌다.[2] 이 시기 가족 관념에서 중·상류계급은 애정 중심의 안정적인 가족을 강조하였고, 이후 이러한 관념은 노동자계급으로 확산하였다. 그리고 교육제도의 보편화로 아동기가 확대되고, 비용이 증대하면서 출산율은 저하되었다.

20세기 후반의 정보사회는 가족 형태에 큰 변화를 초래하였다. 20세기 후반 정보사회는 반도체 기술의 발달에 기초한 자동화 기술의 발달로 3차 산업혁명 시기라 불리며, 1960년대의 68혁명과 더불어 탈근대사회로의 변화를 가져왔다. 그리고 3차 산업혁명의 진척은 제조업 중심에서 3차 산업이 지배적인 형태로 바

2 린지 저먼 저, 장경선 역, 『성 계급 사회주의』, 책갈피, 2003, 129~132 참고.

꿔어 노동시장 구조에 있어 많은 변화를 가져왔다. 이 시기는 고등교육이 확대되고, 서비스직과 전문직을 중심으로 여성노동력에 대한 수요가 크게 증대되었으며, 특히 기혼 여성의 노동과 시간제 노동이 급속히 증가한 시기이다. 그리고 이 시기는 교통과 통신기술의 발달과 68혁명에 힘입어 다문화사회가 발달한 시기로 인종과 민족, 성차별에 관한 관심이 급속히 확대되었다. 이 시기의 가족 형태는 이전과 구분되는 형태를 보였다. 고등교육의 확대로 결혼 연령은 지연되었으며, 인권 발달과 여성의 지위 향상으로 여성의 사회진출은 보편화하였고 가족해체 현상은 두드러졌다. 이 시기는 성 평등 현상으로 가정에서의 성 역할의 분담과 저출산이 심화되었고, 자녀 양육에 대한 국가 역할이 증대하였으며, 독신 가구의 증가와 더불어 이혼이 증가하였다. 이 시기의 특성은 독신 가구의 증대이다. 여성의 사회진출 증가와 출산 및 육아의 모순적 문제는 국가의 적극적인 개입에도 불구하고 독신 가구의 증가와 이혼율 증가로 이어지고 있다. 그리고 핵가족화와 평균 수명의 연장으로 인한 노인 단독가구의 증가와 더불어 결혼 연기, 이혼과 별거 등으로 1세대 및 독신 가구가 계속 증가하고 있다.

2) 가족관계의 변화

가족의 가장 중요한 기능은 사회구성원의 충원으로 부부간 성생활의 충족과 자녀의 출산 및 양육이다. 가족관계는 이를 바탕으로 애정적 관계를 유지하고 사회생활을 위해 경제, 문화, 사회적으로 상호 지원하는 생활공동체이다. 그러나 사회변동에 따라 성, 자녀출산, 자녀 양육에 대한 인식은 크게 변화하고 있다. 애정적 관계도 집단주의와 개인주의 사회에 따라 차이가 존재하며, 가족의 사회경제적 지위에 따라서도 차이가 존재한다. 그리고 가족들 간에도 개인 중심적 사고 증대로 가족 성원 간의 갈등이 존재한다. 특히 가족관계는 사회계층에 따라 사회생활에 큰 차이를 보인다. 건강이나 경제와 조직 생활 등 여러 문제에 직면할 경우 가족들은 협동하기도 하지만 갈등하기도 한다. 가족관계는 가족에 따라 차이가 있겠지만 특히 사회와 시대의 변화에 따라 큰 차이가 나타나므로 사회변동에 따른 가족관계의 변화를 살펴보려 한다.

(1) 사회변동과 가족관계

가족관계 변화의 가장 중요한 요인은 사회변동이다. 인간은 다른 동물과 달리 사회를 형성하고 발달시키면서 생활한다. 그리고 변화하는 사회는 인간 생활에 큰 영향을 미친다. 가족생활도 마찬가지이다. 사회변동은 가족 형태의 변화뿐만 아니라 가족관계의 변화를 초래한다. 유럽의 가족 형태의 변화를 보면 스톤은 가족 형태를 개방적 혈통 가족, 제한적 가부장 가족, 폐쇄적 핵가족으로 구분하였다.[3] 개방형 혈통 가족은 중세 이후 몇백 년에 걸쳐 존속했던 가족 형태로 성행위는 쾌락보다 자녀 생산

3 비판사회학회, 『사회학: 비판적 사회 읽기』, 한울아카데미, 2019, 285 참고.

의 의미를 가지며, 가족은 친족과 밀접히 접촉하고 지역사회와 긴밀한 상호작용을 하는 집단이었다. 제한적 가부장 가족은 16세기 초부터 18세기까지 상류층 중심의 핵가족으로 아버지가 권위적이고 부부 중심의 사랑과 부모와 자녀 간의 애정을 강조하는 과도기적인 가족 형태이다. 폐쇄적 핵가족은 20세기까지 이어지는 형태로 낭만적 사랑에 기초한 결혼, 애정적 개인주의에 기초한 부부관계, 자녀 양육에 몰두하는 가족 형태이다. 그리고 현대사회는 경제적 조건보다 성적 매력에 관심을 보이는 자유주의적 부부관계로 사랑, 결혼, 이혼, 출산, 양육 등이 주관적으로 결정되는 가족 형태이다. 현대사회는 개별적 애정에 기초한 부부관계와 사회적 특성으로 가족해체가 많고 다양한 형태의 가족이 존재하는 사회로 변화하고 있다.

이러한 가족관계를 이해하기 위해 성 문화와 자녀 양육 방식의 변화를 살펴보고, 이러한 변화를 가져온 사회 환경 즉 노동에서의 성별 분업, 가정에서의 재산권과 권력 관계, 성 평등의 관념 등에 대해 살펴보자. 먼저 성 문화와 자녀 양육의 문제를 보면, 성 문화는 인간이 타고난 생물적 성(性)과 사회생활에서 습득한 사회문화적 성(性)으로 구분된다. 생물적 성은 유전인자에 기초한 것으로 종족 보존의 욕구와 연관이 있다. 인간은 건강상태나 나이에 따라 성욕의 차이가 존재하고, 건강상태나 외모에 따라 성적 매력의 차이가 있다. 사회적 성은 사회문화에 기초한 것으로 같은 인간이라도 사회에 따라 성 문화 차이가 있다. 예로 마거릿 미드의 뉴기니 원시 농경사회의 성에 관한 연구에서 아라

페시, 문두구머족은 남녀 모두 여성 또는 남성적인 성 역할 형태를 보이고, 챔블리족은 남녀의 역할이 뒤바뀐 형태를 보여준다.[4] 이는 인간의 생물적 특성이 역사적으로 형성된 개별 사회의 특성에 의해 바뀔 수 있음을 의미한다. 여성은 출산하고 육아하는 생물적 특성을 가지나, 성별에 따른 문화와 사회화된 인성은 사회적 특성에 따라 결정된다는 것이다. 생물적 성과 사회적으로 형성된 젠더는 모두 성 문화에 영향을 주고받고 있다. 이처럼 원시 부족민들은 성 문화에서 다양성을 가지고 있으며, 종교에 따라 성 욕구의 표출은 부정적인 것으로 간주하기도 한다. 그리고 농경사회의 가부장제처럼 사회적 특성에 따라 여자의 태도, 성격, 역할을 제한하는 문화를 가지기도 한다.

현대사회에서 여성과 남성의 성 문화는 빠르게 바뀌고 있다. 성 문화가 개방됨에 따라 자기 관리를 위해 남성들이 외모를 가꾸거나 피부관리와 메이크업을 하고, 여성들도 남성이 하던 대부분의 운동을 즐기는 데 많은 시간을 투자하고 있다. 이러한 성 문화의 변화는 가족관계의 변화와 밀접한 연관을 가진다. 농경사회의 가족관계에서 부부관계는 남자 중심의 가부장적 제도를 유지하였고 성문화에서도 이러한 사고는 연결되었으나 현대사회에서 가부장적 성 문화는 빠르게 축소되고 있다.

가족관계의 변화는 자녀 양육과도 밀접한 연관을 가진다. 자녀의 수는 다산다사(多産多死)에서 소산소사(小産少死)의 형태

4 한국문화인류학회, 『처음 만나는 문화인류학』, 일조각, 2007, 79 참고.

로 변화하였다. 피임기술이 발달하기 이전에 인간은 자녀의 수를 인위적으로 제한하지 못하였다. 그리고 잦은 임신과 출산은 부부관계에도 영향을 미쳤다. 그러나 20세기 들어 피임기술이 발달하고 피임은 보편화되었고 부부는 자녀를 원하는 수로 제한할 수 있었다. 자녀 수가 지속해서 줄어 소산소사의 시기가 도래한 것이다. 현재 선진국들에 있어 자녀 수는 크게 줄어 합계출산율은 부부 수에 해당하는 2를 넘지 않으며, 한국의 경우 1 이하로 떨어졌다. 즉 결혼한 부부 두 사람이 한 명의 자녀도 출산하지 않는 것이다. 이러한 현상은 피임기술의 발달과 교육 기간의 연장, 여성의 사회진출, 노동 관련 문화 등에 기인한다. 여성들은 경제 활동에 방해가 되는 임신, 육아, 자녀 교육비의 부담을 줄임으로 인하여 남성과 같은 경제 활동과 사회생활을 가지기를 원한다. 그리하여 오늘날 소자녀들은 가정에서 과거 어느 때보다 더 중요한 존재가 되었다. 즉 오늘날 가족은 친족집단과 유대를 상실한 성과 애정 중심의 가족이고, 소자녀를 출산하고 양육하는 소규모의 낱개 집단이며, 애정적 관계를 기초로 한 소비집단이다.

(2) 가족관계 변화 요인

성 문화와 자녀 양육에 변화를 가져온 것은 가정과 직장의 분리와 더불어 여성의 사회진출 증대 현상에 기인한 것이다. 사회 환경의 변화는 크게 경제적, 사회적, 문화적 요인으로 구분된다. 경제적 요인은 산업발달로 노동에서의 분업이 심화함에 따라 여성의 경제 활동의 형태가 변화되는 것을 말한다. 사회·문화적 측면에서는 사회학자 뒤르켐의 설명대로 동질성에 기초한 기계적(전통적) 연대사회가 분업에 기초한 유기적 연대의 사회로 변화한 것이다. 유기적 연대의 사회는 공동체적 가치의 축소와 개인주의 사고의 발달로 여성들에게 직장에서의 경제적 활동을 위한 기회를 제공하고 있다. 오늘날 현대사회는 제조업보다 소비산업이 발달한 소비사회로 일컬어진다. 소비사회에서 거대자본은 더욱 좋은 소비수단을 제공하여 사람들을 소비하게 하고, 사람들은 이러한 소비문화를 즐기고 있다. 사회변동으로 여성의 일자리는 단순노동의 저임금에서 점차 전문직의 고임금까지 확대되어 가고 있다. 여성의 일자리는 미혼이나 기혼과 관계없이 남자와 동등한 수준으로 확대된 것이다. 이러한 여성의 경제 활동 증대는 가족관계에 있어 변화를 가져온다. 가장 큰 변화는 교육 기간의 연장과 취업으로 인한 결혼 지연 및 독신 가구의 증대 현상이다. 그리고 결혼한 후에도 직장 이동으로 별거가 많고, 직장의 경력 단절을 막기 위해 자녀출산과 양육을 피한다. 이러한 저출산과 소비산업의 특성은 성에 있어 쾌락 문화를 확대하고 있다.

이러한 가족관계의 변화를 사회와 문화적 측면으로 구분하여 좀 더 상세히 살펴보자. 사회적으로 현대사회로의 변화는 가부장 제도의 폐지로 연결되었다. 원시 농경사회에서 인간은 자연과 친족 관계에 의존하여 가족관계 형성하였고, 농경사회에서 농업뿐만 아니라 잦은 전쟁과 정치의 분화로 가족 형태는 남성 중심의 가부장 사회로 변화하였다. 농경사회는 가족과 친족 그리고 지역사회의 밀접한 연대로 인해 가부장 중심의 정적인 가족관계가 유지되었다. 그러나 근대사회 들어 도시의 확대와 발달은 친족 사회에서 대중사회로의 변화를 가져왔다. 도시는 다양한 배경을 가진 불특정한 다수의 사람이 모여 사는 공간이다. 이들 사회에서 인간은 리스만이 말한 『고독한 군중』이고 프롬이 말한 『자유로부터의 도피』처럼 자유로운 존재지만 연대가 필요한 고독한 존재이다.

개인주의의 발달과 더불어 1960년대의 68혁명은 인종과 여성의 지위에 있어 큰 변화를 가져왔다. 이 시기의 가장 대표적인 사회현상은 페미니즘운동이다. 이 운동은 정치나 경제적 접근보다 가부장적인 사회제도에 대한 저항운동이다. 사회제도는 법과 규범에 따라 여성의 지위를 제한하고 있었다. 한국의 경우를 보면 민주화와 더불어 가부장 제도는 급속히 사라지고 있다. 한국은 90년 전후로 자동화, 정보화, 민주화를 경험하였다. 90년대 중반 민주주의 발달로 민주사회 관련법들을 개정하였다. 이러한 제도화로 가족관계는 크게 변화하였다. 법 개정으로 이혼한 여성의 자녀 양육권과 재산 분할 청구권을 인정하였고, 장남 위주의 상속제도는 남녀 균분 상속제도로 바뀌었다. 그리고 아내와 아동폭력과 같은 가정폭력은 금지되었다. 이러한 제도 변화로 이혼은 급증하였고, 남아선호사상도 사라지고, 애정 중심의 가족은 강조되었으나 출산율은 급감하였다. 그리고 2005년 호주제의 철폐로 부계 중심의 가부장제가 폐지되어 가정에서 여성의 지위는 크게 향상되었다. 족보와 종가는 문화제로 가치를 가지고 잔존할 뿐, 남아선호사상은 일상에서 빠르게 사라지고 있다.

문화적 요인을 보면 가족에 대한 관념의 변화를 들 수 있다. 부부관계에 관련된 성 문화는 출산 수단으로서의 성에서 쾌락으로서의 성으로 바뀌었다. 전통사회의 믿음과 종교는 쾌락보다 출산의 수단으로서의 성을 강조하였다. 가부장제에서는 남자를 중심으로 많은 혼외 성관계가 유행하였으나 여성들의 성은 임신과 출산 등의 이유로 억제되는 경향이 많았다. 특히 여성들의 성적 욕구는 부정적으로 인식되어 이를 억제하였다. 현대사회에서 피임의 보편화로 임신과 출산은 선택의 문제가 되었다. 그리고 피임기술의 발달과 저출산은 쾌락 추구의 성 문화를 증대시켰다. 정보사회에서는 서비스 산업의 발달로 영화, 음악, 각종 오락 산업에서 애정 중심의 성 상품화 현상은 크게 확대되었다. 오늘날 성 문화는 합류적 사랑으로 일컬어진다. 이는 부부가 성적이나 감정적으로 평등하고, 출산이나 양육에 앞서 쾌락적 성관계의 상호적 성취를 중시하여 여성들의 억압된 성의 해방을 강조한다. 성 문화는 자본주의 시장경제의 중요한 요소로 변화하였는데 몸짱과 얼짱, 신체 노출과 성관계 등은 보편적 문화로 자리 잡았다. 그리고 독신 가구와 동거의 증대는 육체적 사랑과 정신적 사랑의 분리, 성과 결혼의 분리 현상을 가속하고 있다.

이러한 사회문화적 현상들은 가족구조와 사회관계의 변화를 가져왔다. 통계청 자료에 의하면 현대사회의 핵가족 현상도 지속적으로 축소될 것으로 전망한다. 1인 가구는 부부 가구보다 많고, 앞으로는 부모와 자녀로 구성된 가구와 비슷해지거나 점차 많아지는 시기에 돌입할 것이다.[5] 부모와 자녀로 구성된 이상적인 형태의 핵가족이 줄어들고, 1인 가구나 편부모 가구가 증대하는 것은 독신 가구와 이혼의 증대를 의미한다. 인간사회는 산업화와 도시화로 친족집단 중심의 정서적인 관계가 해체되고, 현대사회에 들어서는 애정 중심의 핵가족의 형태도 해체되고 있음을 볼 수 있다. 가족은 현대사회에서 가족 성원에게 정서적 안정을 제공하는 기능을 수행한다고 알려져 있으나 가족의 이러한 기능도 축소되고 있다.

역사에서 가족적 연대의 변화를 보면, 가족은 친족이나 지역사회와의 연대가 사라지고, 핵가족의 정서적 유대도 1인 가구의 증가로 지속적으로 축소되고 있다. 현대사회에서 인간 간의 애정에 대한 욕구는 유지되나 이를 표현할 수 있는 공간이 가족해체로 인해 축소되고 있다. 부부간이나 부모와 자식 간의 애정적 관계는 지속적으로 원하고 있으나 이혼율이 높고, 출산율은 급속히 감소하였으며, 부모와 자식 간에 경제적 갈등도 증대하고 있다. 베버는 인간의 역사가 목적 합리성은 증대하고, 감정이나 전통적 형태가 사라지고 있다고 하였는데 이러한 현상이 가족제도에서도 나타나고 있다. 현대사회에서 1인 가구의 증대로 정서적 유대가 축소되고 있어 현대인은 여가나 소비수단을 통해 고립감을 해소하고 있다. 즉 현대인은 친밀한 지역사회, 친족 관계,

5 통계청, 『장래가구추계: 2015-2045』(2017. 4. 13. 발표) 참고.

가족관계의 축소로 외로운 존재로 생활하고 있으며, 외로움을 탈피하기 위해 다양한 방식으로 여가와 소비 생활하거나 소외된 삶을 탈피할 방법을 모색하고 있다.

3. 가족과 사회 불평등

가족은 사회의 가장 기본적 단위이다. 사회가 불평등하다는 것은 사회 희소가치인 돈, 권력, 명예의 분배가 불평등하다는 것이다. 사회 희소가치는 사회생활로 인해 발생한 것이나 사회 성원에게 항상 부족한 자원이다. 사람은 생존 욕구, 사교 욕구, 그리고 자존 욕구를 가지고 사회생활을 한다. 사회 희소가치는 사회가 형성되고 발달하면서 이러한 욕구에서 비롯된 것이다. 돈, 권력, 명예는 사회생활로 인해 생긴 것이나, 모든 사람이 이들을 많이 가지길 원하지만 그렇게 될 수가 없기에 사회 희소가치이다. 사회 희소가치는 신분사회에서 신분계층에 따라 소유의 차별이 존재하였으나, 현대사회에서 사회 희소가치는 가족 간 상속이나 개인들의 노력으로 분배된다. 사회 희소가치는 상속이나 교육으로 자녀들에게 전승되기에 가족이 사회계층을 결정하는 최소 단위이다. 신분사회에서 부모가 어떤 신분인가에 의해 자녀의 신분이 결정되었다. 현대사회에 있어 사회계층도 가족에 의해 결정된다. 결혼한 상대자가 상위계층이면 자신도 상위계층의 생활을 하고, 부모가 상위계층이면 자녀도 상위계층의 생활을 공유한다. 이러한 현상은 가족이 재산과 소득을 공유하는 경제공동체이기 때문이다. 기본적으로 사회가 불평등하다는 것은 가족 간의 돈, 권력, 명예와 같은 사회 희소가치가 불평등하다는 것이다.

가정은 사회 희소가치가 불평등하게 존재하는 곳이다. 가정의 불평등은 사회 불평등으로 연결되고, 우리는 이를 사회계층 현상이라고 부른다. 사회 불평등은 신체, 외모, 지능과 같은 선천적인 차이가 아니며 사회생활에서 발생한 것이다. 사회 계층화는 건강과 평균 수명, 소비와 주거, 일의 방식과 문화생활 등에 큰 차이를 만든다. 하위계층은 일과 주거에 있어 일은 보수가 적고 힘들며, 주거는 비위생적이고 열악하다. 하층은 열악한 주거지역에 모여 살고, 생존의 문제를 항상 걱정하고, 그들의 하위문화로 생활한다. 이에 반해 상위계층은 일과 주거에서 수입이 매우 많고, 주거가 좋은 환경에서 모여 산다. 이들은 비싼 물건과 여가와 자신들의 문화를 즐기고 정당화 논리를 형성한다.

사회계층에서의 위치에 따라 가족생활은 큰 차이가 있다. 최상층은 극히 적은 소수자에 해당하나 전체 재산의 상당 부분을 차지한다. 많은 국가에서 상위 10%가 전체 부의 50% 이상을 차지한다. 한국의 경우 2000년 이후 최상위 0.01%가 전체 부의 약 3~4%, 0.1%가 약 8.7~12.4%를 차지한다. 그리고 1%가 전체 부의 약 21.9~27%, 상위 10%가 약 55.8~67.3%를 차지한다. 상위 50%가 차지하는 비율은 99.7~98.7%이다. 반면에 이 자료에 의하면 하위 50%는 1.3~2.3%의 자산을 차지해 매우 낮으나, 이는

20세 이상을 인구 전체를 대상으로 하여 비경제활동인구가 포함되어 있기 때문이다.[6] 이러한 수치는 사회 불평등 현상을 쉽게 보여주고 있다. 이러한 사회불평등 현상은 정도는 약하지만, 소득에서도 나타난다. 2017년 10분위 분배율에서 상위 10%는 하위 10%에 비해 시장소득은 31.29배 처분가능소득은 12.62배 높다.[7]

이러한 사회계층 현상에 따라 사람들의 삶은 구분된다. 먼저, 사회계층에 따라 거주지가 분리되고 거주공간의 형태나 크기도 큰 차이가 있다. 주거환경이나 주거공간뿐만 아니라 문화코드에 있어 차이가 존재한다. 상층은 자신들을 다른 계급과 구분하기 위해 자신을 과시하는 차별적 삶을 산다. 톨스타인 베블렌(Thorstein Veblen)은 『유한계급론』(1899)에서 이러한 현상을 설명하였고, 부르디외는 소비사회에서 경제자본과 문화자본을 이용하여 『구별 짓기』(1979)를 저술하여 이러한 현상을 설명하였다. 두 학자는 최상위 계급인 유한계급과 다양한 자본을 가진 사회계급들 사이의 생활방식에서 차이가 있음을 보여준다. 오늘날 소비사회에서 상위계급은 물론 많은 사람은 기본적 욕구보다 다른 사람과의 차이를 보여주기 위해 상징적 소비를 한다. 별장, 보석, 외제 고급 차, 명품 상품, 승마, 요트, 골프, 클래식 연주회, 사교 클럽, 고급 레스토랑 등은 상징적 소비의 형태들이다.

이처럼 상층에 적합한 형태로 이루어진 코드 문화는 옛날부

6 김낙년의 「한국의 부의 불평등 2000~2013: 상속세 자료에 의한 접근」, 『경제사학』, 40권 3호, 2016, 393~429 참고.

7 통계청, 『가계금융복지조사』 2017년 소득분배지표 자료

터 존재하였으며, 이를 귀족문화 또는 고급문화라 칭하였다. 그리고 이들과 구분되는 중류층이 소비하는 코드 문화를 대중문화라 하고, 하층이 생활하는 문화를 빈곤 문화라 한다. 물론 문화는 상층에서 아래로 전파되고 모방된다. 그러나 상류층의 문화를 거부하고 자신들의 문화에 만족하는 현상을 민중 문화라 부르기도 한다. 사회자본에서도 큰 차이는 존재한다. 사회계층에 따라 거주지와 학교가 구분되고, 직장의 지위가 구분됨에 따라 사회관계에서 인맥이 다르며, 서로 끼리끼리 어울리는 경향이 강하다. 우리는 신뢰에 기초한 인간관계를 사회자본이라 말한다. 오늘날 학연에 따른 인맥은 전통사회의 혈연처럼 사회자본으로 연결되기 쉽다. 상층에서는 높은 지위에 의해 발생한 중요한 정보를 얻을 가능성이 크고, 주요 정보는 사회계층과 그들이 종사하는 장에 따라 다르다. 그리고 상층은 직장과 사회생활에 적극적으로 참여하고 큰 관심을 가진다. 반면에 하층은 직장과 사회생활에서 참여 기회가 낮고, 도구적으로 생활하며, 규범과 지시를 강제로 따르는 경향이 강하다. 그리고 그들은 그들 간의 인맥으로 생활한다.

사회 희소가치는 과거는 물론 현대사회에서도 직·간접적으로 상속된다. 직접적으로는 돈, 권력, 명예가 부모로부터 자식으로 상속되고, 기업과 가문 등은 자녀에게로 계승된다. 현대사회에서 공적인 영역의 지위는 개인이 사유하고 상속할 수 없으나, 사적인 사업체는 재산이나 주식에 의해 결정된다. 자본주의 사회에서 돈은 상속세를 제외하고 직접 상속되고, 권력과 명예도 돈과 밀접한 연관을 가진다. 간접적으로는 부모가 가진 다양한 경제, 문화, 사회, 상징자본 등은 가정생활에서 사회화와 교육을 통해 자녀에게 상당 부분 전달된다. 우리는 오늘날 인간이 목표를 달성하기 위해 필요한 자원을 자본이라는 개념으로 사용한다. 목표를 달성하는 데는 경제적인 측면의 돈뿐만 아니라 교육과 문화생활에 기초한 능력, 사회적 인맥, 상징적인 명성 등을 다양하게 사용한다. 부르디외는 이들을 경제자본, 문화자본, 사회자본, 상징자본이라 불렀다. 그리고 이들 자본은 직업에 따라 중요도가 달라지고, 이들 자본의 조합에 따라 취미 생활도 구분된다고 하였다. 경제인은 경제자본을, 관료들은 사회자본을, 대학에서는 문화자본을, 종교인들은 상징자본을 중시한다. 그는 경제자본과 문화자본이 취향에 크게 영향을 미친다고 하였다. 그리고 이러한 자본들은 사회화 과정과 교육을 거쳐 자녀들의 아비투스를 형성한다. 즉 사회화와 교육을 통해 부모 계층의 사회문화적 특성들이 자녀에게로 전달되고 체화된다. 그리고 자녀들은 유전자를 이어받는 것처럼 부모의 다양한 자산들을 계승한다.

사회 희소가치는 사회계층을 결정한다. 사회계층의 이동을 사회이동이라 한다. 사회이동은 구조적 이동과 개인적 이동으로 구분되고, 개인적 사회이동은 세대 내 이동과 세대 간 이동으로 구분된다. 가족의 사회 희소가치 상속과 관련하여 발생하는 사회이동은 세대 간 사회이동이다. 즉 부모와 자식 간의 사회 희소가치를 중심으로 한 지위의 변화이다. 이러한 지위는 사회 · 경제적 지위(SES)로 일반적으로 측정된다.[8] 부모의 돈, 권력, 명예 등의 사회 희소가치는 직·간접적으로 자녀의 사회 희소가치 형성에 영향을 미친다. 19세기 들어 산업사회의 발달로 초중등교육이 대중교육이 되었으며, 20세기 중반 이후 선진 산업국가에서 고등교육은 보편화되었다. 그리고 오늘날 대학원과 연구기관 등의 역할이 국가 경쟁력을 높이기 위해 중요시되고 있다. 이러한 현상을 두고 실력사회가 도래하였다고 주장하는 사람들이 있으나, 사회이동은 교육을 매개로 대부분 중간층을 중심으로 이루어지고 있다.

사회이동에서 최상층으로의 사회이동은 극히 제한적이다. 최상층은 부모로부터 상속을 통해 고용주와 관리직을 계승하고 사회계층을 계승한다. 일찍이 피티림 소로킨(Pitirim Sorokin)은 폐쇄 명제로 최상층으로의 진입이 어렵다고 주장하였는데, 많은 실증적 연구는 이를 검증하고 있다. 현대사회에서 최상층은 금융자본가나 산업자본가로 구성되어 있으며, 그 수는 극히 소수에 불과하다. 그래서 어떤 학자들은 계급분류에서 이들을 제외하기도 하나, 이들은 전체 부의 많은 부분을 차지하기에 사회분석에서 중요하다. 한국에서의 재벌이 이들에 해당한다. 그러나 현대사회에서는 정보사회의 도래로 반도체 관련 소프트웨어 산업처럼 자수성가하여 최상층에 진입하는 형태도 조금씩 증가하고 있다. 중상류층으로의 이동은 전문직이나 관리직으로의 이동

8 사회·경제적 지위는 교육, 소득, 직업 지위를 합한 값을 의미한다.

인데 주로 교육을 통해 이루어진다. 즉 의대, 로스쿨, 약대와 경영대와 같은 특성화 대학들을 졸업하고 자격증을 취득하거나 관료시험에 합격하여 중상류층으로 이동하는 것이다. 이들은 다른 직업에 비해 보수가 많고 안정적인 직업을 가진다. 이러한 사회이동에서 부모는 매우 큰 영향력을 미친다. 전문직으로 진입하는 사람은 부모가 전문직인 경우가 많다. 부모의 경제자본, 사회자본, 문화자본, 상징자본 등 다양한 자본이 자녀의 성장 과정과 교육에 영향을 미치는 것이다. 그리고 대중매체가 발달한 현대사회에서 연예인이나 스포츠인처럼 대중적 인기를 바탕으로 중상류층으로 진입하는 방법도 존재한다. 다음은 대기업과 공기업 같은 고소득 정규직으로 취업하는 것이다. 이들 조직에 입사한 사람들은 조직에서 승진하여 극히 일부는 지배계급이 되기도 한다. 다음은 중견기업이나 공무원과 같은 적정소득의 정규직이다. 마지막은 영세자영업이나 저소득층의 비정규직으로의 취업이다. 이 외에도 영세사업을 하는 다양한 직업 종사자들이 존재한다. 이러한 하위직들이 노동시장에서 차지하는 몫은 매우 크다.

현대사회에서 전문직을 포함한 중간 계층에서의 세대 간 사회이동은 비교적 원활한 편이다. 특히 사무 노동직과 육체 노동직 간의 이동은 사무직 노동자가 크게 증대함에 따라 매우 원활한 편이다. 제조업 노동자는 정보사회에 들어 정체하거나 감소하고 있으나, 사무직 노동자와 서비스직 노동자는 급속히 증대하고 있다. 사회이동은 이러한 노동시장의 구조 변동을 반영하나, 세대 간 사회이동도 중간 계층에서 많이 발생한다.

가족은 정에 기초한 일차집단이나 동시에 상속으로 사회 불평등을 영구화시키는 역할을 하는 집단이다. 갈등론적 시각에서 보면 가족은 사회 희소가치를 계승하는 집단이다. 현대사회가 능력사회 또는 실력사회라 불리지만 많은 연구는 사회 불평등과 가족의 연관성을 밝히고 있다. 예로 미국은 인종차별이 심하였던 국가였다. 1954년 대법원의 브라운 판결과 1964년 민권법이 마련되기 이전까지 공적인 영역과 사적인 영역에서 인종차별의 공간 분리가 정당화되었다. 이러한 인종차별 현상을 개선하려는 노력으로 백인과 흑인 학교 학생들의 학업 성취도의 차이를 밝히려는 프로젝트가 행해졌다. 콜먼 보고서는 부모의 계층 차이가 교사의 질, 학교시설과 학습자료 등의 학교 조건보다 학업성취도 차이에 영향을 미치는 중요 원인임을 지적하였다. 부모의 계층 요인이 학교 요인보다 중요하다는 연구결과는 충격적이었다. 학업 성취도의 차이를 줄이기 위해 평등사회가 필요하다는 연구이다.

비슷한 연구는 갈등론자들에 의해 교육의 계급 재생산 이론으로 나타났다. 학교는 사회 불평등의 계층적 특성을 반영하여 지역별로 사회계층이 비슷한 학생들이 다니고, 학생들은 부모의 노동특성과 연관된 교육을 받고 노동계급으로 진입한다는 주장이다. 보울즈(Samuel Bowles)와 진티스(Herbert Gintis)는 학교의 위계적인 분업구조가 사회계급과 대응한다고 주장한다. 그는 고등학교 내에서도 인문고와 특성화고를 구분하고, 이들 분류에 따라 명시적, 잠재적 교육 과정의 차이는 존재한다고 설명한다. 그리고 그는 특성화고 학생들은 노동자의 특성에 적합한 교육을 학교에서 받는다고 주장한다. 즉 학생들은 사회계층에 따라 가정과 학교에서 각기 다른 사회화와 교육 과정을 거치고 그에 적합한 노동시장에 진입하는 것이다. 이러한 주장은 폴 윌리스(Paul Willis)의 『학교와 계급재생산』에서도 확인된다.[9] 그리고 부르디외는 사회를 경제자본, 사회자본, 문화자본, 상징자본 등 다양한 자본들이 전개되는 갈등의 장으로 보았다. 그는 학교가 다양한 자본과 연관되지만 문화자본과 연관이 깊고, 가정 배경에 따라 사회화된 다른 아비투스를 가진 학생들에게 지배층의 문화를 강요하는 상징적 폭력을 행사하는 장소라고 주장하였다. 즉 사회계층에 따라 여러 자본에 있어 가족 배경의 차이가 존재하며, 자녀들은 그들이 속한 사회계층의 가족 배경에 따라 다른 아비투스를 가지게 되고, 학교에서 다른 방식으로 교육받거나 다른 방식으로 반응하는 것이다.

4. 가족과 소외

가족은 결혼한 부부와 혈연관계의 자녀로 이루어진 친밀한

9 구체적 내용은 황갑진, 『사회 불평등과 교육』, 경상대학교 출판부, 2018, 173~178 참고.

애정 중심의 일차집단이다. 모든 생명체가 종족 보존을 위해 번식을 하며 자신의 새끼들을 보호하듯이, 가정은 자녀를 출산하고 양육하는 집단이다. 즉 가족은 애정적 관계에 기초해 형성된 집단으로, 가족 성원들은 같은 공간에서 생활하면서 많은 일을 공유하고, 서로 긴밀한 유대를 가진다. 그리고 문제가 생겼을 때 문제해결을 위해 함께 노력하는 생활공동체이다. 그래서 가족은 같이 있으면 편안하고 위로를 얻고, 서로 사랑하는 우애의 대표적 집단이다.

그러나 가족관계는 시대와 사회에 따라 다양하게 변화하였다. 현대사회에는 가족이 애정 중심의 생활공동체라는 기술에 동의하지 않는 사람도 많을 것이다. 경쟁적인 현대사회에서 다른 동물들과 달리 인간 수명과 자녀 양육 기간은 과거와 비교해 매우 길어지고 있다. 성적 매력에 기초한 부부관계는 시간에 따라 매력을 상실할 수 있으며, 다른 사람에게 매력을 느낄 수도 있다. 현대사회에서는 사회생활을 위한 교육 기간이 길어짐에 따라 사회계층별 교육 정도는 큰 차이를 보인다. 부부관계나, 부모와 자녀와의 관계에서도 정서적 유대는 자기중심적 사고와 행동으로 인해 깨어질 수 있다. 현대사회에서는 애정적 부부관계와 가족들 간의 삶에 대한 부정적인 지표들도 많다. 단독가구는 많아지고, 이혼율은 높으며, 가족갈등과 가정폭력이 많고, 혼자 외롭게 사는 어려운 사람들도 많다.

가족은 서로 간섭하고 미워하고 싸우기도 하지만 쉽게 가족관계를 끊을 수 있는 집단이 아니다. 가족은 비교적 연속적인 기본적 집단으로, 서로 생존 본능과 자기중심의 사고와 행동 때문에 싸우고 미워하고 때론 폭력을 행사하지만 쉽게 깨어지지 않는다. 모든 존재가 가까이 있을 때 정들고 사랑하고 증오하고 싸우듯이 현대 가정은 일차적 인간관계에 기초한 다양한 일들이 동시에 일어나고 있는 곳이다. 가족은 본능과 이성을 동시에 가진 인간이 자신의 내면을 표현하고, 인간이 만든 규범을 내면화하고 표출하는 소규모의 애정적인 일차집단이다. 그러나 가족은 결혼과 혈연의 애정적 연대로 결속된 집단이지만 상호존중이 사라지면 갈등한다. 개인주의가 발달한 현대사회에서는 부부 중 어느 한쪽이 바람을 피우고 외도를 하거나, 가족 성원들이 서로에 대해 인격적으로 대하지 않으면 인간은 자존의 욕구로 긴장하거나 갈등을 겪게 된다. 이러한 이유로 가족관계에서 폭력이 발생하거나 별거나 이혼 등 가족해체의 결과를 초래하기도 한다.

현대 가족은 최소의 경제적 소비집단이고 일차집단으로서 사회의 축소판이다. 현대 핵가족은 해체되기 쉽고, 거주가 분리된 단독가구가 많다. 역사적으로 볼 때 가족 규모가 축소되고 공동체적 연대가 해체됨으로 인해 가족 성원들은 고독한 존재로 소외되기 쉽다. 그리고 가족은 사회생활을 위한 기초 단위이기에 사회 희소자원이 부족하면 사회생활의 적응에 문제가 발생한다. 현대사회는 자본주의 사회이기에 가족은 돈이 부족하면 건강을 지키거나 소비생활을 하기가 어렵고, 자녀의 양육과 교육도 어렵게 된다. 사회계층이 낮을수록 가족은 사회생활을 하는 가운데 문제가 발생하고, 그로 인해 서로 갈등하며 가족은 깨어지기 쉽다.

가족 소외란 성인 남녀가 결혼으로 만든 가족 집단인 가정이 가족을 구속하는 현상이다. 즉 가족 소외는 가족 간 갈등, 가족 결손으로 인한 역할 부재, 빈곤으로 인한 무력함, 단독가구로 인한 고독 등 다양한 현상을 포함한다. 이처럼 가족 소외는 다양한 이유로 가족 성원 간의 애정적 연대가 깨어져 무력감, 무규범감, 무의미감, 자기 소원, 고립감을 경험할 때 발생한다. 가족은 사회화 기관이면서 사회의 기초 단위이다. 그러므로 가족 소외는 적게는 인간 소외현상이고 크게는 사회적 소외현상이다.

인간 소외 현상이란 본능과 이성을 가진 인간이 상호작용 과정에서 가족 간의 역할 부재로 본능에만 의존하여 발생하는 현상이다. 즉 본능과 이성의 분리로 본능에 의존하는 삶을 살거나, 상호관계에서 상호존중의 정서적 유대가 깨어진 삶이다. 이러한 현상은 오늘날 해체된 가족에서 많이 나타난다. 가족은 자아 형성의 초석이다. 쿨리에 의하면 다른 사람을 배려하는 동정적 자아는 일차집단인 가족에서 형성된다고 하였다.

사회적 소외현상이란 인간이 만든 사회가 인간에게 억압적 존재로 작용하는 것이다. 가족관계는 친족과 지역사회의 연대에 기초한 확대가족에서 정서적 유대가 깨어진 산업사회와 도시사회의 핵가족으로 변화하였다. 그리고 현대사회에는 소규모 핵가족도 규모가 더욱 축소되고 파괴되어 가고 있다. 친족집단과 지역사회의 상실로 인간의 정서적 유대가 깨어지고, 직장생활과 도시의 발달로 가정은 핵가족화되고, 현대사회에 들어서는 독신 가구나 부부만으로 구성된 가구가 가장 많은 형태로 변화하고 있다. 이러한 과정은 가족 소외현상을 의미한다. 즉 가족 붕괴로 인간관계가 소원해지는 것이다. 그리고 인간은 고독한 존재가 되고, 삶에 대한 의미를 상실하기 쉽다. 현대사회에서는 남성과 동등하게 여성의 인권이 향상되고 있으나 개인주의의 발달로 가족의 정서적인 유대는 사라지고 있다. 가부장적 권력이 가정에서 사라지고 있으나 동시에 정서적 유대의 핵가족도 사라지고 있다.

1) 공동체 해체와 가족 소외

가족 소외의 가장 큰 원인은 공동체의 해체와 사회계층 현상일 것이다. 공동체의 해체는 사회학자들이 말하는 공동사회에서 이익사회로의 변화, 일차집단에서 이차집단으로 변화, 기계적 연대에서 유기적 연대로의 변화로 대변할 수 있다. 산업사회와 자본주의 사회로의 변화는 인간의 본질의지나 내재적 가치가 축소되고, 선택의지나 수단적 가치가 증대되는 것이다. 가족, 친족, 근린사회에서 회사, 정당, 도시사회로 변화하는 것이다. 비형식적이고 전인격적인 관계에서 형식적이고 부분적인 비인격적인 관계로 변화하는 것이다. 사회 측면에서는 자급 자족적이고 전통이나 가치를 공유한 지역 공동체에서 분업과 전문화로 연결되고 다양성과 개인주의가 강조되는 자유 사회로 변화하였다. 개인적 측면에서는 전통적, 감정적, 가치 지향적인 행위가 축소되고 이익이나 목표 합리적인 행위가 증대하는 사회로 변화하고 있다. 현대사회에서 감정이나 가치에 기초한 정서적 유대는 깨어지고 있으나, 다양한 가치나 이익추구를 위한 개인적 자유는 확대되고 있다. 개인의 자유 확대가 소극적 자유를 초래할 수도 있고 적극적 자유를 초래할 수도 있으나 자유는 개인에게 맡겨진 것이다.

가족 소외는 이러한 사회변동과 연관이 있다. 분업이 심화되고 전문화된 사회는 여성의 노동력과 사회참여를 요구한다. 여성들은 가정이 아닌 직장에서 남성과 동등하게 일할 수 있는 사회적 환경이 조성되었다. 전통사회나 중공업 중심의 산업사회와는 달리 현대사회는 여성의 사회참여를 요구하지만, 여성들은 결혼하면 출산과 육아로 가정에서 갈등 상황에 직면하게 된다. 여성은 결혼과 출산 후 육아로 인한 경력 단절을 경험한다. 육아를 뒷받침할 수 있는 강력한 제도적 뒷받침이 없이는 현대사회에서 핵가족의 존립도 어렵게 된 것이다. 여성들은 독신으로 살거나 피임기술로 임신을 피할 수 있는 사회에 살고 있다. 수명의 연장과 소비사회의 출현으로 출산과 무관한 성생활이 확대되고 있다. 많은 문헌을 보면 인간의 욕망은 성의 자유를 갈망하는지도 모른다. 현대사회에서는 자유의 확대로 모든 인간은 이성을 갈망하고 성적 욕망을 추구할 수 있다. 그러나 진정한 자유를 얻기 위해 타자에게 피해를 주어서는 안 된다. 이기적인 자유연애는 합의적 만남과 헤어짐의 반복이 아니면 많은 갈등과 사고를 초래할 것이다. 성에 대한 일방적 강요나 반복적인 헤어짐은 정서적 상처를 남기고 애정적 유대관계를 파괴한다. 감정적 유대가 사라진 만남은 타인에 대한 상호존중과 이해가 쉽지 않고, 의미를 상실하고 본능에 의한 무규범의 소외된 만남이 된다. 즉 가족 성원이 가족 윤리를 벗어나 성적 욕구를 충족할 때 가족 간 갈등이 발생하고 가족은 소외된다.

인간의 생활은 친족과 지역사회, 가족을 벗으나 점차 인간 개인에게 맡겨지는 형태로 변하고 있다. 그러면 개인주의의 발달에 따른 자유의 증대는 가족 소외현상을 증대시키는 것인가? 현대인들은 정서적 유대가 강한 가족생활이 축소됨에 따라 안정과 쾌락적 추구를 지향하고 있고, 소비사회에서 쾌적하고 편안한 생활을 하지만 수단적이고 외로운 존재로 살고 있다. 가장 소외된 층은 노인층이며, 결혼한 형제들 관계도 소원한 경우가 많다. 성인이 된 자녀들의 경우 부모 봉양 문제와 재산상속으로 인한 가족 간 갈등도 많다. 법적으로 가부장 제도는 철폐된 지 오래되었으나, 아직 존재하는 가부장적인 사고와 부모 봉양, 상속 문제로 인해 가족 간 정의적 관계가 깨어지기도 한다. 이보다 주목할 것은 노인 소외이다. 노인층을 중심으로 단독이나 독신 가구가 빠르게 증대하고 있다. 문제는 노인 단독가구와 독신 가구이다. 현대사회에서 인간의 수명 연장으로 인해 노인 단독가구나 독신 가구는 계속 증대하고 있으나, 이들은 결혼한 자녀들과 떨어져 생활하면서 생활고와 고독으로 고통받고 있다. 고령으로 수입이 없고 건강이 좋지 않아 도움이 필요한데 어쩔 수 없이 노인 단독가구나 독신 가구로 생활한다. 이들은 육체적 정신적으로 무력하고 고독한 소외된 존재이다.

부모와 자녀 간의 갈등도 가정 소외의 한 부분이다. 오늘날 우리는 세대갈등이란 말을 많이 쓴다. 지식과 가치가 빠르게 변화하는 현대사회에서 부모와 자녀의 세대 차이는 갈등의 주요 요인이다. 자녀들은 부모의 보호 아래 맹목적인 유아기를 거쳐 사춘기에 접어들면서 부모의 사회적 위치와 역할을 객관적으로 인식하기 시작한다. 부모의 자녀들에 대한 사랑과 관심도 느끼고 안다. 그러나 부모들의 삶의 방식이 자신들의 삶의 방식과 차이가 있고, 부모의 견해가 자신들의 삶에 적용되기 어려운 측면도 인식한다. 실제로 다양한 지식은 인터넷에서 찾을 수 있고, 부모의 조언이 생활에 도움이 되지 않는 경우도 많다. 그리고 현재의 청소년 세대는 권위주의적 문화를 싫어한다. 이들은 존중받길 원하고 강요받는 삶을 싫어한다. 특히 일방적인 강요와 비교를 싫어한다. 이들은 부모 세대와 자라온 환경이나 경험적 조건이 다르므로 서로 문화적으로 큰 차이를 보인다. 아울러 기존의 사회문화에 반항하는 성향을 띠기도 하므로 소외감에서 벗어나기 위해 부모들의 자녀에 관한 관심과 존중이 필요하다.

2) 사회 불평등과 소외

가족 소외의 다른 중요한 요인은 사회 불평등으로 인한 빈곤 가족의 소외현상이다. 소외된 가족관계는 사회변동에 의한 가족구조의 문제이기도 하지만 사회계층 현상과 밀접한 연관이 있다. 가족은 사회 불평등이 상속되는 곳이며, 사회계층의 핵심적인 단위이다. 가족은 과거 농경사회에서 생산을 위한 경제공동체였고, 오늘날도 자영업에서는 가족 노동을 함께 사용하기도 한다. 그러나 현대사회에서 가정과 직장이 분리됨에 따라 가족은 가정과 분리된 직장에서 소득을 벌고, 그 소득으로 소비를 하는 공동체이다. 그러므로 개인이 가진 자본이나 소득의 크기에 따라 가족의 소비생활이 결정된다. 사회 불평등 현상을 의미하는 사회계층의 바탕은 사회 성원이 아니고 가족이다. 가족은 사회 희소가치가 보존되는 공간이다. 돈과 권력과 명예는 신분 사회에서는 개인 속한 가족을 통해 신분계층이 세습되었다.

근대사회에 들어 자유주의가 발달하면서 국가 조직 내의 지위에 따른 권위는 사유할 수 없는 영역이 되었지만, 자본주의 발달에 따라 돈은 신분사회와 마찬가지로 개인이 소유하고 가족에게 공유되고 가족에게 상속되고 있다. 다른 동물에게는 없는 사유재산에 기초한 상속제도가 고등사고력을 가진 인간에게 존재하는 것이다. 인간은 사회 희소가치를 얻기 위해 경쟁한다. 그 경쟁과 갈등은 기술과 사회발전이라는 긍정적 결과도 있지만, 사회 불평등과 사회부적응을 초래케 한다. 특히 사회 불평등은 빈곤계층을 무기력하게 만들고 그들의 삶을 무의미하고 고독하게 만든다. 이런 측면에서 가족은 불평등을 재생산하는 공간이고, 빈곤 가족은 소외되기 쉽다. 빈곤 가족의 경우 가족해체는 많고, 정서적 애정 관계가 깨어지며, 이러한 현상은 다시 대물림되어 빈곤 지역에서 하위문화를 형성하기 쉽다.

가족은 경제공동체이기 때문에 부모는 자녀의 양육과 가족의 생계를 책임진다. 가족의 생계를 유지하기 위해 부모들은 노동시장에 진출하지만, 노동시장에서 이들의 직장과 지위는 매우 큰 차이가 존재한다. 그리고 이들 지위는 상속과 교육을 통해 자녀에게 계승된다. 부모의 사회계층과 사회경제적 지위는 가족의 삶뿐만 아니라 자녀 교육과 자아 형성에 매우 큰 영향을 미친다. 교육의 중요성이 강조되는 현대사회에서 부모의 사회경제적 지위는 자녀의 교육에 매우 큰 영향을 미친다는 연구들이 많다. 그런데 빈곤 가족은 경제, 문화, 사회, 상징자본이 빈약하다. 사회적 활동에 필요한 돈, 지식, 정보, 신뢰성, 자신감 등과 같은 자원이 부족한 것이다. 그리고 부모의 재산이 부족하여 자식에게 상속할 재산이 없고, 부모의 사회경제적 지위가 낮아 자녀의 교육과 태도에 부정적 영향을 끼쳐 소외현상을 만든다. 즉 빈곤은 단순히 의식주 문제뿐만 아니라 문화 현상으로부터 분리로 고립과 열등감을 초래한다. 그리고 빈곤 가족은 가족해체가 많고, 단독가구로 고립되고, 반사회적이기 쉽다. 이는 많은 불법적 행위가 빈곤 가족의 생존과 생활습관에 의해 이루어지기 때문이다. 그러므로 개인 스스로가 주체적 자아로 그들의 문제를 해결하여야 소외에서 벗어날 수 있다.

사회계층별로 보면 사회계층에 따라 실업, 가족갈등, 가정폭력 등은 큰 차이가 존재한다. 미래가족에 대한 전망을 보면,[10] 1인 가구가 계속 크게 증가하고, 다음으로 부부만으로 구성된 가

10 통계청, 『장래가구추계: 2015-2045』.

구가 조금씩 증가한다. 반면에 부모와 자녀로 구성된 가구는 감소한다. 핵가족이 해체되는 지표로 사용되는 1인 가구의 증가는 젊은 층의 미혼과 만혼 현상, 그리고 결혼한 사람들의 이혼이나 사별 등으로 인해 증가한다. 한국의 경우 2015년 1인 단독 가구는 이미 25%를 넘어 2인, 3인, 4인 가구보다 많으나, 동거가 많은 북유럽의 경우 그 비율은 40%를 넘는 예도 있어 더 증가할 것으로 보인다. 한국의 경우 이러한 현상은 90년대 이후 정보산업이나 서비스 산업의 증대에 기인한 것이다. 1인 가구를 조사한 것을 보면, 일하지 않는 비율이 높으며, 자기 집이 적고 월세가 매우 많으며, 원룸, 고시텔, 반지하 방의 거주 형태가 많다. 전체적으로 보면 가구별로 교육 정도나 직업별 구분에서 큰 차이가 없으나 빈곤하다. 빈곤 비율은 3인과 4인 가구가 합쳐 5.6%인데 1인 가구에서 54%로 압도적으로 높으며, 65세 이상의 노인 가구에서 높다(48%). 이혼이나 사별로 인한 한 부모 가구의 월평균 소득은 양부모 가구의 월평균 소득에 비해 절반이 조금 넘는 정도여서 빈곤으로 이어지기 쉽다. 통계청 자료에 의하면 하위 계층에서 범죄, 폭력, 가정폭력이 많다. 그리고 하층일 때 1인 가구주는 대인관계가 부족하여 고립감과 외로움을 경험하고 있다. 즉 빈곤 가정은 1인 가구가 많으며, 소외 가정이 되기 쉽다.

정리하면, 오늘날 가족해체가 소외의 직접적인 원인이 되는 것은 아니다. 핵가족화와 핵가족의 해체는 친족 관계와 가족관계에 기초한 정서적 유대의 상실을 의미한다. 현대사회에서 정서적 유대는 점차 축소되어 가고 있다. 이러한 점에서 가족해체는 소외의 원인이다. 그러나 미혼이나 만혼의 원인은 여성들의 사회진출과 밀접한 연관이 있다. 현대사회에서 여성들은 직장생활을 선호하여 혈연에 기초한 정서적 유대를 가진 가족은 점차 축소되고 있다. 사회에 진출한 여성들은 결혼 후 출산과 육아의 문제에 직면한다. 그리고 결혼한 여성들은 직장과 가사 노동으로 이중고를 겪는 경우가 많다. 그래서 여성들은 미혼과 만혼, 결혼하여도 소자녀를 택한다. 즉 여성들은 과거 어느 때보다 사회진출이 보장된 세상에서 자유와 권리를 추구하길 원한다. 즉 가족해체로 현대인은 자유로운 존재가 되었으나 동시에 정서적인 연대가 끊어진 고독한 존재가 되고 있다. 현대 가족은 풍요로운 삶을 살고 있으나 동시에 목적 합리적 사회에서 생존 경쟁으로 수단적인 삶을 살고 있다. 현대사회에서 전통적 행위와 감정 및 가치 합리적 행위가 감소하고 목적 합리적 행위가 증대하는 것처럼 가족도 마찬가지이다. 전통적 믿음이나 정서적 유대는 감소하고 목적 합리적 행위를 지향하는 가정이 증대하고 있다. 그리고 가정도 증여나 상속에 의한 재산 대물림의 주체로 인식되어 증여나 상속을 두고 많이 갈등한다.

이러한 소원한 인간관계를 극복하기 위해 가족 성원에 대한 이해와 친목을 위한 자발적인 결사체 형태의 모임들이 필요하다. 친목 도모를 위한 친족, 친구, 취미 등의 자발적인 모임이 소비사회에서 정서적 유대의 상실을 치유할 수 있게 만들 것이다. 사회계층에서 중상류층은 새로운 유대 공간을 만들어 생활하고 있으나, 빈곤층은 점차 소외되고 고독한 존재로 변화하고 있다.

역사적으로 볼 때, 미래사회에서도 사회 불평등은 보편적 현상일 것이며, 빈곤층은 사회생활과 가족생활에서 생존과 안전문제에 직면하여 무력감과 무의미감을 느끼고 도구적이고 고립된 생활을 계속할 것이다. 소외를 줄이기 위한 민주주의와 복지사회의 제도적 장치가 필요하다.

8장
다문화사회와 소외

1. 다문화주의 개념

다문화사회란 다양한 문화가 공존하는 사회이다. 다양한 문화가 공존한다는 것은 문화 개념의 다양성을 의미하는 것이 아니다. 문화란 매우 다의적이고 복잡한 개념이다. 문화는 인간이 만든 창조물이며, 사회생활을 하면서 학습한 것이다. 문화는 분류방식이 다양한데 무형문화와 유형문화 또는 정신문화, 규범문화, 물질문화로 구분되기도 한다. 그리고 지식과 관념, 가치, 규범 등 정신적 계발과정으로서 정신문화, 생활양식으로서의 문화, 예술적 활동이나 창작물로서의 실천문화 등으로도 구분된다. 그러나 여기서는 생활양식으로서 문화에 초점을 맞추고자 한다. 모든 사회는 전체 문화 아래에 하위문화를 가진다. 지역별, 계층별, 나이별, 성별 등에 따른 하위문화가 존재한다. 기술과 교통이 발달하기 전에 인간은 자연적 특성에 따라 자연에 적응하면서 생활하였다. 기후나 토양과 같은 자연적 특성에 따라 지역마다 사람들은 다른 문화를 가지고 생활하였다. 생활에 가장 기본적인 의식주의 모습이 지역에 따라 달랐다. 열대와 온대 그리고 냉대, 산지 지역과 평야 지역, 그리고 강수량의 정도에 따라 의식주와 생활방식은 크게 차이가 난다. 자연적 조건이 비슷한 동일 사회에서도 사회계층에 따라 문화의 차이가 심하다. 사회계층에는 수적으로는 소수이지만 돈, 권력, 명예와 같은 사회 희소자원을 가지고 있는 상위계층이 있고, 수적으로는 다수이지만 사회 희소가치가 적은 중간 계층과 사회 희소가치가 없고 생존이 어려운 하위계층이 존재한다. 사회계층에 따라 일하는 방식뿐만 아니라 일상생활을 하는 방식에 큰 차이가 존재한다. 같은 사회계층 내에서도 나이와 성에 따라 생활방식의 차이가 존재한다. 교육이 필요한 청소년기, 직장 활동을 하는 성년기, 은퇴 이후의 노년기가 존재하고 이에 따라 문화의 차이가 존재한다. 그리고 시대와 사회에 따라 차이가 있지만, 남녀 성별에 따른 생활방식의 차이도 존재한다.

사회는 다양한 생활양식의 문화를 가진다. 그러나 다양한 문화가 존재한다고 다문화라고 규정하지 않는다. 문화 속에는 항상 힘의 역학적 관계가 존재한다. 문화 속에는 국가 간 힘의 차이가 존재하면서 강대국의 문화는 좋은 것으로, 약소국의 문화는 미개한 것으로 평가받는 경우가 많다. 그리고 강대국은 약소국의 문화를 낮게 평가하고 자신들의 문화를 약소국에 강요한다. 국가 내에서도 사회계층에 따라 지배문화와 서민문화가 존재한다. 그리고 지배층은 피지배층의 생활양식을 업신여기고 지배문화를 보존할 가치가 있는 것으로 여긴다. 이러한 의식은 사회 희소가치 점유의 차이와 문화에 기초한 것이다. 다문화주의는 이러한 문화의 차이를 인정하고, 차이에 기초한 차별을 최소화하려는 관점을 말한다. 다문화주의는 다양한 문화 중에서 사회적 소수자의 문화를 강조한다. 사회적 소수자는 숫자와 관계없이 사회에서 피지배적 위치에 있는 사람들을 통칭한 개념이다. 예를 들면 피지배적 위치란 크게는 국적과 민족, 인종뿐만 아니라 계급, 종교, 성, 젠더, 장애, 나이 등과 같이 다양한 정체성을 구성하는 요소들을 포함한다. 즉 다문화주의란 이들 관련 문화에서 비롯되는 차별을 줄이고 차이를 역사적, 문화적, 사회적 맥락에서 이해하고 인정하는 것이다. 그러므로 다문화사회 이론은 권력을 가진 사람 대신에 사회적 약자의 편에서 이들을 보호하며, 이들을 위한 세계를 위해 사회구조의 변경과 지적 세계의 변화를 강조하고, 이들을 위한 비판적 관점과 담론을 강조한다.[1]

다문화주의는 차이를 존중하고 차별이 없는 다문화사회를 건설하려는 가치를 지향하고 있다. 이러한 가치는 개인의 자유를 최대화하고 소외를 최소화하려는 입장과 일치한다. 개인의 자유와 소외는 개인 문제이기도 하고 사회문제이기도 하다. 인간은 사회 속에서 유전적 특성을 가지고 태어난다. 인간은 피부

1 조지 리처 저, 한국이론사회학회 역, 『현대 사회학 이론과 그 고전적 뿌리』, 박영사, 2014, 12 참고.

색, 성, 선천적 능력, 외모 등 다양한 선천적인 유전적 차이를 가지고 태어난다. 그리고 민족, 국가, 사회계층, 사회구조, 문화와 종교 등 다양한 사회적 환경에서 부모가 존재해 있는 일정 위치를 점하면서 태어난다. 이들은 서로 연결되어 사회화 과정에서 다양한 차이와 차별을 초래한다. 다문화주의는 이러한 차이에서 형성된 정체성 문제를 해결하려는 하는 것이다.

다문화주의는 인권 사상에 기초한다. 인간은 태어날 때부터 생명을 가지고 자유롭게 살 권리를 가지고 태어났다는 가치를 중시한다. 이는 근대사회 이후에 강조되고 20세기 들어 크게 진행된 인권운동의 결과이다. 근대사회는 17세기 계몽주의 사상에서 출발한다. 계몽주의 사상가들은 법으로 규정된 실정법과 달리 태어나면서부터 가진 천부인권의 자연법을 주장하였다. 이들은 천부인권을 지키기 위한 사회와의 계약 때문에 권리를 양도하고, 사회는 일반의지를 바탕으로 권리를 지키고, 이를 위반할 때 시민은 저항권을 가진다고 하였다. 즉 계몽주의 사상가들은 사상에 있어 시기와 국가적 배경 등으로 큰 차이를 보이지만 인간에 있어 생명권, 자유권, 평등권, 재산권, 저항권 등을 강조하였다. 이러한 계몽주의 사상은 근대국가의 발달로 헌법에 수용되었다.

시민 개념은 근대사회의 발달과 더불어 상공업 층에서 비롯되어 19세기 후반 이후에는 노동자, 여성 등 모든 국민으로 확대되었다. 이 시기에 피지배층의 이해관계를 대변하는 정당들이 형성되었고, 이들을 위한 사회복지제도의 기반도 마련되었다. 20

세기 민주국가들에 있어 헌법을 보면 생존권, 자유권을 보장하고 있다. 포괄적으로 인간 존엄과 행복추구를 기초로 하고, 개별적 기본권으로 자유권, 평등권, 사회권, 참정권, 청구권 등을 보장한다. 자유권은 신체, 정신, 경제적 자유의 권리를, 평등권은 인종, 성별, 종교, 신분, 장애 등과 관계없이 동등하게 대우받을 권리를, 사회권은 교육과 근로의 권리를, 참정권은 선거권, 국민투표권, 공무담임권 등의 권리를, 청구권은 재판청구, 국가 배상과 보상 청구의 권리를 말한다. 이러한 헌법에의 보장에도 불구하고 실질적으로 이러한 권리들은 모두에게 실현되지 못하였다.

근대사회 들어 대륙 간 많은 인구이동이 있었다. 유럽인들의 아메리카와 오세아니아 이주, 아프리카인들의 아메리카와 유럽 이주, 아시아인들의 유럽과 아메리카 이주 등 많은 대륙 간 이주가 있었다. 그러나 아프리카와 아시아 출신의 많은 이주민은 이주지역에서 차별적 대우를 받고 살고 있다. 인권은 모든 인간을 위한 인권이 아니고 지배민족과 인종을 위한 인권이었다. 다문화주의는 이들의 인권에 기초한 평등사회를 실현하기 위한 사상이다. 이러한 사상은 1960년대 68혁명 이후에 발생하여 인종, 성, 종교, 계급 등에 의해 차별받지 않는 사회를 실현하려는 운동의 기반이 되었다.

2. 다문화주의의 발생

19세기 후반 이후 과학과 기술은 기하급수적으로 발달하였다. 그러나 과학과 인간의 이성에 대한 믿음은 제국주의 발달, 양차 세계대전, 경제 대공황, 인간의 대량학살, 냉전 등으로 사라지게 되었다. 과학은 19세기 이후 생물학, 화학, 물리학 등에서 획기적인 발전을 하였고, 도제 형태였던 기술도 산업 및 응용과학의 발달로 빠르게 발전하였다. 산업화 및 도시화와 더불어 이러한 과학과 기술의 발달은 인구증대와 이동, 거대도시화, 노동시장 구조의 변화, 대중사회의 출현 등 큰 사회변동을 초래하였다. 그리고 식민지를 확대하려는 강대국의 경쟁은 20세기 초반까지 계속되었고, 자본주의의 많은 병폐를 초래하였다. 자본주의의 확산은 국가 간 교역의 증대와 경쟁을 심화시켜 주기적인 공황은 물론 제국주의의 형태로 이어졌다. 이러한 현상은 20세기의 양차 세계대전과 경제 대공황을 초래하였다. 그리고 한편으로는 공산주의 국가와 케인스 경제학을 출현시켰다. 양차 세계대전은 과학과 기술발달에 기초한 전쟁이었고, 이로 인해 상상을 초월하는 인명피해를 초래하였다. 실제로 일본 히로시마와 나가사키에 원자폭탄이 처음으로 투하되고 2차 세계대전은 끝났다. 2차 세계대전 이후에는 미국과 소련을 중심으로 새로운 냉전체제가 형성되었다. 1차 세계대전으로 900만 명 이상이 사망하였으며, 러시아 제국과 오스만 제국이 사라졌다. 2차 세계대전은 1800만 명 이상의 전사자와 2900만 명에 이르는 민간인 사망자를 발생시켰다.[2] 그리고 2차 세계대전 동안에 590만 명에 이르는 유대인이 독일 나치에 의해 살해되었다.[3] 1929년의 경제 대공황은 자본의 경쟁으로 시장에서의 수요와 공급 균형을 파괴하였으며, 자본과 노동자들은 구조조정과 대규모 실업의 상황에 놓였다. 미국은 남북전쟁 후 노예해방을 하였으나 인종차별은 계속되었다. 미국 대법원은 1896년 플레시 대 퍼거슨 판결처럼 공간 분리에 의한 인종차별을 정당화하였고, 이러한 인종차별적 공간 분리 제도는 1954년 브라운 판결까지 존속하였다. 선거를 비롯한 일상생활에서 인종차별 제도는 1964년 민권법이 형성될 때까지 존재하였다.

다문화주의는 1960년대 일어난 68혁명과 아주 밀접한 연관이 있다.[4] 68혁명은 20세기 중반까지의 역사에 대한 반성에 기초한다. 근대 들어 과학과 인간의 이성에 대한 믿음은 제국주의 발달, 두 번의 세계대전, 세계 대공황, 인간의 대량학살, 냉전 등으로 사라지게 되었다. 그리고 2차 세계대전 이후 미국과 소련을 중심으로 이데올로기적 냉전체계가 형성되었고, 냉전의 산물로 한국전쟁과 베트남 전쟁이 발발하였다. 프랑스에서는 1968년 5월 미국이 개입하는 베트남 전쟁에 반대하는 저항운동이 시작되었다. 68혁명은 여태까지의 식민국가의 해방이나 계급 관계

2 http://www.world-war-2.info/statistics/와 위키백과 '1, 2차 세계대전 사망자'

3 위키백과, 홀로코스트(Holocaust) 참조.

4 68혁명에 대한 구체적인 기록은 로널드 프레이저 저, 안효상 역, 『68년의 목소리: 불가능한 것을 요구하라!』, 박종철출판사, 2002 참조.

에 기초한 대립 관계가 모든 문제를 해결할 것이라는 믿음에 의존하지 않는다. 68혁명은 이 시기의 주요문제인 계급차별과 더불어 베트남 전쟁, 인종차별, 성차별, 불평등과 권위주의 문제 등에 대한 반대였다. 68혁명은 1968년 프랑스에서 베트남 전쟁에의 미국 개입에 항의하면서 일어난 운동이다. 그러나 이는 권위주의 보수체제의 기존질서에 항거하는 운동으로 확대되었다. 그리고 이 운동은 미국과 유럽의 많은 나라로 확대되면서 전쟁 반대뿐만 아니라 인종 문제, 성차별 문제, 권위주의에 기초한 불평등 문제, 히피 문화 등과 결합하여 다양한 형태로 확산하였다. 특히 히피 운동은 환각제, 마약, 성병 등 많은 문제를 표출하였으나 억압된 감성에 대한 해방운동으로 이후 디자인, 패션, 음악 등의 발달과 권위주의의 해체에 큰 역할을 하였다. 일반적으로 68혁명은 1968년 전후의 운동들을 통칭하는 것으로 기존 권위주의 체제에 저항하는 운동이라 정의할 수 있다. 이 운동은 노동자 중심의 계급 운동이 아니고 학생과 지식인 중심의 신사회 운동이다. 신사회 운동은 계급차별뿐만 아니라 학생과 지식인들이 많은 관심을 가진 전쟁, 인종과 민족 차별, 성차별, 장애인의 인권문제, 환경문제, 권위적인 지식문제 등 많은 문제에 주목하였다.

다문화주의는 이러한 사회 환경 가운데 이민 국가들에서 먼저 발생하였다. 다문화주의를 가장 먼저 채택한 국가들은 이민 국가인 캐나다와 호주였다. 캐나다는 다문화주의를 가장 먼저 선언한 국가이다. 캐나다는 미국처럼 20세기 전반까지 유럽 중심의 이민정책을 포기하고, 1971년 세계 최초로 다문화주의를 선언하였고, 1988년 다문화주의법을 공포하였다. 즉 유럽 이주민들 중심의 용광로 정책에 의해 영국과 프랑스의 이주민 갈등을 해결하고 정체성을 마련하려는 노력에서 1970년대 들어 다양한 이민족의 문화가 공존하는 다문화주의를 선언하였다. 그리고 원주민과 이민에 대한 차별금지를 위한 법들을 마련하여 원주민과 다양한 이민들이 차별 없이 공존하는 다문화사회를 지향하고 있다. 그리고 호주에서는 20세기 전반기까지 백호주의를 채택하였으나 1960년대 이후 인구와 경제 문제로 유럽뿐만 아니라 아시아의 이민을 받아들였다. 호주는 1973년 백호주의를 포기하고 차별금지법을 마련하였으며, 1978년 다문화주의를 선언하였다. 그리고 지속해서 원주민뿐만 아니라 이주민에 대한 다양한 다문화 정책들을 마련하여 실시하고 있다. 그리고 미국과 유럽의 많은 국가는 다문화주의를 수용하고, 이민을 포함한 사회적 소수자에 대한 차별을 줄이려는 정책을 펴고 있다.

3. 다문화사회의 유형

다문화사회는 인종과 민족, 계급, 성 등 다양한 요소들을 포함하나, 민족과 인종의 이동으로 다양한 종교와 문화가 공존하는 사회를 말한다. 즉 다문화사회에서 다양한 인종과 민족은 주요 요소이다. 인구이동은 전쟁과 기아, 이민과 국제결혼, 자본이동, 이주노동, 유학, 출장과 여행 등 다양한 이유로 이루어지고 있다. 인구이동의 형태는 후진국에서 후진국으로, 후진국에서 선진국으로, 선진국에서 선진국으로 이동하는 형태로 구분할 수 있다. 여기서는 다문화사회에서 가장 대표적인 형태로 다문화주의를 지향하는 선진국들의 다문화사회를 설명할 것이다. 현재 이들 국가는 크게 세 가지로 분류할 수 있다. 이민 국가형, 식민 제국형, 기타 선진국형이다.

첫 번째 이민 국가는 원주민이 사는 지역에 이민들이 많이 이주하여 지배적인 위치를 차지한 국가들을 말한다. 대표적으로 아메리카와 오세아니아의 국가들이 여기에 해당한다. 다문화주의를 지향하는 미국, 캐나다, 호주 등은 원주민이 거주하는 지역에 서부 유럽인들이 처음 이주하였고, 다음에 그 외 유럽인과 아시아인들이 이주한 다문화사회이다. 미국을 예로 들면 미국은 인디언이 거주하는 지역에 영국과 서부 유럽인들이 이주하여 지배세력이 되었다. 그리고 노예무역으로 아프리카인들이 카리브해를 통해 미국에 이주하고, 19세기 후반부터는 유럽, 아시아, 남미 등에서 이주한 사람들이 많았다. 미국에서 인종차별은 1964년 민권법이 마련될 때까지 제도적으로 존재하였으나 60년대 이후 빠르게 다문화주의의 형태로 변화하고 있다. 캐나다와 호주도 원주민이 사는 지역에 서부 유럽인들이 이주하여 지배계층이 된 국가이지만 노예무역에 의한 아프리카인의 이주는 없고 유럽과 아시아인들의 이주가 많은 지역이다. 이들은 처음으로 다문화주의를 채택한 국가들이다.

두 번째는 식민제국형이다. 영국, 프랑스, 독일 등 서부 유럽 국가들은 식민지배로 식민국가들에서 이주가 이루어졌고 2차 대전 이후에는 노동력 부족으로 많은 지역에서 이주노동자를 받아들였다. 즉 이들 국가에는 일찍 이주한 이주민과 새로이 이주한 이주민들이 공존하는 다문화사회이다. 특히 대도시들을 중심으로 이주민들이 집단으로 거주하여 다양한 다문화사회의 특성들이 많이 나타난다.

세 번째는 산업화로 노동력이 부족하여 늦게 이주노동자 제도를 도입한 국가들로 유럽과 아시아의 공업국들을 들 수 있다. 아시아에서는 80년대 이후 이주노동자를 많이 수용하였으나 한국이 이 유형에 대표적이다. 한국은 일본, 대만, 싱가포르와는 달리 이주노동자, 국제결혼, 유학생으로 다문화사회를 구성하고 있다. 한국의 다문화사회는 일본처럼 과거 식민지 지역에서 이주한 오래된 이주자가 없고, 대만처럼 원주민이나 집단 이주민이 존재하지도 않고, 싱가포르처럼 다양한 민족이 공존하는 형태도 아니다.

이처럼 다문화사회의 유형은 크게 구분되고 있으나 이러한 사실은 역사, 지리, 사회적 특성에 따라 다문화사회의 특성이 다양함을 의미한다. 특히 다문화주의는 차이를 존중하고 차별을 줄이려는 다문화 사회운동인데 차별의 정도는 사회적 특성에 따라 큰 차이를 보여주고 있다. 자유주의 체제에서 사회주의 정당이 발달한 국가들을 중심으로 복지제도와 다문화주의가 발달하였다. 다문화주의는 복지제도가 발달한 국가들에서 인종이나 민족 차별의 감소로 발전하고 있다. 이민 국가의 경우 캐나다와 호주에서 다문화주의가 시작되었으며, 노르웨이, 스웨덴, 핀란드 등 북유럽의 경우 복지제도와 다문화주의가 비교적 잘 실천되고 있다.

다문화주의는 정보사회와도 밀접한 연관을 가진다. 20세기 후반은 68혁명이 일어나고 정보사회가 발달한 시기이다. 정보사회는 극소전자기술인 반도체 기술과 인터넷 기술의 발달에 기초한다. 이러한 정보기술의 발달은 공장자동화를 비롯한 각종 자동화와 이들의 네트워크를 강화하였다. 정보사회의 발달로 인해 모든 사물과 인간이 연결되는 사회로 바뀌어 지구에서의 시간과 공간적 장벽이 사라지게 되었다. 정보사회의 진척으로 대량생산과 대중매체에 의존한 획일적인 대중문화는 크게 변화하고 있다.

20세기 후반은 생산 자동화로 제조업 노동자의 증가 추세가 중단되었고, 대학이 크게 확대되고, 소비를 중심으로 이윤을 얻으려는 서비스 산업도 크게 확장되었다. 이 시기는 제조업과 더불어 소비산업이 중시되고 고등교육의 대중화와 문화의 다양화로 개성사회가 강조되었다. 그리고 극소전자기술과 인터넷의 발달은 이러한 변화를 한층 가속화하였다. 과학과 자본의 결합으로 대학이나 연구소가 자본의 확대재생산을 위해 중요하게 작동하고, 70년대 후반부터는 인터넷의 발달로 정보사회가 출현하였다. 이러한 변화는 다니엘 벨(Daniel Bell)의 1973년 『후기산업사회의 도래』와 앨빈 토플러(Alvin Toffler)의 1980년 『제3의 물결』에 잘 나타나 있다. 정보사회는 다품종 소량생산을 가능하게 하였고, 포디즘 형태의 단순노동을 로봇으로 대체하였다. 그리고 거대회사에 의해 일방적으로 전달되는 대중매체를 다채널과 양방향 매체로 바꾸었다. 양방향적인 대중매체와 인터넷은 소수가 모두를 감시할 수 있는 파놉티콘과 더불어 모두가 모두를 감시하는 시놉티콘을 가능하게 만들고 있다. 고등교육의 대중화, 인터넷, 다중매체 등은 지식과 정보에 대한 지배층의 독점과 은폐를 막고, 지식과 정보를 대중화하고 권위주의를 막아 세계를 평등하게 만들고 있다. 정보사회는 교통과 통신의 발달로 세계적인 차원의 인적 물적 교류를 강화하고 있다. 21세기 들어 국제이동에 관한 조사를 보면 지구 전체 인구 중에 6억 4천여 명에 가까운 사람들이 이주를 원하고 있으며, 3%에 해당하는 2억 4천여 명 이상이 국가 간 이주를 하고 있다.[5] 이러한 점에서 정보사회는 다문화주의를 촉진하는 이점이 있다.

그러나 1980년대 이후 정보사회의 발달과 더불어 신자유주의도 빠르게 발달하였다. 정보사회는 자본주의의 연속이었고, 신자유주의는 정보사회의 진척과 더불어 불평등의 양극화 현상을 심화시켰다. 정보기술의 발달은 인공지능(AI) 기계의 발달로 4차 산업혁명을 예고하고 있다. 4차 산업혁명은 정보사회에서 서비스 산업이 발달하여 노동시장 구조가 크게 변화한 것처럼, 전문직을 중심으로 노동시장 구조의 변화를 예고하고 있다. 신자유주의와 정보산업의 발달로 자본 간 경쟁은 심화하고, 불안

5 위키피디아(2020) Immigration/Statistics 참조. 이주 희망자는 2012년 갤럽 조사이고, 이주자는 2015년 통계치이다.

정취업자의 증대는 4차 산업혁명의 시기에도 계속될 것이다.

정보사회는 다문화주의를 촉진하는 요인과 억압하는 요인을 동시에 가지고 있다. 문제는 자본주의이다. 자본주의는 경제적 자유주의를 기초로 경쟁과 약육강식의 논리를 강조한다. 그리고 이는 민족, 인종 간 사회계층 현상을 심화시킨다. 역사적으로 보면 고리 대출, 인신매매, 약탈과 착취, 부동산 투기 등 자본주의의 천민적 모습이 많다. 인권, 평등, 자유, 능력, 노력에 기초한 자본주의와 천민적 자본주의가 자본주의 속에 공존한다. 천민적 자본주의가 다문화주의에서 강조하는 인권보다 돈과 권력을 중시하는 사회를 만들고 있다. 이런 측면에서 정보사회의 발달은 권위주의의 파괴와 자본주의의 강화라는 양면성을 지니고 있다. 정보사회보다 정보사회를 뒷받침하는 자본주의가 문제이다. 자본주의는 인권, 평등, 자유의 바탕 위에 선 민주주의와 충돌한다. 천민적 자본주의는 다문화주의와 모순된다. 정보사회에서 다문화주의의 실현은 정치, 경제, 사회, 문화적 측면의 민주주의라는 토양에서만 가능한 것이다.

4. 다문화사회와 소외

현대사회는 교통과 통신의 발달에 의한 상호교류의 증대로 빠르게 다문화사회로 변화하고 있다. 전쟁과 기아를 피해 이웃 국가들로 이동할 뿐만 아니라 높은 임금과 삶의 질을 높이기 위해 후진국에서 선진국으로 이동한다. 근대사회에서 인구이동은 주로 대서양에서 이루어졌으며, 대표적인 경우로 유럽에서 아메리카로의 이동, 아프리카에서 아메리카로의 이동을 들 수 있다. 그 외 유럽에서 오세아니아로의 이동도 있었다. 19세기 후반에는 동남유럽에서 아메리카로의 이동과 아시아에서 아메리카로의 이동도 증대하였다. 그리고 제국주의의 발달로 아시아와 아프리카에서 유럽으로의 이동도 증대하였다. 그리고 20세기 후반부터는 아시아와 아프리카에서 남유럽으로의 이동과 아시아 국가들 사이에서의 이동도 증대하였다. 근대사회의 이동은 과거와 달리 사회경제적인 이유로 이동이 이루어졌다. 이러한 이유로 많은 국가는 다문화사회로 변화하였다.

현대 민주사회에서 다문화사회는 다문화주의를 지향하고 있다. 다문화주의는 민주사회와 마찬가지로 인권을 바탕으로 자유와 평등사회를 지향한다. 즉 다문화주의는 인종과 민족, 성과 장애, 계급 등에 의한 차별을 없애고 문화적 차이를 존중하는 운동이다. 다문화주의는 과거부터 이민으로 형성된 인종과 민족의 차별은 물론 최근의 이민, 난민, 이주노동, 국제결혼 등에 의한 이동으로 다른 문화를 가지고 현지에서 적응하지 못하는 사람들에 대한 차별을 없애려는 운동이다. 이러한 운동은 캐나다와 호주에서 시작되었으나 미국과 유럽으로 빠르게 전파되었으며 복지제도가 발달한 평등사회에서 비교적 잘 실천되고 있다. 그러나 많은 국가에서 다문화주의는 민족주의, 전체주의, 권위주의 등으로 실현이 어렵다. 그리고 복지국가에서도 문화적 갈등으로 어려움을 겪고 있다.

다문화사회에서 사회적 소수자들은 소외의 대상이다. 소외에는 방종과 굴종의 형식이 포함되어 있다. 방종은 우월한 자원이나 문화에 기초한 자존심[6]으로 타자를 무시하여 소외되는 경우이며, 굴종은 자원이나 문화적 빈곤으로 소외되는 경우이다. 우리는 방종으로 인한 민족과 인종 간 수많은 인권침해나 학살의 역사적 경험들을 찾아볼 수 있다. 그리고 계급 관계에 기초해 피지배자를 착취하고 약탈하는 경우들을 볼 수 있다. 이민과 난민, 이주노동과 국제결혼, 성과 장애 그리고 빈곤 등에 의한 사회적 약자는 인권을 침해받고 소외된 삶을 사는 경우가 많다. 유럽에서 유대인들은 종교나 문화적인 차이로 지속적인 차별을 받았으며, 2차 세계대전 때에는 약 600만 명이 나치에 의해 살해되었다. 이들은 이 시기에 유행한 사회진화론에 의한 게르만 우월주의와 우생학에 기초하여, 전체주의 나치즘의 인종과 민족 차별 정책으로 현대 과학기술에 의해 살해되었다. 현재 다문화 국가에서 이민과 난민, 이주노동자가 많은 국가는 대도시를 중심으로 민족공동체가 발달하였으며, 이들은 개성적인 문화지역을 건설하기도 하나 많은 경우 빈곤 지역으로 변화하고 있다. 그리고 이들은 빈곤으로 탈법하는 경우가 많고, 이는 이들에 대한 부정적 의식을 조성하고 있다. 이러한 환경에서 미국과 유럽의 많

6 자존에는 두 가지 의미가 있다. 하나는 스스로 잘난 체하거나 자기를 높이는 경우이고, 다른 의미는 자신의 인격을 존중하며, 긍지를 가지고 스스로 품위를 지키는 경우이다. 여기서는 첫 번째 의미로 사용하였다.

은 도시에서 인종과 민족 차별로 인한 폭동들이 계속 발생하고 있다. 1990년대 이후 LA폭동, 파리폭동, 런던폭동, 퍼거슨 볼티모어 폭동 등 많은 폭동을 예로 들 수 있다. 인종차별 양상은 이들 지역에 한정된 것이 아니다.

교통과 통신의 발달로 빈곤국에서 부국으로의 인구이동으로 다문화사회가 증가하고 있다. 한국도 20세기 후반 급속한 산업화로 1980년대 후반 이후 이주노동자와 국제결혼이 갑자기 증가하였고, 지금은 이들이 밀집하여 사는 지역들이 수도권과 대도시를 중심으로 증가하고 있다. 그러나 이들을 대하는 한국인의 우월의식은 변하지 않고 있다. 사회조사들에 의하면 제3세계 국가의 이주자에 대한 차별의식이 강하게 존재한다. 이주노동자는 노동계약 때문에 자유로운 직장 이동을 할 수 없고, 고용자의 확실한 불법이 없는 경우 언어, 문화, 권위주의, 효율성 등에 의해 발생하는 차별적 행위를 견디어야 한다. 그리고 수많은 불법체류 노동자들은 불법체류라는 이유로 국가 담당 공무원의 비인간적인 단속과 고용주의 착취적 행위로 차별행위를 경험하게 된다.

인종차별의 해결책은 차이를 존중하고 차별을 없애는 것인데, 빈곤과 값싼 노동력의 요구로 차별을 줄이기 어렵다. 많은 이민 수용국가들은 빈곤자나 단순노동자의 이민을 제한하고 이주노동자제도를 선호하며 불법 이주노동자를 싫어한다. 즉 국가의 필요에 따라 이민과 이주노동을 제한한다. 그리고 차별의 정도는 국가마다 다르며, 이는 국가의 특성을 반영한다. 문제는 차별을 허용하는 사회제도나 문화이다. 사회제도는 문화와 밀접한 연관이 있고, 이들은 정당의 특성들과도 연관이 깊다. 국민의 실생활과 직결된 대표 정당이 발달한 국가에서는 민주주의와 복지제도가 동시에 발달한다. 권위주의를 탈피한 북구의 나라들이 대표적 예이다. 일부 국가들처럼 심한 경제적 불평등과 인종적 차별이 존재하는 국가에서는 다문화주의를 실현하기가 어렵다. 민주사회에서 의사결정은 다수의 사회 성원의 결정으로 이루어진다. 사회 희소가치에 기반한 대표자가 아닌 사회적 소수자들을 배려할 수 있는 대표자가 의회에서 중요 문제들을 결정할 수 있어야 한다. 실생활과 연계된 진정한 민주적 제도가 다문화주의를 지향하게 한다.

9장
미래사회와 자유

1. 자본주의와 민주주의의 미래

미래사회는 근대사회에 들어 발달하기 시작한 과학과 기술 변화에 따라 변화할 것이다. 특히 19세기 후반 이후 과학과 기술이 급속히 발달하여 사회변동 시기는 3·4·5차 산업혁명처럼 점차 짧아지고 있다. 과학과 기술의 발달은 노동시장과 사회구조의 변화를 가져오고 문화생활의 변화를 초래하였다. 20세기의 사회변동을 바탕으로 21세기의 사회변동을 살펴보자.

20세기는 그 이전과 비교해 몇 가지 두드러진 사회변화의 특징을 가진다. 첫째는 과학과 기술의 발달이다. 20세기 초반의 컨베이어 벨트와 대중매체는 대중사회를 가져왔고, 20세기 후반의 반도체와 인터넷 기술은 정보사회를 초래하였다. 그리고 AI를 바탕으로 한 4차 산업혁명은 새로운 노동시장 구조와 문화생활의 변화를 예고하고 있다. 과학과 기술발달의 공통점은 인간의 노동력을 줄이고 대체할 수 있다는 점이다. 18세기의 산업혁명은 수공업자들이 하는 일들을 기계가 대신하게 되면서 수공업자들을 줄이고 산업화와 더불어 많은 단순노동자와 기계 관련 기술자들을 필요로 하였다. 20세기의 컨베이어 벨트를 기초로 한 2차 산업혁명은 포디즘으로 명명되는데, 포드자동차는 조립공장에 컨베이어 벨트를 도입하여 공정 간에 이동을 자동화하여 생산량을 급속히 늘렸다. 그리고 이러한 컨베이어 벨트를 사용한 생산은 제조업 분야에서 급속히 확산되었다. 20세기 후반의 반도체 기술과 인터넷은 제조업 분야에서 인간이 하던 단순노동을 로봇으로 대체하여 생산을 자동화하였으며, 생산뿐만 아니라 시장과의 연결망으로 소비와 생산의 연계를 가능케 만들었다.

이러한 형태는 포스트 포디즘으로 불리며 포디즘 시기와 구별되는 노동시장 구조와 노동특성을 초래하였다. 즉 자동화의 효과로 인한 생산성 증대로 제조업 인구는 정체 또는 감소하였고 단순노동은 로봇이 대체하였으나, 서비스 산업에는 많은 인구가 집중되었다. 특히 교육과 연구, 보건과 의료, 관광과 여가, 관리 등에 종사하는 인구가 많이 증가하였다. 4차 산업혁명은 높은 사회경제적 지위에 있는 전문직의 일들을 AI가 대체할 것이라고 미래학자들은 전망하고 있다. 판검사, 변호사, 의사와 약사, 회계사, 교수 등 지식 관련 직업들을 AI가 대신한다고 한다. 인간의 일은 지적인 영역보다 감성적인 일들로 채워질 것이다. 그리고 인간은 로봇이나 AI와 함께 일하거나 이들이 도입되지 못한 영역에서 일할 것이다.

둘째, 20세기는 소비산업이 발달하였다는 점에서 19세기까지와는 구별된다. 20세기는 대중사회라고 불리는데, 이는 대도시가 발달하였다는 것을 의미한다. 대중이란 상호작용을 잘하지 않는 불특정 다수의 사람이 일정 장소에 모인 현상을 말하는데, 대도시가 대표적인 예이다. 도시라는 장소에 모여 살면서 긴밀히 상호작용을 하지 않고, 익명성을 가지고 필요한 사람들과 상호작용을 하는 것이다. 우리는 같은 아파트에 살면서 이웃 사람들을 잘 모르고 살고 있다. 현대사회에서 인간은 대중 속에 고독한 존재로 남을 수 있다. 대중사회의 가장 두드러진 특징은 대중문화를 즐기면서 산다는 것이다. 20세기에 방송국들이 생기면서 사람들은 음악, 드라마, 스포츠 등을 즐기면서 산다. 그리고 도시의 영화관에서 영화를 보고, 광고에서 선전된 상품들을 시장에서 산다. 그리고 도시의 술집이나 카페에서 사람들을 만나면서 생활한다. 20세기는 19세기에 비해 비판사회과학자들이 주목한 대로 소비사회로 변화한 것이다.

20세기 후반 자본에 의한 소비수단의 발달로 소비사회는 한층 발달하였다. 대중매체는 인터넷을 기반으로 첨단매체들로 바뀌었고, 대중문화는 개성을 존중한 특정 집단들의 문화들로 바뀌게 되었다. 영세자영업의 도소매 판매와 서비스업은 자본에 의해 연결된 가맹점들로 바뀌었고, 이들 소비수단은 소비를 촉진하기 위해 대형화되고 호화로운 시설들로 바뀌었다. 사회학자 조지 리처(George Ritzer)는 이러한 현상을 맥도날드의 변천 과정인 맥도날드화 현상으로 설명한다. 그리고 장 보드리야르(Jean Baudrillard)는 미국의 라스베이거스나 디즈니랜드 등의 예를 들어 사람들을 유혹하는 시뮬레이션의 개념으로 이들을 설명한다. 현대 소비사회는 자본이 이윤을 위해 유혹적인 소비수단을 갖추고 소비를 촉진하는 것이다. 이러한 소비수단의 발달은 20세기 후반의 두드러진 사회적 특성인데 정보사회의 출현과 더불어 더욱 가속화되고 있다.

셋째, 과학 및 기술의 발달과 더불어 사회관계의 변화를 들 수 있다. 사회관계의 변화는 노동시장 구조의 변화와 밀접한 연관이 있다. 근대사회에 들어 시민혁명에 의한 사회계약론은 인간의 생명, 자유, 재산 등을 중심으로 천부인권을 강조하였다. 이는 봉건시대의 신분제에 대한 저항이자 상공업을 중심으로 한 시민계급의 저항이었다. 이러한 사상은 미국독립선언서나 프랑스 대혁명의 형태로 나타났다. 그리고 선거권은 19세기 중반에는 상공업계층, 후반에는 노동자계급 그리고 20세기에는 여성들로 확대되었다. 산업혁명에 의한 산업사회로의 변화는 19세기 자본주의 사회에서 노사관계의 대립으로 나타났고, 이는 노동 관련 정당과 사회주의에 대한 논쟁 형태로 발달하였다. 20세기에 들어 가장 큰 변화는 노동삼권의 제도화, 노동 관련 정당의 집권, 공산 국가의 출현 등을 들 수 있다. 공산체제는 20세기 후반 소련이 붕괴할 때까지 계속되었다. 중국은 정치적으로 공산체제를 유지하나 경제적으로 자본주의 경제체제를 수용하여 계획경제의 공산체제는 사라졌다.

산업 선진국의 경우 제조업 중심의 노사관계 대립과 이데올로기적 갈등은 20세기 후반 제조업이 정체하고 정보산업과 소비산업이 확장되면서 크게 바뀌었다. 대규모 사업장에서 노동자 고용은 축소되고, 고등교육 노동자와 비정규직 노동자의 증가로 노동조직과 저항은 분산되고 있다. 20세기 후반의 두드러진 특성은 제조업 중심의 자본이 서비스의 다양한 분야로 확대되었으며, 노동시장의 구조 변화로 노사관계도 크게 바뀌고 있다는 점이다. 그러나 공산체제의 몰락으로 자본주의 체제는 공고해졌으며 이는 민주주의와 모순되는 제도로 사회관계에서 큰 문제점을 노출하고 있다. 빈익빈 부익부 현상은 심해지고 있으며, 작업과정에서는 권위주의와 억압적 인간관계가 사라지지 않고 있다.

넷째, 20세기 후반 68혁명으로 인한 사회변동을 들 수 있다. 68혁명은 1968년 프랑스 파리에서 베트남 전쟁에 반대하면서 시작된 운동으로 저항이 다양한 국가들로 확대되고, 다양한 분야의 주제들로 확산되었다. 그래서 68년을 전후해서 일어난 서양에서의 운동을 68혁명이라 한다. 68혁명은 전쟁, 성차별, 인종차별, 권위주의 등 다양한 분야에 대한 저항운동으로 신사회 운동이라 칭하기도 한다. 이 운동은 20세기 초반에 일어난 양차 세계대전, 유대인 대량학살, 핵전쟁, 냉전 등 과학과 기술의 발달 시기에 일어난 인간의 비극에 대한 반성이며, 지식과 이성에 대한 회의이기도 하다. 그래서 이 운동은 성, 인종, 계급 등에 대한 보편적 상식에 도전하고, 기존의 보편적 지식에 대해 성찰하는 페미니즘, 다문화주의, 반권위주의 운동으로 나타났다. 이 운동은 이성보다 감성을 중시하여 히피 문화처럼 쾌락적인 반문화 특성을 보이기도 하였으나 주체적인 관점에서 세상을 재조명하는 견지 관점을 강조하였다.

미래사회의 특성은 과학과 기술의 발달과 자본 통제의 관계로 설명될 수 있다. 과학과 기술의 발달은 계속될 것이다. 인간이 사는 사회는 과학과 기술의 발달에 따라 자연재해의 영향보다 사회에 의해 발생하는 재해의 영향을 더 많이 받는 사회가 될 것이다. 사회는 복잡한 요인들의 영향으로 이루어지는데 자본의 영향이 매우 크다. 과학과 기술의 발달에도 불구하고 자본주의는 공산주의 체제를 무너뜨리고 보편적 체제가 되었다. 3차 산업혁명의 정보사회도 4차 산업혁명의 미래사회도 모두 자본주의의 원리에서 작동할 것이다. 과학과 기술의 발달에 따라 전문직의 영향은 인간이 만든 위험사회를 관리하기 위해 계속 확대될 것이다. 4차 산업혁명이 전문직의 상당 부분을 대체할 것이나, 과학과 기술에 기초한 사회는 전문직을 필수적으로 요구한다. 그러나 이들도 지금처럼 자본의 영향에서 벗어나지 못할 것이다. 마르쿠제가 말한 일차원적 사회가 계속될 것이다. 그리고 자동화에 의한 노동력의 대체로 비정규직의 노동력은 계속 증대하고 실업 현상도 증대할 것이다. 자본 만능의 자유주의에 의존한다면 사회는 빈익빈 부익부의 양극화 현상이 가속화될 것이다. 현대사회에서 자본주의와 민주주의는 대립하고 있다. 대안은 민주주의에서 찾아야 할 것이다.

자본주의의 비인간화와 양극화 현상을 극복할 수 있는 대안을 민주주의에서 찾아보자. 첫째, 사유재산은 노동의 결과와 연결되어야 한다. 화폐 사용으로 수단과 목적이 전도된 자본주의 사회에서 화폐의 형태로 노동의 결과를 보존할 수 있지만, 불로 소득은 최소화되어야 한다. 인간의 불평등은 인간이 정착 생활을 하면서 주인이 없는 땅을 사유화하면서 시작되었다. 인간이 자연을 개척하고 농사를 짓고 사유하는 것은 정당한 행위이다. 이러한 결과물은 사회가 복잡해지면서 자기 소유, 세금, 약탈 등의 형태로 배분되었다. 사회가 커지면서 권력이 배분의 형태를 결정지었다. 노예사회, 봉건사회, 전체주의 사회가 아닌 현대 민주사회에서 인간의 소득과 재산은 노동의 질이나 양과 비례해야 정당성을 획득할 수 있다. 투기나 상속에 의한 소득은 일반적인 현상이나 민주사회를 위해 법이나 세금 등의 방법으로 근절해야 한다. 이러한 기대와는 반대로 1970년대 이후 사회현상은 부정적이다. 신자유주의로 인해 자본의 힘은 강화되고 노동의 힘은 약해지고 있다. 금융자유화, 조세율 감소, 국제기구의 영향력 미약, 노동조합의 쇠퇴, 비정규직의 증대로 민주주의는 글로벌 자본주의에서 후퇴하고 있다.[1] 물론 이러한 힘의 역학적 관계로 삶이 결정되는 약육강식의 현실과 이상적인 사고는 변증법적으로 작용할 것이다. 인공지능을 가진 기계가 보편적으로 사용되는 미래사회에서 고등사고력과 이성을 가진 인간들이 정의로운 민주사회를 갈망하는 것은 당연하다.

둘째, 인간이 돈, 권력, 명예와 같은 사회 희소가치보다 우선

1 이에 대한 자세한 내용은 로버트 커트너 저, 박형신 역의 『민주주의는 글로벌 자본주의에서 살아남을 수 있는가』, 한울, 2020 참조.

해야 한다. 인간은 생명체로 생존하기 위해 극단적인 상황에서 살기도 하지만 인간은 인권을 가진 존엄한 존재여야 한다. 인간의 하루는 일하고 놀고 자는 시간으로 구성된다. 인간은 생존을 위해 일을 준비하거나 일을 해야 한다. 그래서 노동은 매우 중요하다. 현대사회에서 인간이 하는 노동과 노동과정은 매우 다양하고 복잡하다. 다양한 사업체들도 생존 경쟁을 위해 이윤추구를 우선시한다. 인간은 좋은 일자리를 위해 끊임없이 경쟁하고, 생존을 위해 매우 힘들고 어렵고 위험한 일도 한다. 이러한 환경에서 조직을 위한 규범을 만들고 시행하는 과정에서 민주주의 방식의 의사결정이 필요하다. 이윤이나 권력보다 노동하는 인간이 우선되어야 한다. 이것이 경제민주주의이고 산업민주주의이다. 노동과정에서 인간의 기본권이 정착되어야 하고, 노동조직에서 민주주의가 정착되어야 한다. 독일에서는 비스마르크 시기에 공동결정법이 생겼고, 2차 세계대전 이후 노동자의 대표가 기업의 최종 의사결정에 참여하는 공동결정법도 회사 규모에 따라 차이는 있지만, 강제적인 형태로 제도화되었다. 서구에서의 노동위원회나 공동결정법은 산업민주주의의 현실적인 예가 될 수 있다.

셋째, 현대사회에서 보편적인 조직인 관료제는 가산제적 관료제와 구분되어야 한다. 관료제는 공과 사가 구분되는 조직이다. 권위주의적 사회에서는 공사가 불명확한 가산제적 관료제 현상이 많이 발생한다. 권위주의에서는 조직에서의 지위가 조직생활 밖에서도 적용되고 위계적인 인간관계가 계속되며 재산과 소득에서 공사가 구분되지 않는다. 즉 법인으로서 조직의 재산과 개인의 재산은 구분되어야 하고, 조직은 개인이 아닌 조직의 목적을 수행해야 한다. 그런데 많은 조직에서 개인 소유와 조직 소유가 불분명하고 이로 인해 법적 정당화는 물론 많은 탈세나 횡령 등의 비리가 발생하고 있다. 현실에서는 아직도 봉건적인 사고와 행위들이 발생하고 있다. 민주사회에서는 공사가 구분되어야 하고, 규범은 존중되어야 한다.

민주주의는 자유주의를 바탕으로 한다. 자유주의에는 역사적으로 사유재산을 바탕으로 자신의 자유권을 행사하는 경제적 자유가 포함되어 있다. 경제적 자유는 18세기 말과 19세기 중엽 맬서스의 인구론과 다윈의 진화론에서 사용된 적자생존의 개념을 사용한다. 자유 경쟁에서 생존하는 자가 적자이고 이들이 생존해야 종과 사회가 발전한다는 논리이다. 생존 경쟁에서는 경쟁에서 이긴 부자가 적자이고 경쟁에서 진 빈곤자가 도태되는 존재이다. 이 논리에는 사회복지도 정의의 실현도 존재하지 않는다. 자유주의는 국가가 경제에 최소로 관여하는 경제체제를 요구하고, 이는 자본주의에서 공황을 초래하고 불평등 문제를 심화시켰다. 민주주의는 자유주의를 바탕으로 하되, 다른 사람들에게 해를 끼치거나 사회 갈등을 유발하는 자유를 경계해야 한다. 노동과 능력의 대가로 발생하는 불평등 외에 불로소득에 의한 불평등을 최소화해야 한다. 불로소득과 불평등의 증대는 다양한 자유의 실천을 어렵게 만든다. 간단히 말하면 민주주의는 자유주의와 평등주의의 양 날개로 유지되어야 한다.

2. 복지사회와 자유

인간은 다른 동물과 구분되는 고등사고력을 가진 존재이다. 인간이 고등사고력을 바탕으로 한 사회생활을 하면서, 역사와 더불어 사회는 크고 복잡한 형태로 변화하였다. 근대사회에 들어 분업과 전문화의 영향으로 인간의 일은 분업화되어 인간은 분업적 생활에서 일부의 일을 하고 그 소득으로 생활을 영위하고 있다. 그리고 과학과 기술은 급속하게 발달하고 있다. 산업혁명 이후의 산업사회는 도시와 같은 인공사회로서 전통사회와는 다른 인간관계를 강요하고 있다. 인공사회는 과학과 기술을 바탕으로 인간이 만든 사회로 인간은 인공사회에서 일하고 즐기고 쉬고 있다. 인간은 점차 분업화된 영역의 일을 하는 직장에서 노동하고, 자본으로 조성된 소비공간에서 즐기고 쉬면서 생활한다.

이러한 인공사회는 양면적인 모습을 보인다. 인간은 전통사회에서는 경험하지 못했던 편리하고 안락한 인공사회의 환경에서 생활하고, 동시에 인공사회에서 점차 위험하고 부자연스러운 인위적인 모습으로 생활한다. 인간은 20세기에 들어 과학과 기술의 발달로 양차 세계대전, 유대인 대량학살, 핵전쟁 등과 같은 갈등으로 상상을 초월하는 인명피해를 경험하였다. 그리고 지구온난화로 인한 환경문제의 대재앙을 예상하면서도 경쟁하고 있다. 즉 일부 학자들은 과학과 기술의 발달로 인한 위험사회를 다양한 방면에서 예측하지만, 인간의 경쟁은 끊임없이 이루어지고 있다. 인간은 자연의 구속에서 부분적으로 벗어나고 있으나 자연과 인위적인 위험사회의 환경 속에 살고 있다.

복지사회는 모든 인간이 인권을 지키면서 살 수 있는 지속가능한 사회의 실현을 말한다. 과학과 기술의 발달은 인간사회를 세계 공동체로 만들고 있으나, 국가 간 산업화와 복지정책 실천의 정도에는 큰 차이가 존재한다. 그러므로 선진 산업국들을 중심으로 복지사회의 특성에 대해 살펴보자. 복지제도의 발달은 근대사회가 출현하면서 빈곤의 원인이 사회에 있다는 인식에서 출발하였다. 영국의 엘리자베스 여왕 때 인클로저 운동 때문에 발생한 빈민을 구하기 위해 처음으로 1601년 구빈법이 시행되었고, 이는 오늘날 공공 부조의 시초가 되었다. 그리고 19세기 말 독일의 비스마르크는 자본주의 발달로 인한 사회주의운동을 억제하는 방편으로 사회보험법을 만들었고, 이는 사회보험제도의 근간이 되었다. 사회보험제도는 공공 부조와 달리 사후적으로 빈곤자를 돕는 것이 아니라 산재, 질병, 실업, 고령 등에 미리 대처하는 제도이다.

20세기 초반의 세계대전, 사회주의운동의 확산, 대공황 등의 현상들은 다양한 사회변화들을 수반하였다. 경제 대공황은 자유경제에 기초한 자본주의를 뉴딜정책이나 케인스주의와 같이 국가가 적극적으로 개입하는 수정자본주의와 복지국가의 형태로 바꾸었다. 그리고 사회복지는 2차 세계대전 전후 미국의 사회보장법과 영국의 베버리지 보고서의 시행으로 기본 틀을 마련하였다. 그 후 사회복지는 사회서비스와 사회정책들을 포함하는 광의의 개념으로 사용되고 있다. 윌리엄 템플(Wiliam Temple)의 복지국가에서 비롯된 복지사회는 인권 보장과 자아실현, 최저 생활과 완전고용의 보장, 소득분배의 공정성과 깨끗한 환경을 보장하는 사회를 의미하는 개념으로 사용되고 있다. 지구상에서 복지사회가 실현되는 국가들로 북구의 복지국가를 들 수 있다. 이들 국가는 다른 국가에 비교해 평등사회이고, 공정사회이며, 복지사회이고, 행복사회이다.

사회 성원의 자유가 보장되는 사회는 자본주의가 아닌 복지사회이다. 권력이나 부의 불평등에 기초한 자유가 아니라 평등에 기초한 자유이어야 한다. 자본주의는 사유재산을 바탕으로 경제적 활동을 자유롭게 할 수 있는 사회이다. 자본주의 사회는 신분제에 기초한 봉건사회를 없애는 요인이 되었으나, 점차 자본가 계급이 권력과 자유를 가져 다른 계급을 억압하는 불평등의 사회로 바뀌었다. 19세기 후반 자본주의에서 노동자의 지위를 보장받기 위한 단체행동들의 부분적 결실로 사회주의운동과 노동자 중심의 정당들이 나타났고, 노동자의 선거권과 사회복지 등에 관한 관심도 형성되었다. 20세기 들어 공산주의 국가들이 탄생하였으나, 20세기 말 공산주의는 자본주의와의 경쟁에서 패배하였다. 그러나 역사적 경험으로 자본주의는 새로이 정립되어야 하고, 천민적 자본주의에서 벗어나야 한다. 민주주의가 자본주의보다 우선되어야 한다. 그리고 오늘날 자본주의의 대안적 형태로 다양한 사회상이 제시되나 아직 민주주의에 기초한 복지사회와 다문화사회의 정착이 설득력이 있다. 이들은 모두 인권을 기본으로 자유주의를 실현하려는 사회상을 제시한다. 자본주의에서 불가피한 불평등을 최소화하고, 인간의 자유를 최대화하려는 사회사상이다. 사회와 무관하게 인간의 자유와 복지는 실현될 수 없다. 인간은 사회 속에 존재하는 불완전한 사회적 존재이고, 사회의 영향을 자연의 영향처럼 받고 사는 존재이다.

미래사회는 과학과 기술에 의존하는 편리한 사회이지만, 위험한 사회이다. 과학과 기술은 인간에게 수많은 편리한 환경을 제공하고 질병과 같은 위험 속에서 인간의 생명을 연장시킨다. 그러나 과학과 기술은 핵무기나 대량파괴 무기처럼 인간의 생명을 위협하고, 기기들의 오작동으로 과거보다 더 인간을 위협한다. 오늘날 화석에너지의 사용과 핵에너지의 사용에 의한 환경문제는 인간이 사는 환경을 오염시킬 뿐만 아니라 지구온난화 현상으로 전 지구의 환경변화를 유발하고 있다. 자본주의 사회에서 상품을 팔기 위한 포장과 과소비는 수많은 배출물을 만들어내고 있다. 오늘날 현대인의 생활은 자연에 쉽게 분해되기 어려운 화공약품들이 처리된 상품들을 끊임없이 생산하고 있으며, 과도한 소비생활로 인해 수많은 포장용지와 생활 쓰레기를 지속적으로 배출해낸다. 인간은 인공사회를 만들고 그 속에서 생활한다. 분업과 전문화에 의해 만들어진 인공사회는 수많은 전문가를 요구한다. 인간은 과학과 기술의 발달로 전문가 집단에 의존하고, 위험사회에서 살아갈 것이다. 세계화 현상으로 세계적인 기구들이 만들어지나 국가 간 경쟁은 끊임없이 계속될 것이다. 이런 환경에서 많은 사람은 지속 가능한 사회를 강조하고 있다.

역사에서 도시사회의 발달은 인간의 고등사고력에 기초한 기술발달로 이루어졌고, 불평등사회를 동반하였다. 고대 노예사회, 중세 봉건사회, 근대 자본주의 사회는 모두 불평등사회이다. 계몽주의 사상가들은 자연권으로 인간의 생명권과 자유권을 주장하였다. 이러한 자유와 평등사상은 산업사회의 발달로 인한 도시화와 이차적 인간관계의 심화에도 불구하고 계속 발달하고 있다. 근대사회에서 자본주의와 민주주의는 자유와 평등사상에 기초하여 발달하였으나 공존하기 어려운 모순점을 가진다. 가장 큰 쟁점은 불로소득을 없애는 것이다. 노동에 기초한 불평등이 아니라 재산소득이나 상속으로 형성된 불평등을 줄이는 것이다.

그러나 개인적, 집단적 노력으로 역사적으로 형성된 불평등한 사회구조를 줄이는 일은 쉽지 않다. 복지사회는 비교적 오랫동안 형성된 독특한 역사적 배경과 사회적 특성들을 가지고 있다. 복지사회가 발달한 북유럽의 경우 노동자의 이해관계를 반영하는 정당들이 사회조직과의 연계에 기초하여 발달하고 있다. 아울러 권위주의보다는 공동체 문화가 발달하였다. 이 사회에서는 생계, 의료, 주거, 교육 등에 관한 기본권이 보장되어 있다. 교육을 예로 들어 보면, 복지사회에서는 기본권의 보장으로 학교가 장래 높은 지위나 돈을 얻기 위한 경쟁의 장이 아니다. 대학의 위계적 서열도 적고, 대학교육도 무료로 제공되는 경우가 많다. 적자생존에 기초한 지나친 경쟁은 대다수 인간을 우울하게 만들고 자존감을 잃게 하고, 소수 인간에게 우월감을 제공하고,

권위주의 의식을 양성한다. 이들 사회는 부국일 수 있으나 행복지수가 낮은 불행한 사회이다.

자유란 다른 사람들에게 피해를 주지 않고, 자신의 본능과 취향, 잠재력과 능력을 발현하는 것이다. 불평등하고 권위적인 사회에서 낮은 위치에 있는 인간은 자유로울 수 없다. 이들은 생존을 위해 도구적으로 살아야 하고, 자신의 욕구들을 억제하고 강압적인 일들을 수행해야 한다. 이들은 타자의 입장을 살피고, 타자에 맞추어 살면서 자신을 잊고 산다. 아니면 불만을 표출하여 갈등하거나 범죄를 짓고 낙인을 받고 살 수도 있다. 이들은 소외된 자들이다. 불평등한 사회는 자유로운 삶을 줄이고 소외된 삶을 양산한다. 복지사회는 자유로운 사회이며 소외된 사회가 아니다.

현대사회는 가정 밖에 학교와 직장이 존재하고 사람들은 공부나 일을 목적으로 하며 이차적 인간관계를 형성한다. 지역사회도 마찬가지다. 같은 지역에 살면서 서로를 알지 못하고 소통하지 않는다. 그리고 정서적인 가족은 해체되어 1인 가구가 가장 많은 비율을 차지하는 시대가 되고 있다. 현대사회에서 도시사회나 조직 생활은 상호작용의 빈도는 높으나 친밀한 인간관계를 형성하지 못하는 경우가 많다. 테크노크라트라 불리는 많은 전문가들은 그들 전공의 외형적 목적과 관계없이 돈과 권력을 추구한다. 법이나 의술의 도의는 없고 권력과 돈이 우선되는 경우가 많다. 권력을 잡으면 마치 모든 일을 다 할 수 있을 것 같은 방종 속에 산다. 그들은 권력을 잡는 동안 그들이 인간으로서 부족한 존재임을 모르고 생활한다. 반대로 소외된 사람들은 어려운 형편 속에 불법적으로 살거나 어렵게 살게 되고, 자존감도 낮고, 숙명적으로 사고하거나 저항하면서 생활한다. 즉 도구적이고 권위적인 생활이 만연한 현대사회에서 상생적 인간관계의 확대와 권위주의 의식의 축소는 복지사회를 만들고 인간을 자유롭게 한다.

3. 주체적 인간

인간은 본성과 고등사고력을 가진 존재이다. 이러한 점에서 인간은 다른 동물과 구분되는 존재이다. 인간은 본능을 가지고 이를 충족하려고 하나 상호작용 과정에서 조절하고, 사회문화적 특성에 따라 생활한다. 인간은 본성과 고등사고력을 가지고 있으나 상호작용에서는 경쟁하며 생활하는 불완전하고 제한적 존재이다. 인간은 생명체로 위협이 생길 때 두려워하고 생존하려 노력한다. 동시에 인간은 기술을 발달시켜 사회를 형성하고 사회 속에서 생활한다. 인간은 사회 희소가치를 많이 가지려 경쟁하고, 사회 희소가치를 많이 획득하거나 사회에 이바지하면 우월감이 증대하고 자존심이 높아진다. 물론, 역의 현상이 발생하는 경우도 있다. 사회는 과학과 기술의 발달에 따라 계속 분화되고 연결된 큰 사회로 변화하고 있다. 과거의 작고 단순한 원시공동체의 씨족과 부족의 사회는 오늘날 국가나 세계 공동체로 변화하였다. 인간은 사회의 특성들을 습득하고, 지위를 점유하고 역할과 규범을 수행하는 과정을 통해 사회화된다. 다시 말해서, 인간이 속한 국가, 직업과 지위, 종교와 집단, 계급과 계층, 성, 인종과 민족, 나이 등 많은 요인이 객체적 자아를 형성한다. 이들은 본능과는 달리 사회생활에서 사회화된 습성으로 자아의 중요한 부분을 이룬다. 이런 점에서 인간은 사회적 존재이다. 인간은 행위를 할 때 집단과 조직 속에서 주어진 물리적 조건은 물론 사회적 규범과 가치의 영향을 받으면서 사회화된 자아로 선택 가능한 대안을 찾아 행동한다. 즉 인간은 사회적 존재이고 사회화된 자아를 가진 존재이다.

인간은 사회적 존재일 뿐만 아니라 주체적 존재이다. 비슷한 상황에서도 각자 다르게 사고하고 느끼고 실천할 수 있는 존재이다. 인간은 본능을 충족하려 하나 사회화된 자아에 의존하여 생활하고, 이성과 고등사고력을 가진 존재로 정의를 생각하고 각자의 방식으로 문제를 해결하려는 특성을 가진 존재이다. 즉 동양에서 말하는 사단(인, 의, 예, 지)과 칠정(희, 노, 애, 락, 애, 오, 욕)을 가지고 행동하는 존재이다. 다양한 자연적, 역사적 환경에서 형성된 사회 · 문화적 특성들은 인간에게 다양한 사회문화를 형성케 하였다. 이처럼 인간은 계속 상호교류하면서 주체적 존재로 각기 다른 자아를 가지고 생활한다. 인간은 주체적 존재로 본능과 사회 · 문화적 자아에 따라 생활할 뿐만 아니라 인생과 역사에 대해 주체적으로 생각하고 다양한 방식으로 살기도 한다. 프랑스 사회학자 부르디외가 말한 것처럼 인간은 자신이 속한 직업에 따라 사회화된 자아가 다르고 취향이 다르다. 그리고 직업과 성장 배경이 비슷해도 개인에 따라 자아는 차이가 있다. 자아는 사회 · 문화적 요인들의 영향을 받지만, 주체적으로 사고하고 느끼고 행동하기에 주체적 자아가 존재한다.

인간은 자신에게 주어진 상황에서 주체적으로 살 수밖에 없다. 모든 인간은 인권을 가진 평등한 존재이고 자유로운 존재라고 하지만 현실은 큰 차이가 존재한다. 태어난 국가가 다르고, 부모가 다르고, 계층이 다르고, 사회화된 자아도 다르다. 사회계층의 측면에서 보면 인간은 각자 다른 계층에서 태어나고, 계층에 따라 다르게 성장하고, 다르게 생활한다. 우리는 이것을 차이로 사고하되, 차별로 연결해서는 안 된다. 우리는 이를 다문화적 사고라 한다. 차이를 인정하되, 차별을 부정하는 사고이다. 인간은 신체적 차이가 존재하고, 생김새가 다르다. 인간은 사회계층이 다르고, 생활방식이 다르다. 인간은 직업이 다르고, 가치가 다르다. 인간이 못생기고 늙었다고, 재산이 없고 빈곤하다고, 종교와 생활방식이 다르다고 사람을 차별해서는 안 된다. 인간은 자신의 처지에서 생활하는 것을 비관하거나, 비굴하게 인식해서는 안 된다. 모든 사람은 본능처럼 자신의 관점에서 세상을 본다. 자신이 만들지 않은 어쩔 수 없는 상황은 수용해야 한다. 다문화주의는 이것을 견지 관점이라 부른다. 타인이 만든 관점이 아닌 자신의 관점에서 모든 것을 인식하고 판단하는 것이다. 어쩔 수 없는 수평적 차이를 인정하고, 이것을 수직적인 위계의 서열에 의한 차별로 인식하지 않는 것이다. 우리는 이러한 사고를 다문화주의라 부른다.

다문화주의는 다양성을 인정하고 차별을 줄이려는 사회적 운동이다. 사회는 돈, 권력, 위신과 같은 사회 희소가치의 차이에 따라 힘의 역학적 관계가 존재하고, 이는 생활에 매우 큰 영향을 미친다. 이러한 현실은 실제 차별을 만들고, 이를 단순히 차이로 인식하고 생활하는 것을 어렵게 만든다. 그러므로 다문화주의는 복지사회에서 가능하다. 다문화사회를 비교하면 북유럽이나 캐나다, 호주와 같은 국가들에서 다문화주의는 실현되고 있다. 복지사회에서 진정한 다문화 교육이 이루어지고, 사람들은 다름을 차이로 인식하고 차별하지 않는다. 이러한 사회 · 문화적 환경에서 주체적 사고는 꽃핀다. 그리고 이러한 사회에서도 개인 간에 삶의 차이는 존재하고, 자유는 이기적 본능이 아닌 이타적 사랑이 존재할 때 작동한다. 즉 인간이 이타적 사랑으로 행복을 체험하고 이타적 사랑에 의존해 생활할 때 주체적 자아는 함께한다.

사회학자 미드는 전통적 공동체 중심의 사회에서 현대 개인주의 사회로 바뀌는 것을 객체적 자아에서 주체적 자아가 발달하는 과정으로 설명하였다. 전통적인 사회는 믿음과 가치가 공동체 단위로 공유되고 개인의 가치는 공동체에 우선하기 어렵다. 전통적 사회에서 개인은 성장하면서 공동체의 믿음과 가치를 사회화하고 이를 바탕으로 생활하였다. 그리고 주체적인 사고로 믿음과 가치를 이탈할 때 개인은 고립과 배척을 경험하였다. 이러한 것은 불평등한 신분제에도 적용된다. 타고난 자신의 신분을 사회변동 없이 벗어나기 어렵고 벗어나려면 이탈을 하게 된다. 근대사회의 발달로 믿음과 가치에 기초한 공동체적인 연대는 해체되고, 세속적 분업으로 인한 유기적 연대가 강조되고 있다. 현대적인 삶은 믿음과 가치보다 자신이 일한 소득으로 다른 사람들이 생산한 다양한 상품과 서비스를 소비하면서 생활한다. 믿음과 가치는 큰 문제가 되지 않는다. 즉 현대인은 신분적 차별이나 믿음이나 가치에 의한 차별을 덜 경험하나 재산과 소득에 의한 차별을 경험한다. 현대는 개인주의에 기초한 사회이고, 주체적인 인간이 강조되는 사회이다. 그러나 자본주의 사회에서 재산이나 소득의 차이는 점차 확대되고, 재산이나 지위 차이에 의한 차별도 심하다. 이는 국가 간 경제 수준의 차이와 역사적 문제로 인종과 민족, 종교에 의한 차별로 연결되어 있다. 주체적 인간의 삶을 위해 복지사회와 다문화주의가 필요하다. 즉 최소한의 경제적인 삶이 보장되고, 동등한 기회가 주어진 복지사회나, 다양한 믿음과 가치의 문화가 존중되는 다문화사회가 주체적 인간을 가능하게 한다.

인간은 주어진 환경에서 주체적으로 판단하고 사고하고 행동하는 존재이다. 인간은 생명체이기에 삶을 위협당할 때 두려움을 느끼고, 고립되었을 때 외로움을 느끼며, 주체적인 존재가 되기를 포기하기 쉽다. 두려움은 생명을 지키는 주요 방편이나 새로운 것을 추구하는 것을 방해한다. 외로움은 개인주의에서 불가피한 현상이나 현대인들은 다양한 방법으로 이를 피하려 한다. 아이는 성장하여 청소년이 될 때까지 부모에 의존적이고, 친구들의 의견에 쉽게 동조하고, 반대 의견을 잘 제시하지 않는다.

청소년기는 눈치를 보면서 생활하기에 동조적 행동을 많이 한다. 그러나 성인이 되어 독립적인 경제생활을 하면 독립적 사고를 하게 된다. 이러한 경향은 사회계층에서도 나타난다. 수직적 위계나 어려운 환경은 인간을 수동적 인간으로 만든다. 인간은 위협적인 사회 환경이나 위계적인 권위적 조직에서 자신에게 주어진 일이나 상관이 요구하는 일만을 수행한다. 억압적이고 권위적인 상호작용의 조건은 인간을 수동적 존재로 만든다. 그런데도 인간은 주체 의식을 잃지 않으려고 한다. 가령 양심의 소리에 따라 행동하는 것 등이다. 본능이 아닌 인간의 믿음과 가치를 포함한 자아는 양심의 바탕이다. 인간이 진정으로 하고 싶은 일을 하는 데는 두려움이 존재한다. 그러나 주체적 인간은 두려움을 안고 가치를 실현하려 한다.

인간의 자유는 다른 사람에게 피해를 주지 않으면서 자신의 진정한 자유를 실현하는 것이다. 자유는 본능의 만족처럼 일시적인 것보다 자신에게 소중한 가치를 가진 것을 항구적으로 추구하는 것이다. 인생은 큰 작품을 완성하는 것과 같다. 직업과 가치에 따라 지향하는 바는 모두 다를 수 있다. 그러나 모두 자신의 작품을 완성하면서 산다. 크고 좋은 작품도 있고, 다양하면서 좋은 작품도 있다. 그리고 무미건조한 작품도 있고, 혐오스러운 작품도 존재한다. 인간은 자신이 체득한 가치를 가지고 지향하는 것을 평생 실천하면서 자신만의 작품을 완성하는 것이다. 본능이 아닌 진정한 자신의 가치를 추구하는 인간이 주체적인 인간이다.

4. 자유를 향하여

1) 현대사회에서 자유 실현

자유는 남에게 구속되지 않고, 자기 뜻에 따라 행동하는 것이다. 두 가지 의미 중에서 먼저, 구속받지 않는 자유에 대해 살펴보자. 남에게 구속받지 않는 것은 힘의 역학적 관계뿐만 아니라 사회적 관계에 의한 구속을 벗어나는 것을 의미한다. 사회생활을 하는 인간에게 육체적 힘의 관계보다 사회 희소가치의 차이에 기초한 사회관계가 훨씬 더 중요하다. 사회생활에서 구속없이 산다는 것은 분업이 발달하고 조직 생활을 하는 현대사회에서 쉽지 않다. 현대는 인간들 사이의 물질적 관계로 이루어진 유기적 연대의 사회이다. 생존과 이익을 위해 다른 사람들과의 관계를 맺고 직장생활을 하게 된다. 이는 서로의 역할 수행을 위한 권리와 의무를 동반한다. 이 과정에서 불만이 생기면 억압과 갈등의 형태가 나타난다. 직장에선 노동 통제뿐만 아니라 단체행동과 같은 노사갈등이 발생하는 것이다. 그러므로 유기적 연대의 사회에서 법적 구속은 불가피한 현상이다.

법과 규범의 형태는 국가와 조직의 특성에 따라 큰 차이가 존재한다. 이러한 법과 규범의 차이는 근대사회에서 특히 국가특성의 차이와 밀접한 연관이 있다. 유기적 연대의 사회는 공법뿐만 아니라 인간의 경제 활동을 비롯한 사적인 활동들을 통제하는 많은 규범이 존재한다. 이들은 국가별 복지사회와 민주주의 실현의 정도에 따라 큰 차이가 있다. 개별 국가 내에서 사업체들은 불평등하고 권위적인 특성을 현실적으로 많이 가지고 있다. 이는 일하는 사업체 특성의 비교를 통해 알 수 있다. 생존을 위한 영세 사업장에서 세계적인 대기업에 이르기까지, 가산제 조직에서 대규모의 관료제 조직에 이르기까지 다양한 조직들이 존재한다. 높은 지위에 있는 관리자들은 인권침해에 해당하는 구속력을 행사하고, 노동자들은 자신과 가족의 생계를 위해 인권침해의 구속을 감당하기도 한다. 노동자들의 인권침해를 줄이기 위해 중요한 것은 경제성장과 함께 최소한의 생계보장과 민주적 조직형태를 마련하는 것이다. 복지사회와 민주사회가 구현되지 않은 국가들에서는 법률이나 도덕에 벗어난 억압적인 인간관계는 일하는 과정에서 자주 발생한다. 그리고 생계가 보장되지 않는 사회에서 권위주의와 억압적인 구속은 보편적으로 존재한다.

두 번째 자유는 자기 뜻에 따라 행동하는 것이다. 진정으로 원하는 것을 하는 것이다. 진정으로 원하는 것은 무엇인가? 이는 속해 있는 사회와 개개인에 따라 다를 것이다. 생존 욕구 외에 성적 본능을 포함한 쾌락의 추구, 돈과 권력과 명예와 같은 사회 희소가치의 추구, 취미 생활, 이타적 사랑과 봉사, 공동체를 위한 헌신 등 다양한 모습을 상상할 수 있다. 이들 중에 진정한 자유를 주는 것은 무엇일까? 매슬로는 욕구단계설에서 생리적 욕구, 안정의 욕구, 애정의 욕구, 긍지의 욕구, 자아실현 욕구의 단계로 구분하고, 생리와 안정의 욕구가 충족되어야 애정과 긍지의 욕구가 충족되고, 이들이 충족되면 자아실현 욕구 단계로 나아간다고 보았다. 일반적으로 욕구단계설은 설득력이 있다. 그러나 어떤 사람들은 일찍 깨우치고 자아실현의 단계로 가기도 한다. 인간이 지향하는 방향은 본능과 사회 희소가치, 양심과 사회적 가치, 그리고 자아실현까지 다양하다. 본능이나 사회 희소가치의 추구는 사람들이 추구하는 보편적인 욕구이다.

그러나 자아실현은 많이 소개되고 있으나 추상적이고 은유적인 표현이다. 자아실현은 자신의 가능성과 잠재력을 발견하고 발휘하는 것이다. 사람들의 능력의 차이는 존재하는데 이는 반복된 훈련에 기초할 수도 있고, 잠재적 능력의 차이일 수도 있다. 개인이 잘할 수 있는 잠재적인 능력은 일부 사람들에게 일찍 발견되어 소개된다. 그러나 대다수 사람은 자신의 잠재적 능력을 발견하지 못하거나 발휘하지 못하고 생활한다. 우리는 타인과 사회를 의식하면서 본능과 사회 희소가치에 매몰되어 살고, 서로를 비교하면서 희, 노, 애, 락, 애, 오, 욕을 느끼고 생활한다. 이 과정에서 개인이 지향하는 욕구와 개인이 처해 있는 사회적 여건에 따라 자유의 차이는 존재한다. 그러나 자아실현 단계에서는 절정을 경험하면서 살 수 있다고 한다. 즉 이 단계의 인간은 현실을 알고, 효과적으로 지각하며, 특정 집단과 문화를 넘는 공동체성을 수용한다고 한다. 그리하여 편안하게 자연스러움을 유지하고, 자율성(주체성)과 초월성을 갖고 생활한다. 즉 자아실현을 하는 사람은 다른 사람에게 피해를 주지 않고, 자신이 지향하는 것을 사랑하는 진정한 자유인이다.

이러한 기술적 표현에도 불구하고 사회적 성격으로 현대인을 규정하면, 현실적으로 개인이 자유로운 생활에서 느끼는 무미건조함은 존재한다. 사회변동으로 가치나 전통에 기초한 공동체 연대가 파괴되고, 분업에 기초한 유기적 연대가 강화되면서 개인주의는 발달하였다. 현대사회에서 개인은 연대를 상실한 존재로 고립되고 무기력한 존재로 남기 쉽다. 개인주의로 연대가 상실되고 가치를 상실할 경우 사회적 고립뿐만 아니라 무의미한 삶과 주체적 자아를 상실하게 된다. 즉 개인주의는 무력, 무규범, 무의미, 고립, 주체 상실 등의 소외현상을 경험하기 쉽다. 프롬의 『자유로부터의 도피』에 의하면 개인주의 사회에서 인간은 권위주의, 파괴주의, 자동적 동조 등의 형태로 자유로부터 도피하기 쉽다. 즉 인간은 힘 있는 권력자에게 의존하거나, 기회가 되면 자신을 억압하는 것을 파괴하거나, 주어진 사회 여건에 무조건 동조하는 모습들을 보이기 쉽다. 이처럼 개인주의가 발달한 현대사회에서 인간은 주체적인 자아를 발견하여 실현하지 못하고 생활하기 쉽다.

자아실현은 개인 문제이지만 이를 가능하게 하는 사회적 여건이 마련될 때 이루어지기 쉽다. 프롬은 자아실현을 위한 『건전한 사회』를 제시하였다. 그가 건전한 사회로 가는 길을 제시한 것을 보면, 경제적으로 자본이 노동에 봉사하고, 노동자가 일에 책임 의식을 가지고 참여하는 공동경영이 필요하다. 아울러 정치적으로 지역 단위의 대면적 집단의 토론을 바탕으로 상위집단의 토론과 결정이 이루어지는 풀뿌리 민주주의를 강조한다. 사회문화적으로 이론적 지식과 실제적 지식의 괴리를 좁히는 방향은 청소년의 노동교육, 성인교육, 세속적인 대중의식의 새로운 체제를 마련하는 것이다. 이런 사회에서 인간은 소외되지 않고 자아실현을 하기 쉽다.

자유의 실현은 이상의 논의처럼 자아실현적 개인과 건전한 사회의 순환적 관계로 가능하다. 먼저 자아실현적 인간은 자신의 잠재적 능력을 바탕으로 주체적인 삶을 영위하는 것이다. 모든 가치의 판단 기준을 외부나 타인에 의존하지 않고, 자신의 양심, 이성, 가치 등에 기초하여 주체적으로 판단하고 행동하는 것이다. 그리고 자신이 좋아하는 일이나 놀이에 몰입하며 사는 것이다. 20세기 중반에 리스만이 소개한 대중사회에서 보편적인 '타자 지향적인 인간'이 주체적인 삶을 사는 것은 어렵다. 그러나 20세기 후반의 다문화주의는 타자지향적인 대중사회와 차이가 있다. 현대는 다양한 가치와 문화가 공존하는 사회이고, 자신들의 관점에서 세상을 보고 판단하고 행동하는 것들이 중요하다. 교육 과정이나 직업의 선택에서도 자아를 발견하고 실천하려는 노력이 필요하다. 분업에 의한 서로의 필요로 유기적으로 얽힌 사회이지만 인간은 자아를 중심으로 주체적으로 사고하고 느끼고 행동하는 삶이 필요하다. 유기적 조직 생활에서 타자에 반대되는 양심의 소리를 실천하는 일은 어렵다. 특히 전체주의 사회에서는 획일화된 사회화와 동조의 강조로 자아실현을 위한 삶은 허용되지 않는다. 돈과 권력, 물질적 만족으로 작동하는 소비사회의 자본주의에서도 인간의 수단화로 인해 자아실현적 노동과 삶은 어렵다. 자아실현을 위해서는 자신의 노력뿐만 아니라 건전한 사회의 형성이 중요하다. 자아실현의 책임은 개인 반, 사회 반이다. 개인적으로 보면 자신의 잠재적 능력을 발견하고 이에 몰입하는 사람, 자신의 양심에 따라 주체적으로 판단하고 행동하는 사람이 자아실현을 할 수 있다. 그리고 건전한 사회에서는 자아실현을 하기 쉽다.

2) 건전한 사회의 요건

건전한 사회는 민주사회로서 복지사회와 다문화사회의 사회적 특성을 가진 사회이다. 경제적으로는 자유경제에 기초하나 돈이나 권력보다 사람이 우선되는 사회이다. 산업민주주의가 실현되는 사회이다. 자유경제는 인간의 자유로운 경제적 활동을 보장하고, 노력에 의한 성과를 인정하는 사회이다. 20세기 자유경제는 계획경제와의 경쟁에서 승리했다. 자유경제는 자유 사회의 중요한 영역이다. 그러나 자유경제는 자본주의가 발전하면서 노동 착취, 노동의 비인간화, 빈곤, 사회 불평등 등 많은 사회문제를 발생시켰다. 그리고 공산주의 실험 실패 이후, 많은 대안적 운동 중에서 북구의 복지사회형이 현실적 대안으로 강조되고 있다. 자유경제는 복지사회를 지향해야 하고, 인권을 침해해서는 안 된다. 공동체적 생활을 파괴하는 자유경제는 사회제도로 막아야 한다. 역사적 경험으로 보면 복지제도의 마련은 계급 간 힘의 균형으로 가능하였다. 이는 사회운동 및 정당제도와 밀접한 연관을 가진다. 북구의 국가들은 자본주의와 공산주의의 경계에 있던 국가들로 두 제도의 장점을 일찍 혼합하였다. 북구 국가들의 노동조직은 발달하였고 이는 정당으로 연결되어 있다. 중앙집권적인 권위적 위계서열이 아닌 생활 중심의 풀뿌리식 민주적 제도이다.

정치적으로 건전한 사회는 경제민주주의를 포함한 민주주의 제도에 기초해야 한다. 민주주의는 인간의 인권을 바탕으로 계급이나 성별과 관계없이 모든 사회 성원이 정치에 참여하는 제도이다. 정치조직의 거대화는 권위적인 관료제를 필수적으로 동반하고 권력을 유발하지만, 건전한 사회는 이를 최소화하는 민주사회를 지향한다. 역사적으로 보면, 정치 권력은 보편적으로 존재하였고, 많은 사람은 권력욕에 빠져 권력을 사유화하고 인권을 침해하였다. 돈과 마찬가지로 권력은 사회가 만든 사회 희소가치이다. 권력은 많은 사람이 추구하기를 원하나 부족한 사회자원이다. 그러나 돈과 마찬가지로 권력이 인간에 우선해서는 안 된다. 정치는 사회 희소가치 추구의 도구가 되어서는 안 된다. 정치는 사회에서 인간의 정치적, 경제적, 사회적, 정신적 자유를 위해 봉사해야 하는 민주정치이어야 한다. 관료제의 형식적인 정치에서 벗어나, 사회 불평등은 물론 공해문제와 같은 주요 사회문제를 해결하려는 정치조직이 사회운동 단체와 연계하여 발전하여야 한다. 실업, 부동산, 출산과 양육, 교육, 문화와 복지시설 등과 같은 생활 중심적인 문제들을 해결하는 풀뿌리 민주주의의 정치가 자리매김 되어야 할 것이다.

사회문화적으로는 생활 중심적 지식과 문화가 중요하다. 현대사회에서 고등교육과 지식의 중요성은 크게 증대하였다. 19

세기 이후 과학과 기술은 급속한 속도로 발달하여 인위적인 인공사회를 만들었다. 현대인은 거대도시, 다국적 기업, 고층빌딩과 기간시설에서, 백화점, 대형마트, 놀이시설 등의 소비수단 장소에서, 대형 박물관과 식물원 등의 인공시설에서 더 많은 시간을 보내며 생활하고 있다. 과학과 기술은 경쟁력 강화와 삶의 질을 개선하기 위해 발달하고 있다. 동시에 과학과 기술은 대량살상이 가능한 현대식 무기 개발의 목적에 이용되거나 자본주의에서의 이윤추구 목적으로도 사용되고 있다. 즉 과학과 기술은 급속한 속도로 발달하고 있으나, 인간에게 양면적 모습을 가지고 발달한다. 과학과 기술은 모두를 감시하고 통제하는 파놉티콘으로 사용되고 모두를 볼 수 있는 시놉티콘으로도 사용될 수 있다. 미래사회는 과학과 기술의 발달로 전문가가 증가하고 동시에 인공지능의 활용도 증대할 것이다. 이에 따라 노동시장 구조에 있어 변화가 있을 것이다. 미래사회는 사람이 하는 많은 일은 로봇이나 인공지능 기계 등의 자동화 기구들이 대신할 것이다.

문제는 자본주의 사회에서 필연적인 노동과 불평등 문제이다. 그리고 현대사회는 과학과 기술의 발달로 실업과 노동문제, 핵전쟁과 방사선오염물 폐기 문제, 환경문제, 대형사고 등의 위험사회에 처해 있다. 자본과 국가 간의 힘의 역학적 관계가 작동하는 현실에서 인권과 환경문제는 무시되는 경우가 많다. 자본이나 권력에 봉사하는 지식이 아닌 인간에 봉사하는 실생활 중심의 지식이 필요하다. 출세의 도구로서의 교육과 지식이 아니라 인간에 봉사하는 지식과 교육이 필요하다. 이는 본능보다 이성 중심적 사고와 교육 그리고 모두가 참여하는 민주적 사회제도로 가능하다. 실생활과 연계된 계급 정당이 정착되고 집권하는 사회에서 모든 문제는 토론되고 주체적으로 선택될 것이다. 특히 미래사회는 과학과 기술이 고도로 발달한 자본주의 사회가 될 것이다. 노동시장은 전문직과 단순노동자로 분리되고, 물질적 유기적 관계의 증대로 투기성 자본이 발달하여 사회 불평등이 더욱 심화할 것이다. 미래사회는 풍부한 생산성에 기초하기 때문에 자본보다 인권이 강조되는 민주주의 사회가 가능할 것이다. 민주주의와 자본주의의 충돌에서는 민주주의가 우선해야 한다. 그래야 실생활 중심의 지식과 문화가 발달할 것이다.

미래에는 유기적 연대가 더욱 심화하는 사회로 변화할 것이다. 과학과 기술은 빠르게 발달하고 사회분업은 심화할 것이다. 유기적 연대는 물질적 이해관계에 기초한 분업적 연대의 사회로 공동의 가치와 믿음을 상실한 사회이다. 이를 대신한 가치는 민주주의 사회이고, 현실은 자본주의이다. 공동체보다 개인의 삶이 우선되는 현대사회에서 개인은 자유롭지만 고독하다. 과학과 기술의 발달로 인간의 수명은 길어지고 여성들의 사회진출은 빠르게 증가하고 있다. 그리고 국내는 물론 국가 간 인구의 이동도 늘어나고 있다. 노동시장에서 좋은 자리를 차지하기 위한 경쟁도 치열하다. 가족은 대가족에서 핵가족으로 그리고 소가족으로 변화하고 있다. 사람들은 1인 가구가 2인이나 3인 가구보다 더 많은 시대에 살고 있다. 혼자 사는 문화가 확산되고 있다. 인간은 자유를 얻었으나 구속이 없는 소극적 자유를 얻었다.

미래사회에서 적극적 자유는 실현될 것인가? 미래사회에도 인간의 본능과 본성은 변하지 않을 것이고, 인간은 고등사고력을 바탕으로 과학과 기술을 발달시킬 것이다. 인공지능 기계가 보편화되면 정보사회의 변화처럼 사회는 달라질 것이다. 미래사회에서도 인간들 사이의 물질들 관계, 이를 기초로 한 사회적 관계로 형성된 유기적 연대의 사회가 발달할 것이다. 그리고 노동시장 구조의 변화로 여성의 인권은 향상되고 사회진출은 증가할 것이며, 가족해체 현상은 계속 진행될 것이다. 상속과 경쟁으로 사회 불평등은 심화할 것이다. 사회계층에서 상위층은 사회 희소가치를 바탕으로 방종에 빠지기 쉽고, 하위층은 구속으로 소외되기 쉽다. 다른 사람을 해치는 사람은 진정한 자유인이 아니고, 구속받은 사람들은 생활에서 무력, 무의미, 무규범, 수단화와 고립을 느끼게 된다. 공동체에서 남에게 피해를 주지 않고 자신의 잠재력을 개발할 수 있도록 사회관계를 개선하려는 사회적 노력과 제도 마련이 필요하다. 자유 세계는 적극적 자유를 누릴 수 있는 사회적 여건과 개인의 노력으로 만들어진다. 적극적 자유를 실현하기 위해 역사적 자취를 살펴 사회적 여건을 마련하는 것과 더불어 개인의 노력이 따라야 한다. 적극성은 진정한 자유인이 되기 위한 필수적 요소이다.

해가 나면 별이 사라지고, 해가 지고 달이 가리면 별이 빛나듯이, 별은 원래 존재하나 조건이 마련될 때 더 빛난다. 다른 현상들도 이와 유사하여 인간의 진정한 모습들도 인간의 노력과 사회적 조건에 따라 나타나고 사라진다. 정도의 차이는 있지만,

인간에게는 선과 악의 양 모습이 동시에 존재한다. 인간의 사회화 과정과 노력으로 형성된 인간의 모습은 사회적 조건에 따라 나타나므로 평상시에는 알기 어렵다. 소나무가 푸른 것을 푸른 여름에는 인식하지 못하고, 한겨울에야 소나무의 푸르름을 안다. 인간의 품성도 마찬가지다. 평상시에는 구분이 힘들다가도, 어려울 때 선한 사람과 악한 사람은 구분된다. 위기의 순간에 이기주의적 자유주의자와 진정한 자유주의자는 구분된다.

찾아보기

ㅊ, ㅋ

ㅌ

ㅍ

ㅎ